学校栄養士の労働

性格変化と実態

久保田 のぞみ 著

筑波書房

はしがき

　職業資格としての栄養士・管理栄養士は、高齢社会の到来と料理番組の講師やスポーツ栄養士の活躍などもあって、世間に広く知られるようになった。日本において1926年に民間資格として始まった栄養士職は、保健・医療・教育・福祉などの領域を中心に職場と仕事の範囲を拡大してきた。と同時に高度な知識、技術が求められ、個々人があるいは栄養士同士で、さらには日本栄養士会等の研修をとおして切磋琢磨し、研鑽を重ねてきた。近年では栄養士、管理栄養士の国家資格を基盤に、日本栄養士会と関連学会が連携して民間資格を振り出し、専門職の資質を確保してさらなる高度な社会要請に応えようとしている。

　ところが労働者としての栄養士職を取り囲む環境は、けっしてよいとは言えない。看護師、保育士、介護福祉士などの専門職では、長時間労働、低賃金、労働による健康障害などが話題になり、関係団体が中心となって実態調査や研究がされ、厚生労働省や行政、雇用主に改善を呼びかけている。しかし栄養士職に関しては、こうした動きがほとんどみられない。どうして栄養士労働は調査、研究されないのか。まずは栄養士労働とは何か、明らかにする必要があると考えた。

　本研究が対象とした学校栄養士は公務職が多く、病院や福祉施設に勤務する栄養士職や受託給食会社に雇用されている栄養士職に比べて就業は安定しているように見える。その上栄養教諭制度による教育職の栄養士職もいて、労働問題とは程遠いように思われるかもしれない。だか栄養教諭においては「食に関する指導と学校給食の管理を一体のものとして行うこと」が求められている。成長期の数百数千人の児童生徒への給食提供は、ただでさえ衛生・安全管理に相当の時間を要し緊張を強いられるのに加えて、小中学校で

の食教育や個人の栄養指導を行わなければならない。さらに給食内容に要求されるものも多く、近年では食物アレルギー対応、地場産物使用などが注目されているが、これらに対応するのも学校栄養士である。これらの状況をふまえれば学校栄養士の労働は、量的な増大は疑う余地はない。栄養教諭制度創設から10年が経過し、その成果が期待されているところではあるが、同時に学校栄養士の労働状況を明らかにする必要がある。

　本書の内容は次のとおりである。序章では、栄養士労働の現状・特徴と抱える問題点を指摘するとともに、栄養士労働に関する先行研究の整理を通して本論文の目的を明らかにした。第1章は第2次世界大戦後の1945年以降を4期に区分し、各期の学校給食における栄養士労働の特徴を整理した。第2章では栄養教諭の配置が全国で最も多い北海道を対象に、学校栄養士の労働実態を明らかにすることを課題とした。結論としては、学校栄養士の労働時間が長く、業務内容も多岐にわたっていたこと、雇用は正規のみでなく期限付きの栄養教諭や市町村による非正規雇用の栄養士も少なくないことが明らかとなった。学校給食は栄養摂取とともに安全が優先され、栄養士労働への影響も大きい。第3章は北海道における学校給食実施市町村の教育委員会と学校栄養士を対象に、リスク管理に関する調査を行い、取り組み状況を明らかにした。また近年起きた大規模食中毒や食物アレルギー事故、給食費の不正経理事件を分析し、学校栄養士業務のあり方を検討した。学校における食教育の一環として給食への地場産物利用が有効とされ、活用が促されていることから、第4章では先行事例として置戸町学校給食センターを取り上げ、地場産物の活用から定着までの経緯と学校栄養士の力量形成のあり方を考察した。終章では、学校給食における栄養士職労働の問題を総括するとともに、今後の課題を提起した。

目　次

はしがき ……………………………………………………………… *iii*

序章　研究目的と課題 ……………………………………………… *1*

第1節　問題提起と課題 ……………………………………………… *1*

（1）栄養士職における労働の現状 …… *1*

（2）栄養士労働の特徴と抱える問題 …… *4*

（3）本書の目的と対象の限定 …… *7*

第2節　研究動向と本書の構成 ……………………………………… *8*

（1）栄養士労働研究における学校栄養士の位置 …… *8*

（2）本書の構成 …… *11*

第1章　戦後学校給食における栄養士労働の性格変化 …………… *15*

第1節　戦後学校給食の再開と栄養士の役割：第1期1945〜1960年度 … *15*

（1）「制度としての学校給食」の開始と栄養士の状況 …… *16*

（2）学校給食法の成立と栄養士の制度的位置づけ …… *23*

（3）おわりに …… *28*

第2節　学校給食の拡大と学校栄養職員制度の確立：

第2期1961〜1980年度 …………………………………… *29*

（1）共同調理場の登場と栄養士業務の変化 …… *29*

（2）学校栄養職員制度成立をめぐる動き …… *33*

（3）学習指導要領の給食指導における栄養士の位置づけ …… *36*

（4）おわりに …… *38*

第3節　給食運営および学校教育の環境変化と栄養士労働への影響：

第3期1981〜2000年度 …………………………………… *39*

（1）行政改革による学校給食および栄養士業務への影響 …… *39*

v

（2）「食教育の推進」と栄養士業務の変化 …… 43

（3）O-157食中毒事件により生じた栄養士業務の転換 …… 48

（4）おわりに …… 51

第4節　栄養教諭制度の創設と学校栄養士労働の性格変化：

第4期 2001年度以降 …………………………………………… 52

（1）栄養教諭制度が学校栄養士にもたらした変化 …… 52

（2）学校給食における食品の安全性と栄養士の役割 …… 55

（3）東日本大震災による学校栄養士労働への影響 …… 57

（4）おわりに …… 60

小括 ………………………………………………………………………… 61

第2章　学校栄養士の労働実態 ……………………………………………… 73

第1節　資料にみる学校栄養士の労働時間と給料 ……………………… 73

（1）栄養教諭の労働時間 …… 73

（2）栄養教諭の給料 …… 74

第2節　北海道における学校栄養士の労働実態 ………………………… 76

（1）調査の概要と回答者の属性 …… 77

（2）学校栄養士の労働実態 …… 79

（3）栄養管理に関する実態と環境 …… 97

（4）仕事内容、働き方、学校給食に関する学校栄養士の考え …… 99

小括 ……………………………………………………………………… 108

第3章　学校給食のリスク管理における栄養士の役割 …………… 113

第1節　学校給食における運営組織の役割 …………………………… 113

（1）学校給食法における役割と位置づけ …… 113

（2）学校給食の運営上の役割 …… 115

第2節　学校給食事故とリスク管理の考え方 ………………………… 119

（1）中西のリスク定義 …… 119

（2）学校給食事故の種類と影響 …… 120

（3）学校給食のリスク管理対応 …… *122*

第3節　学校給食における食中毒事故と栄養士の役割 …………… *136*

（1）学校給食の食中毒の特徴 …… *136*

（2）食中毒事故の原因と栄養士の役割 …… *137*

第4節　食物アレルギー対応における栄養士の役割 ………………… *143*

（1）学校給食における食物アレルギー対応の背景と制度 …… *143*

（2）食物アレルギーに関連した学校給食における事故 …… *144*

（3）食物アレルギー対応における栄養士の課題 …… *150*

第5節　学校給食における金銭トラブル ……………………………… *152*

（1）学校給食費の管理 …… *153*

（2）不正経理事件と学校栄養士の問題 …… *153*

小括 ……………………………………………………………………… *155*

第4章　地場産物活用にみる学校栄養士業務の特質 ……………… *161*

第1節　学校給食における地場産物活用の推移 ………………………… *161*

（1）地場産物活用に関する文部科学省の方針と活用状況 …… *161*

（2）学校給食現場の取り組み …… *163*

第2節　置戸町学校給食センターにおける地場産物活用と栄養士業務の特質 …………………………………………………… *165*

（1）置戸町学校給食センターの概要 …… *165*

（2）置戸町学校給食センターの地場産物活用の特徴 …… *170*

（3）献立の工夫と地場産物の利用方法 …… *175*

第3節　地場産物活用にみる学校栄養士の力量形成 …………………… *177*

（1）地場産物活用における栄養士の力量 …… *177*

（2）地場産物活用と栄養士業務に関する課題 …… *180*

終章　学校給食における栄養士職の労働に関する課題と展望 …… *185*

第1節　各章のまとめ …………………………………………………… *185*

第2節　学校栄養士の労働に関する課題と展望 ……………………… *188*

引用・参考文献 ·· *193*

資料 ·· *207*
　・「学校栄養士の仕事に関する調査」調査票 ······ *207*
　・「学校給食の運営に関する調査」調査票 ······ *211*

あとがき ·· *215*

図表目次

序章

図序-1　栄養士労働の概念図 …… *4*

第1章

図1-1　学校栄養職員と調理員の関係 …… *43*

図1-2　学校給食における栄養士労働の概念図 …… *54*

表1-1　年齢別平均身長・体重の推移（男子）…… *17*

表1-2　完全給食のための給食資材の最低基準量 …… *20*

表1-3　完全給食の最低栄養基準（児童1人1食あたり）…… *21*

表1-4　学校給食実施状況 1951-1953年度 …… *25*

表1-5　学校給食法（昭和29年6月3日 法律第160号抜粋）…… *26*

表1-6　学校給食実施校および栄養士数の推移 …… *27*

表1-7　学校給食関係栄養士所属別設置状況 …… *28*

表1-8　学校別調理施設使用状況（1955年6月30日現在）…… *30*

表1-9　調理方式別完全給食実施小中学校数の推移 …… *30*

表1-10　学校栄養士の配置状況 …… *34*

表1-11　学校給食法における学校栄養職員の位置づけ …… *35*

表1-12　学校栄養士配置状況の変化 …… *36*

表1-13　学習指導要領（1968年・1969年告示）における学校給食 …… *37*

表1-14　学習指導要領（1977年告示）における学校給食 …… *38*

表1-15　調理方式別学校給食実施校数の推移（小中学校分）…… *41*

表1-16　調理員の雇用状況 …… *41*

表1-17　完全給食および補食給食実施校における外部委託率（公立小中学校）
　　　　…… *42*

表1-18　食教育における学校栄養職員の位置づけ …… *46*

表1-19　学校栄養職員の食に関する指導の実施状況 …… *48*

表1-20　O-157食中毒事件直後の学校給食献立に対する文部省の指示 …… *49*

ix

表1-21　学校給食における食中毒発生状況 …… *51*

表1-22　学校給食法（2009年改正）にみる栄養教諭および学校栄養職員の職務
　　　　…… *53*

表1-23　2001年度以降の食品安全問題 …… *56*

表1-24　計画停電を想定した献立内容 …… *60*

表1-25　学校給食における栄養士労働の時代的変化 …… *62*

第2章

図2-1　　学校栄養士配置数（国公私立）の推移 …… *77*

図2-2　　学校栄養士の1日の仕事内容と場所の典型 …… *80*

表2-1　　小学校栄養教諭および教諭の労働時間 …… *74*

表2-2　　公立小中学校教員の平均勤務年数および給料月額 …… *75*

表2-3　　雇用条件と給料（北海道）…… *76*

表2-4　　学校栄養士の属性 …… *78*

表2-5-1　共同調理場1人配属の栄養教諭のある1日の仕事内容（午前）…… *82*

表2-5-2　共同調理場1人配属の栄養教諭のある1日の仕事内容（昼休み時間）
　　　　…… *84*

表2-5-3　共同調理場1人配属の栄養教諭のある1日の仕事内容（午後）…… *86*

表2-6　　寄宿舎のある特別支援学校の栄養教諭のある1日の仕事内容 …… *88*

表2-7　　給食管理業務の現状と今後（雇用資格別）…… *92*

表2-8　　食に関する指導業務等の現状と今後（雇用資格別）…… *94*

表2-9　　学校運営業務、研修の現状と今後（雇用資格別）…… *95*

表2-10　年代別栄養士業務の現状 …… *96*

表2-11　学校給食の栄養管理 …… *97*

表2-12　児童生徒の健康状態の把握 …… *98*

表2-13　学校栄養士のやりがい …… *99*

表2-14　学校栄養士業務について思うこと …… *101*

表2-15　衛生管理、危機管理に関する考え …… *102*

表2-16　調理員、事務員との協同 …… *102*

図表目次

表2-17 学校栄養士業務に対する教員、教育委員会等の理解 …… *104*

表2-18 職場環境 …… *105*

表2-19 学校栄養士の専門性 …… *106*

表2-20 学校栄養士の配置に対する意見 …… *107*

第3章

図3-1 学校給食における給食の運営 …… *115*

図3-2 食物アレルギーの除去食や代替食実施にあたって気がかりなこと
（市町村・複数回答）…… *126*

図3-3 除去食や代替食実施にあたって気がかりなこと（学校栄養士・複数
回答）…… *135*

図3-4 除去食の調理・配膳に用いるカード …… *149*

表3-1 学校給食法における給食運営上の役割―公立小中学校の場合― …… *114*

表3-2 学校給食の給食の運営における関係者の役割 …… *116*

表3-3 中西のリスク定義と学校給食事故 …… *121*

表3-4 学校給食のリスク管理に関する基準・マニュアル等（文部科学省）
…… *123*

表3-5 推奨している衛生管理マニュアルの種類 …… *124*

表3-6 衛生管理以外の教育委員会が作成したマニュアル …… *125*

表3-7 食物アレルギー児への対応とマニュアルの有無 …… *126*

表3-8 給食費会計 …… *127*

表3-9 給食事務業務の主担当者とマニュアルの有無 …… *128*

表3-10 食材料発注・支払業務の担当者（複数回答）…… *129*

表3-11 栄養教諭・学校栄養職員との打ち合わせ頻度 …… *129*

表3-12 学校からの給食に対する要求・苦情への対応 …… *130*

表3-13 栄養教諭制度になってからの学校給食運営 …… *130*

表3-14 学校栄養士の雇用資格・条件、配属校種 …… *131*

表3-15 使用しているマニュアル …… *132*

表3-16 学校栄養士1人あたりの担当校数および提供食数 …… *133*

xi

表3-17	調理場と配属校の移動および勤務体制 ⋯⋯ *133*
表3-18	調理員の状況 ⋯⋯ *134*
表3-19	給食業務に携わる事務職員の状況 ⋯⋯ *135*
表3-20	給食施設別食中毒発生状況 ⋯⋯ *137*
表3-21	学校給食におけるノロウイルスによる食中毒発生要因 ⋯⋯ *141*
表3-22	食物アレルギー発症の原因食品 ⋯⋯ *145*
表3-23	担任用のＡさん除去食一覧 ⋯⋯ *147*
表3-24	除去食提供ルール、事故要因・背景、指摘事項 ⋯⋯ *148*
表3-25	配布用献立表の工夫 ⋯⋯ *151*

第4章

表4-1	地場産物活用による効果 ⋯⋯ *162*
表4-2	地場産物の活用状況 ⋯⋯ *163*
表4-3	置戸町児童生徒・学校数の推移 ⋯⋯ *166*
表4-4	北海道における共同調理場の規模 ⋯⋯ *167*
表4-5	米飯給食回数および給食費の比較（2011年度）⋯⋯ *168*
表4-6	置戸町学校給食食材料費の購入割合（2011年度）⋯⋯ *168*
表4-7	ヤーコンの使用時期と料理（2005〜2010年度）⋯⋯ *171*
表4-8	ふきの収穫量および協力者数 ⋯⋯ *173*
表4-9	手作りみそに使用する大豆の産地 ⋯⋯ *174*
表4-10	じゃがいも料理一覧（2009年度）⋯⋯ *176*
表4-11	じゃがいものメニュー（2009年7月）⋯⋯ *177*
表4-12	地場産物活用の方策と置戸町学校給食センターの取り組み ⋯⋯ *178*

序章

研究目的と課題

第1節　問題提起と課題

（1）栄養士職における労働の現状

　超高齢社会を迎えた日本において、栄養士職[1]の社会進出がすすみ、期待も高まっている。活動分野も広がり、近年ではスポーツ選手の栄養管理を行うスポーツ栄養士や料理研究家もみられるようになったものの、資格を生かして仕事をする栄養士職の多くは医療機関、学校、社会福祉施設や受託給食会社などに雇用され、給食施設で働いている[2]。

　日本における専門職[3]としての栄養士は、1925年、栄養学者であった佐伯矩が国民の栄養改善のため「科学を栄養上有効に応用する指導の適任者」「栄養学を専門に学び、栄養の指導を業とする者」（佐伯 1986：44）として養成した民間資格にはじまった。初期の資格取得者たちは工場寄宿舎の食堂や農村における共同炊事で大量調理、いわゆる集団給食にたずさわった。第2次世界大戦中の1945年4月に栄養士規則が制定されて「栄養士」は公的資格となった。1947年12月、日本国憲法のもと栄養士規則が廃止され、新たに制定された栄養士法が現在の栄養士職の根拠法である。1963年の法改正では、「栄養士」の上位資格となる「管理栄養士」が制度化され、栄養士職の質的向上が図られた。

　現代における栄養士職の役割は、何をどれだけ食べると健康によいか、あるいは病気の治癒、悪化予防のためにどのような食べ方、栄養のとり方をすればよいかを計画・実施する栄養管理を行うことである。日常的な業務は、給食の提供に関わる業務の管理・運営を行う給食管理と、栄養管理の対象となる患者、施設入所者、児童生徒などへの栄養教育[4]である。

給食管理は、食料の供給状況、医学や栄養学の進歩、給食システムや調理機器の技術開発、国や自治体行政の動きなど社会経済の変化や科学技術の発達とともに変化している。たとえば第２次世界大戦直後の「栄養士」のもっとも重要な仕事は、限りある食料を栄養的・経済的にいかに効率よく食事（給食）にするかであった。栄養供給がみたされたのちには、医学や栄養学の進歩もあって、集団を対象とする給食においても、喫食者一人ひとりに対応するサービスが要請され、制度としても確立するようになってきた[5]。学校給食では、食物アレルギーの児童生徒には各自のアレルゲンとなる食材料を使わない給食の提供が求められ、さらには栄養教諭制度の創設とあいまって児童生徒一人ひとりの体格、健康状態、身体活動状況を考慮した栄養管理、すなわち個人の対応した給食の提供が期待されている[6]。

　栄養士職の社会的役割が重要性を増すのと同時に、栄養士職の労働内容も変化してきた。栄養価計算や食材料の発注などの事務的な業務は、コンピュータの導入とソフト開発によって作業時間が短縮したのはその一例である。とはいえ業務に余裕ができたわけでなく、給食の個別対応や栄養教育などの内容・量がともに増大しており、栄養士職の労働はより複雑化、高度化しているといえる。

　これらの変化にともない指摘できることは、栄養士職の養成における教育内容の高度化である。2000年の栄養士法改正をきっかけに「管理栄養士」の養成施設数が急増し、新卒者の栄養士職就職者数も年々増加している[7]。ところが、高学歴化にともなって栄養士職の労働条件が充実したかといえば、必ずしもそうとはいえない。例をあげれば、受託給食会社に雇われ、会社が契約した病院、福祉施設などの給食施設で給食業務を行う「派遣栄養士」が急増しているとみられているが、その人数や具体的な派遣先は明らかではないことに加えて、離職率が高いといわれている[8]。給食施設の直接雇用であっても「派遣栄養士」であっても、非正規雇用が増える傾向がみられる[9]。筆者は、短期大学出身の栄養士の就職実態調査から、非正規職員は正規職員に比べて１時間あたりの賃金が低いうえに、労働時間が長いことを確認してい

序章　研究目的と課題

る（久保田 2010：65-74）。より高度な労働を求められると同時に、低賃金不安定就業の栄養士も増えていて、栄養士の二重苦状態が進行しているのである。

　比較的労働条件がよいとされる学校栄養士[10]にあっても、現在では様々な問題におかれている。1つは業務の複雑化である。栄養教諭の配置促進、学校教育における食育の推進に伴い、従来の給食業務に加えて、食に関する指導（栄養教育）への積極的な取り組みが求められている。給食（食事）にも、栄養補給、栄養バランスの整った食事であることに加えて、食に関する指導の教材になりうる工夫、地場産物の活用、食物アレルギー児などへの個別対応も迫られている。調理業務を委託している場合では、受託給食会社からの派遣調理員に直接調理指導できない不便さも抱えている。教員の栄養教諭は栄養士業務のほかに校務分掌、学校行事の分担といった学校運営にも携わらなければならない。共同調理場配属の栄養教諭は、業務内容によって調理場と学校の間を行き来しなければならない。

　2つめには新たな食中毒対策、食品の汚染・偽装といった食に関するリスクの直面がある。食中毒予防に関しては、とくに1996年のO-157食中毒事件以降、食材料の取り扱いや給食施設内の調理過程に細心の注意を払い、厳重な衛生管理を行ってきた。食中毒事故の発生件数は減少したものの、1件あたりの事故被害は大規模化、広範囲化の傾向がみられる。給食施設内の衛生管理だけで予防、対応が困難な状況になってきている。食品汚染については、2011年3月からの放射能汚染問題と前後して、加工食品への農薬混入や、原材料産地の偽装など人為的事件が相次いで起こった。

　3つめにはひとり職場であることの責任の重さと不祥事があげられる。学校栄養士配置には基準があるため、食数規模の大きな共同調理場をのぞいて1施設に栄養士は1名のみである。学校栄養士は給食施設に唯一の専門職として、数百人の児童生徒に安全で栄養的に優れておいしく、なおかつ食に関する指導の教材にもなり得る給食を提供しながら、調理員の確保や施設設備の管理、受配校との調整、業者とのやりとりなど給食業務全体を掌握して切

り回す役割をも担う。ひとり職場は学校栄養士に相当な重圧がのしかかる一方、仕事が独善に陥りやすく、不祥事を惹起することもある。

(2) 栄養士労働の特徴と抱える問題

まずは栄養士労働[11]の概念を整理してみる(**図序-1**)。本書が対象とする栄養士職は、資格を生かして就業し、その能力を提供することで賃金を得る労働者である。その意味において栄養士職の労働イコール賃労働とすべきところだが、賃労働を支える人脈づくりや栄養士職の能力を高める学習などの自主的な活動も賃労働を支えるためには不可欠である。そこで本書の栄養士職の労働は、自主的な活動も含めて労働とする。

栄養士労働は、職務と自主的な活動に大きく分けられる。職務は、「職務分析や職務評価の対象として階層的な組織の観点から仕事の内容や範囲、権限など、一定の管理技法に基づいて定められた労働」(金森他 2013：636)、「組

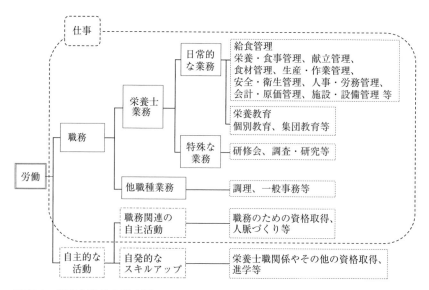

図序-1 栄養士労働の概念図
注：筆者作成

4

織の中で分担している果たすべき仕事のこと」（日本給食経営管理学会 2015：18）であり、組織や制度の規定のもとで命令、指示により行う業務、組織のなかで栄養士が職種あるいは組織の一員として行うべき業務とする。

栄養士の職務には、栄養士業務と他職種業務がある。栄養士業務は、栄養士特有の労働手段を用いた活動であり、その内容は、給食（食事）の生産に関する給食管理や栄養教育といった給食施設内やフィールドで行う日常的な業務と、職務命令にもとづく調査・研究や研修会参加のように必要に応じて行う特殊な業務である。他職種業務は、調理員の欠員やトラブル対応などで調理作業を補助したり、来客や電話の対応など事務員の仕事を一部請け負ったりすることである。専門職でありながら他職種の業務を一部担う点は、歴史的に形成されてきた栄養士労働の性格特性といえる。

自主的な活動は、栄養士の活動を支えるために自ら行う合目的的な活動である。職務関連の自主活動は、栄養士の職務、とくに栄養士業務を円滑に遂行するために、職場内外で人脈を築いたり、自発的に研修会に参加したりすることである。自発的なスキルアップは、栄養士自身の技能や教養を高める活動で、栄養士資格をステップとした別資格取得や研究活動もあれば、栄養士職に関連しない活動も含む。一見、栄養士職とはかけ離れた活動であったとしても、栄養士の力量は高まり、それは職務にも反映される。

職務と職務関連の自主活動は、栄養士として働く者が「職業において、するべきこと、しなければならないこと」であり、これらをあわせて仕事という。

労働、職務、自主的な活動および仕事の考え方は、栄養士のほか、栄養士と同じように資格を必要とする他の専門職、または特別な資格を必要としない事務職や販売職などいわゆる一般職も、同じであると考える。業務については、おもな担当業務とそれ以外の業務に分けられるのも同じである。労働、とくに賃労働では、賃金に見合う成果が求められるのは専門職にあっても一般職にあっても変わりないが、「栄養士」「管理栄養士」のような国家資格を有する専門職では、経験の有無に関わらず一定の質が求められる。

次に栄養士労働の特徴をあげる。第1に、栄養士職の勤務先は多様で職域が広い点である。看護師は病院・診療所で医療に従事し、保育士は保育所に勤務する割合が高い[12]が、栄養士職の勤務先は病院・診療所をはじめ保育所、高齢者施設、障害者施設、社員食堂、学校、保健所や市町村の保健関係部署などに分散している。したがって職域も医療、福祉、教育と幅広い。受託給食会社の栄養士に至っては、異動辞令によって自らの意思と関わりなく勤務先や職域がかわる。

　第2の特徴は、女子労働に位置づけられる点である。栄養士職は看護師、保育士と並んで女性労働研究の専門職に取り上げられることが多く、女性専門職ともいわれる。天野正子は、女性専門職を「女性の人間としての個性や能力以前に、①妻や母としての家族の生活を維持していくために、歴史的に女性が果たしてきた役割、たとえば病人の看護や子どもの世話・しつけといった、いってみれば妻や母の役割の延長上にある職業が、あるいは、②基幹的な作業をになう男性をせんさいさ・忍耐力・綿密さといった女性のもつ（と社会的に考えられている）特質でカバーする補助的職業が、「女性の適職」と決める尺度とされている」（天野 1982：91）と指摘した。栄養士職の日常的な業務の給食管理は、給食（食事）を提供する業務であることから、家庭の食事づくり、調理と同一視されやすい。家事労働の中でも調理は、「生活内容を一定に保つ（安全に、健康に、衛生的に、生活を規則正しく、便利に・快適に保つ）ための労働であり、省略できない基本的な生活技術であると同時に、慣れてしまえば、繰り返しで単調といわれる労働」（天野 2001：183）に分類される。つまりは給食管理も単調な作業と捉えられる傾向がある。けれども給食管理は、栄養管理やサービスの点から献立内容が毎回入れ替わり、限られた調理設備と労働力を駆使して決められた時間までに給食を仕上げる工程を考えなければならない（石田 2013：209）。加えて、給食の喫食者は脆弱な患者や高齢者、身体的に未熟な子どもであることから、給食の品質管理や衛生管理には細心の注意を要する。給食管理は単純労働ではない[13]。

序章　研究目的と課題

（3）本書の目的と対象の限定

　以上、栄養士労働の特徴を踏まえた上で、本書は学校栄養士の労働環境、条件および栄養士に求められる資質を歴史的視点並びに現状から捉え、学校給食における栄養士労働の実態と課題を明らかにすることを目的とする。学校栄養士に限定する理由は次の通りである。

　完全給食を実施しているほとんどが市区町村立学校[14]である。したがって学校栄養士の大多数が公務職であり、同職種の公務職では、給料や労働時間など表向きの労働条件に大きなばらつきはないと想定した。保健所や市町村の行政栄養士も公務職だが、行政栄養士の職務に給食管理はなく、就業者数も少ない。医療機関や各種福祉施設は、経営母体が自治体、法人、民間と幅広く、受託給食会社から派遣される栄養士職もいて、労働条件はかなりの違いがあると予想される。栄養士職の労働に関する研究はこれまで十分に行われてきたとは言い難く、取り組みはじめの対象の条件は、標準的な職務であること、ある程度労働条件がそろっていることが適切と考えたのが、1つめの理由である。

　2つめには、多くの学校栄養士が公務員とは言え、2005年以降、教員資格採用の栄養教諭と栄養士職採用の学校栄養職員が混在し、栄養教諭創設の際の職務整理が不十分だったこともあって、雇用資格が異なるにもかかわらず学校栄養職員にも栄養教諭と同様の資質が求められている点である[15]。資格の違いは何を意味するのか。栄養教諭制度創設から10年が経過し、栄養教諭に関する検証と学校栄養士のあり方の検討が必要と考える。

　成長期の児童生徒に提供する給食（食事）は、安全面にも慎重を期さなければならない。しかし現在は食品そのものの安全性が脅かされており、学校給食では安全な食品の入手に時間と労力を費やしている。また安全性に加えて食教育においても地場産物利用が課題となっている。食品の種類や量が豊富な状況においても、栄養士職のもっとも基本的な業務といえる食料の確保について、学校栄養士の労働に注目する3つめの理由である。

7

第2節　研究動向と本書の構成

（1）栄養士労働研究における学校栄養士の位置

　栄養士労働の先行研究は、業務内容及び能力に関する研究、勤労意欲に関する研究、キャリア形成に関する研究、労働条件に関する研究に大別できる。

　栄養士職の業務内容及び能力は、**図序-1**における栄養士業務の日常的な業務にあたる給食管理、栄養教育が研究対象であり、職域ごとに特徴があるため、もっとも研究が盛んな領域といえる。なかでも特徴的な研究として、島村知歩ら（2003）、太郎良裕子ら（2008）の栄養士職の資格や雇用の違いと業務内容の差異に関する調査分析、五十嵐めぐみら（2011）の医療機関の栄養管理実施状況と業務環境に関する研究、大中佳子ら（2014）の受託給食会社所属栄養士職における献立作成の作業時間因子に関する調査分析、山下留理子ら（2014）の特定保健指導における管理栄養士の技術と自信、修得意思、また食品製造・小売業等における栄養士職の業務内容および修得したい知識を明らかにした大宮めぐみ（2012）の研究などがある。

　栄養士職の勤労意欲においては、峰岸夕紀子ら（2010）の研究がある。峰岸らは、勤務実態と心身症状や職業性ストレスと栄養士職の勤務継続意志の関連を明らかにし、栄養士職の特徴として、職場における良好な人間関係の構築、自分に対する信頼感、上司に対する技術的な信頼および仕事満足度の高さが勤務継続意志に繋がると示唆した。五十嵐美絵ら（2011）は、市町村栄養士における業務遂行の自信である自己効力感の要因を検討し、成功体験、達成感、市町村栄養改善事業の基盤となる業務の主体的実施が自己効力感の向上につながるとした。池畠千恵子ら（2015）は新人栄養士の業務遂行における思いの分析から、実際業務は調理作業が多く、それがうまくできない不安と栄養士資格が活かせないとするジレンマが離職につながる要因であることを明らかにした。

　栄養士職のキャリア研究では、青島祐子（1997）が女性専門職の資格取得

序章　研究目的と課題

と職務の点から栄養士を取り上げている。廣森直子は、栄養士職経験者を対象とした調査から、栄養士の専門性は隣接職種や職場のあり方に規定されることを示唆し（廣森 2012）、栄養士が専門職として地位向上するには専門職でありかつ、管理職となる人の役割や力量が問われると言及した（廣森 2014）。

　栄養士職の労働条件に関しては、金子俊ら（1971）が産業給食栄養士を対象にした業務内容調査の研究、北田ヒデ子（1976）が日本医療労働組合協議会給食部会の実態調査を分析した研究がある。北田の研究では、病院栄養士１名あたりの患者数が基準をはるかに上回り、労働強化傾向がみられること、１日３回の完全給食のため企業給食と比べて労働量が多いことに加え、労働環境の劣悪さ、低賃金についても言及した。北田は「病院給食労働は、発展する医学と多様化する疾病増・食品公害との関係からみても、たえず研究をしなければならない労働の一つである」（北田 1976：195）と研究の重要性を示唆したが、この後、病院栄養士に限らず、このような研究はみあたらない。女子労働研究分野では、津田美穂子（1991）の研究がある。津田は、栄養士をはじめ看護師、保健師、保育士、幼稚園教諭などは経験年数の評価が低いために低賃金が固定化されている状況を「女子特有の状態」と指摘し、「これらの職種の高度な専門性と経験による職業能力の向上とに対する過小評価はまさに不合理な差別的なものといえるのではないだろうか」（津田 1991：196）と論及した。

　次に日本における学校給食と栄養士労働に関する先行研究をみてみよう。これは、学校給食の歴史や制度に関する研究、学校給食業務に関する研究、学校給食における栄養士労働の研究に分類できる。

　学校給食の歴史や制度に関しては、旧文部省の『学校給食十五年史』や学校給食50周年を記念して出版された『学校給食の発展』をはじめ、都道府県や市町村レベルでも数多くの記念史が出されている。学校給食制度に関する研究には、田所哲太郎（1950）、吉田寿雄（1965）、根岸久子（1980）、山本未穂（2009）らの制度整備に関する研究や、河合知子（2006）、本図愛実（2007）の栄養教諭制度の創設に関する研究がある。

9

学校給食業務に関する研究は、献立や食物アレルギー対応など栄養管理に
かかわるもの、食材料の調達、給食方式や衛生管理など給食の運営にかかわ
るものなどがあり、学校給食のなかでも研究が盛んな分野といえるが、栄養
士業務の歴史的性格的変化に関するものはまず見当たらない。

　学校給食の関係職種の労働については、調理員を対象にした研究はいくつ
もあるが、栄養士を対象にしたものは、吉田真理子（1980）の研究がみられ
る程度である。吉田は労働時間、1週間の職務内容、賃金から栄養士の位置
づけのあいまいさを言及し、給食施設や学校における疎外感についても触れ
ている。しかしこれ以降、このような研究はみあたらない。

　栄養教諭に関する研究は、制度創設以降、活発に行われている。飯塚さち
子・平本福子（2013）は、栄養教諭創設までの学校栄養士職務制度とその歴
史的背景を明らかにし、制度整備における阻害要因、政治的関係を示唆した。
川越有見子（2015）は栄養教諭養成カリキュラムの開発研究過程において、先
進的食育実践校における栄養教諭の取り組みから職務内容を分析し、栄養教
諭の業務は高度化し膨大になっていること、職務遂行には専門性のほかに発
想力、機転が求められること、栄養教諭を活かして育てる環境整備が課題で
あることを示唆した。岸田恵津ら（2009）は、学校栄養職員から栄養教諭に
任用替えとなった1年後の栄養士を対象に職務内容や環境の変化などを調査
したなかで、「共同調理場の場合は、学校と離れているため負担が大きい」「給
食管理と授業との割り振りに苦労するので、今後の実践で考えなければなら
ない」（岸田 2009：128）ことを把握した。小林陽子・岸田佳那子（2010）は
栄養教諭の職務調査から、単独調理場勤務の栄養教諭は食に関する指導の実
践度が高いことを明らかにし、共同調理場勤務者の「朝は職場へ、昼は給食
時間の指導に、夕方は研修会や打ち合わせにと1日3往復、片道15分だが毎
日となると疲れる」（小林 2010：161）という状況を捉えた。

　以上のように、学校給食の領域においても栄養士労働、とくに労働条件に
関しては、状況として把握されているものの、研究はほとんど行われてこな
かったといえる。

序章　研究目的と課題

（2）本書の構成

　第1章では、学校給食が広く普及した第2次世界大戦後から現在までの学校栄養士における労働の変化を既存の資料からみていくことにする。学校給食行政は文部科学省（文部省）の所管であるのに対し、栄養士職に関しては厚生労働省（厚生省）の所管事項ということもあって、学校栄養士は給食制度上不安定な地位に置かれてきた歴史がある。戦後直後に再開された学校給食は、1954年に制定された学校給食法のもとで発展してきた経緯があり、学校栄養士の労働もその影響を受けながら変化してきたと考えられる。

　現在の学校給食には、教員として雇用されている栄養教諭と栄養士資格のみの雇用である学校栄養職員が混在しており、このことが学校栄養士の労働環境に変化をもたらしていることが考えられる。しかしその実態は把握されてこなかった。そこで第2章では既存の資料とアンケート調査結果をもとに、現在の学校栄養士の労働実態を明らかにすることを課題とする。

　学校給食における近年の課題に、安全・リスク管理がある。成長期の児童生徒に提供する給食には、最大限の安全確保が求められる。第3章では、文部科学省および学校給食施設を管理する市町村教育委員会のリスク管理状況をふまえ、これまでに起こった学校給食事故をもとに、リスク管理における栄養士労働の問題点を明らかにする。

　安全性の高い給食にするためには、新鮮で品質のよい食材料が不可欠である。地場産物は安全面において信頼度が高く、食教育の面からも給食への活用が期待されている。第4章では地場産物活用の事例から、栄養士業務の特質をみていく。

　終章では、各章のまとめとともに、現状の学校給食における栄養士労働の問題点をとらえ、解決に向けての思索を試みる。

注

1）栄養士職には栄養士と管理栄養士の2種類の資格がある。管理栄養士は栄養士の上位資格にあたり、管理栄養士資格取得者は栄養士免許も有している。どちらの資格も人々の健康保持および増進、疾病の予防や治療に栄養・食生活面からサポートするための職種であり、栄養士法においても役割が明確に区別されているわけではない。栄養士および管理栄養士を総称する用語に栄養専門職がある。しかし鈴木道子は栄養士と管理栄養士の両方に用い（鈴木道子 2008：445）、鈴木朋子らは管理栄養士のみを指し（鈴木朋子ら 2016：242）、使い方が統一されているとは言い難い。そこで本書では、栄養士と管理栄養士の二者をさす場合は栄養士職または栄養士と表し、資格の違いを使い分ける必要がある場合は、栄養士免許のみを有する者を「栄養士」、管理栄養士免許を有する者を「管理栄養士」と表すことにする。なお栄養士職に関する制度、養成、専門性については鈴木道子の研究（2008、2009a、2009b、2015）がある。

2）衛生行政報告例（厚生労働省）によれば、給食施設に就業する栄養士職は1996年度には64,664人であったが、2015年度には119,370人と1.8倍に増加した。「栄養士」は39,907人から59,239人と1.5倍に増加、「管理栄養士」は24,737人から60,131人と2.4倍となった。1996年度は「栄養士」1に対して「管理栄養士」0.62であったが、2015年度には同率となった。

3）社会福祉専門職を研究する秋山は、「社会福祉専門職の「専門職」（profession）という語に対し、与えられている訳語も「専門職」「専門職業」「高等専門職」と種々あり、その内容に至ってはさらにあいまいで、コンセンサスを得た定義はないといえよう」、「わが国における「プロフェッショナル」なる職業には、多くの職種がそれを主張しながらも、それを判定する要素も不明確なままである」と述べた（秋山 2007：78）。専門職養成を研究する橋本も、日本における専門的な職業を指示する用語は「専門的職業」「専門家」「プロ」など多岐にわたること、その用法は時代や文脈によって制約されていること、Professionは「専門職」より「専門家」に近いことを言及した。そのうえで橋本は、「これらの語の持つ多義的な用法と文脈に即して、様々な専門的な職業をとりこぼすことのない広義の定義付け」を前提に、専門職を「「その職への就職が高等教育機関からの卒業証書を有する者に限られている職業のすべてを指す」という、ゆるやかな意味でとらえておきたい」とした（橋本 2009：12-14）。現在、栄養士として働くためには2年以上の養成を経る必要があり、橋本の専門職の定義にあてはまる。本論文でもちいる専門職は、ひとまず橋本の定義に基づくことにする。

4）2000年の管理栄養士養成カリキュラム改正により、それまで「栄養指導論」とされていた科目名称が「栄養教育論」に変更された。これ以降、栄養教育、栄養指導ともに「よりよい食生活の実践を目指し、対象者が自ら食行動を変容で

きるように教育支援していくこと」（阿部 2012：63）の意味で使う場合が多い。かつての栄養指導は「栄養や食に関する知識・技術の伝達を指す。栄養指導では栄養士が知識の伝達をし、対象者の質問に答える形式になるため、一方通行になりやすい」（阿部 2012：65）こともあり、意識的に栄養教育を使う傾向にある。ただし診療報酬制度は2016年改正の時点でも「療養のため必要な栄養の指導」、「栄養食事指導料」という言葉を使っている。

5）具体的な例をあげれば、2005年の介護報酬改定では、高齢者施設において管理栄養士が一人ひとりの入所者の栄養状態を把握、個々に適した給食を提供すれば施設の収入として栄養マネジメント加算できるようになった。

6）文部科学省は2013年4月から適用する学校給食の栄養量である学校摂取基準を示す際、「本基準は児童生徒の1人1回あたりの全国的な平均値を示したものであるから、適用に当たっては、個々の児童生徒の健康状態及び生活活動の実態並びに地域の実情等に十分配慮し、弾力的に適用すること」としている（「学校給食実施基準の一部改訂について（通知）」2013）。

7）管理栄養士養成施設の卒業者数、栄養士就職数、栄養士就職率をみてみると、栄養士法改正2000年度は1,742人、914人、54.0％であったが養成施設数の増加に伴い2015年度年には10,037人（2000年度の5.8倍）、6,087人（6.7倍）、60.7％になった。しかし近3年は栄養士就職数は停滞している。一方、栄養士養成施設卒業者の状況は、施設数減少に伴い卒業者数、栄養士就職数も減少しており、2015年度卒業者は9,144人と2000年度の49.1％であった。栄養士就職者数も6,890人から5,419人に減少しているが、栄養士就職率は45.0％から53.9％に上昇している。

8）佐藤愛香は、自身が所属する受託給食会社の「管理栄養士」3年目の在職率は約60％であり、一般的な大卒70％とそれほどかけ離れた数値ではないが、在職率が高いとは言えない（佐藤 2008：77）と述べている。

9）ある大学の管理栄養士養成課程を卒業し栄養士職に就いた者のうち非正規職員は、2010年度卒業生が2割、2011年度卒業では4割弱であった。全国栄養士養成施設協会の就業実態調査では、正規か非正規かといった雇用条件までは調査しておらず、各養成施設が公開している情報においても明示されない場合が多いため、実態は明らかでない。

10）戦前を含め1974年に学校栄養職員制度ができるまでに、学校給食の現場で働く栄養士を示す適当な用語はなかった。本論文では、栄養教諭資格を有しその資格で雇用されている場合を栄養教諭、「栄養士」または「管理栄養士」の資格で雇用されている場合を学校栄養職員、非正規雇用で業務の一部を担当している場合は臨時の栄養士と使い分けるが、その必要がなく学校給食に携わる栄養士職を表す場合は学校栄養士ということにする。

11）看護師の労働（社会的労働）を看護労働、保育士の労働（社会的労働）を保育労働という。ところが、栄養士職に関する労働（社会的労働）を示す具体的な

用語はない。そこで本論文では、栄養士職に関する労働（社会的労働）を栄養士職の労働または栄養士職に関する労働もしくは栄養士労働と表現することにする。

12) 2014年度では就業看護師の85.2％が病院または診療所に従事している（衛生行政報告例）。保育士では保育所勤務者が95.6％を占める（社会福祉施設等調査、平成25年度、厚生労働省）。

13) 小池和男は、繰り返し作業とみえる生産ラインの作業においても、作業内容は異なるという。同一のラインには多様な製品が流れており、組み立てが簡単な製品が続く場合は作業が簡単で単調な「ふだんの作業」（usual operations）だが、製品がかわる場面や複雑な製品になった場合には、段取りや熟練が必要な「ふだんとちがった作業」（unusual operations）になる（小池 1991：65-67）。

　また、家庭での食事づくりは、家族（人）の健康や嗜好を考慮して献立を考えて料理に仕上げる。食材料の購入（買い物）、調理といった動作は一見同じではあるが、食事内容が異なれば調理法や手順も変化する。したがって家庭における食事づくりも給食管理と同様に単純労働ではない。

14) 平成26年度学校給食実施状況調査（文部科学省）によれば完全給食実施校のうち市区町村立学校は小学校の99.2％、中学校の98.9％である。

15) 細山田洋子らは「今後の栄養士教育に当たっては、学校栄養職員でも栄養教諭に準じた役割が求められることを踏まえ、栄養教諭免許の取得に関わらず、「食に関する指導」の視点を持つ必要がある」（細山田ら 2015：46）と述べている。養成施設が学生の就職を考慮すれば当面は避けられない対応だが、職種や職務が不明確な状態が長く続くと将来的な影響が懸念される。

第1章

戦後学校給食における栄養士労働の性格変化

　日本の学校給食は、1889年に山形県の私立小学校が貧困児童に昼食を提供したことからはじまり、民間活動を中心に全国の学校に広まっていった[1]。その後、関東大震災や昭和恐慌などの影響で国民生活が悪化し、これによる欠食児童の出現が社会問題となり、行政なども学校給食を手がけるようになった[2]。第2次世界大戦中の食糧が乏しくなってきたときにも、成長期の子どもたちにはできるだけ給食をしようと、補助金が交付され、6大都市には臨時の給食施設が急造された。しかし、学童疎開や空襲による給食施設消失などのため、給食は中止を余儀なくされた（文部省他 1981：17-18）。ともあれ学校給食は、児童の健康と成長に貢献するものであり、食糧事情のよくないときほど、その役割は重要であったといえる。他方、栄養士は昭和初期から産業給食を中心に広がりをみせ、戦時中に公的な資格を得て、学校給食業務に従事した。

　戦後、制度化と社会的要請を背景に全国展開しながら目的や実施方法などが多様化していった学校給食において、栄養士の労働およびあり方がどのように変化し対応していったかを明らかにすることを本章の課題とする。

第1節　戦後学校給食の再開と栄養士の役割：
第1期1945〜1960年度

　本節では、第二次世界大戦後の学校給食が文部省主導のもとに普及した背景と、とくに食糧状況が厳しかった時期の学校給食の実施状況を概観するとともに、その時期の栄養士の状況および業務内容を明らかにする。次に、学校給食法が成立するまでの経緯を整理し、栄養士の位置づけの変化をみていく。

15

（1）「制度としての学校給食」の開始と栄養士の状況

①戦後の食糧難と児童の栄養状態

　日本の戦後の食糧事情は、戦中からの不足状態に復員や大陸からの引き揚げ者による人口増大が加わって、深刻な食糧難であった。

　1945年8月28日、文部省は学校教育再開の通達を出した。疎開していた児童も都市の学校に戻ってきた。授業は再開されたものの、食糧難のため子どもたちは弁当を持参できず、また午後の授業まで持ちこたえる体力、気力もなかったため、授業を午前中で切り上げるなどの措置がとられた（国立教育研究所 1974：148）。食糧難は子どもたちの健康を阻害したと同時に、学校教育にも影響を及ぼした。

　こうした状況のなか、学校教育の継続と子どもたちの健康のために、全国およそ2,000の学校では、保護者や地域の協力を得ながら、代用食や山菜などを活用した給食を行っていた（学校給食十五周年記念会1962：17）。戦前戦中に給食を実施していた学校があり、このときの給食施設がある程度残っていたこと、そして給食運営の経験があったことが給食再開に役立った[3]。

　しかし、1945年は戦争の影響に天候不順が重なり、農作物の収穫量が戦前のおよそ60％とこれまでにない不作の年となった（井野 1975：74）[4]。1945年11月に日本政府は極東委員会、連合国総司令部（General Headquarters：GHQ、以下GHQという）に食糧輸入を申請したが、世界的な食糧不足を理由に認められなかった（国立教育研究所 1974：148）。食糧入手はきわめて困難になり、給食を中止する学校が続出した（学校給食十五周年記念会 1962：17）。1946年5月には「米よこせデモ」や「食糧メーデー」が起こるほど食糧難は悪化し、学校給食を再開するどころか、夏休み繰上げや授業短縮の通達がされた（文部省 1972：572）。

　1946年夏には児童の栄養状態は最悪となった（文部省他 1981：124）。**表1-1**は第二次世界大戦前の食糧事情が比較的よかった1939年と、戦後の1948年、食糧供給が安定した1960年の6歳から17歳男子の平均身長、体重をみた

第1章 戦後学校給食における栄養士労働の性格変化

表 1-1 年齢別平均身長・体重の推移（男子）

	身長（cm）			体重（kg）		
	1939 年	1948 年	1960 年	1939 年	1948 年	1960 年
6 歳	109.1	108.1	111.7	18.5	18.4	19.1
7 歳	113.9	112.1	117.0	20.3	20.1	21.0
8 歳	119.3	117.4	121.9	22.5	22.0	23.2
9 歳	125.0	121.9	126.8	24.6	24.0	25.5
10 歳	128.2	126.1	131.6	26.9	26.0	28.0
11 歳	132.9	130.4	136.2	29.3	28.2	30.7
12 歳	137.8	135.0	141.9	32.5	31.4	34.6
13 歳	144.0	139.8	148.1	36.9	34.5	39.3
14 歳	152.1	146.0	155.1	43.6	38.9	45.3
15 歳	158.1	152.7	161.2	48.6	44.0	51.0
16 歳	160.9	157.9	163.6	51.8	48.7	54.1
17 歳	162.5	160.6	165.0	53.9	51.7	56.1

注）学校保健統計調査より作成。

ものである。1948年はいずれの年齢でも身長、体重ともに1939年、1960年に
比べて小さく、栄養状態の深刻さが推測できる。

②文部省主導による学校給食の再開

　児童の健康状態が懸念されていたおり、最大の課題であった食糧調達にめ
どがつき[5]、文部省、厚生省、農林水産省次官から1946年12月に「学校給食
実施の普及奨励について」（以下、普及奨励という）が通達された。

　普及奨励によってはじまった学校給食には、3つの特徴があった。1つは、
食糧不足に困窮している地域、つまり都市部の学校が優先的に食糧の配給を
受けて、給食を実施できるようにしたことである。ただし、その場合週2回
以上の給食が義務づけられた。町村には、週1回以上給食を実施する場合で
希望する学校に、魚粉などを特別配給するというものであった。普及奨励が
通達された1946年12月から東京都、神奈川県、千葉県は、食糧の配給を受け
て学校給食を実施した。しかし、北海道に脱脂粉乳が配給されたのは1947年
12月からであり、長野県が学校給食を開始したのは1949年であった（学校給
食十五周年記念会 1962：257、273）。比較的食糧入手しやすい農山町村の学
校給食は、しばらくの間、学校や地域が独自にみそ汁や野菜等の炊き出しを

17

してしのいだ（学校給食十五周年記念会 1962：90）。

　2つには、その後の学校給食実施の基本線が作られたことである。その内容は、対象は全児童、1人1食あたりの栄養必要量の明示、給食費の実費徴収、学校給食委員会の設置、国による人件費および施設費の補助、給食の教育的効果の提示[6]などである。ただし人件費の補助は、「学校給食施設の普及奨励と其の指導の適正を期するため都道府県に新たに専任の職員を各1名宛設置」のためで、栄養士や調理員に対する補助ではなかった。

　3つめには、学校給食が制度と文部省の指示、指導のもとで実施、運営するものになったことである。

　普及奨励の通達以降、国民学校を中心に学校給食の実施校は増加していった。1946年12月時点で276校（児童数251,629人）だった実施校数は、1947年3月には3,619校（同2,906,921人）になった。新たな義務教育制度がはじまった1947年度には、都市の小学校児童300万人を対象に脱脂粉乳や輸入缶詰、鮮魚、塩、みそ、薪石炭を、町村の小学校児童152万人に脱脂粉乳や塩を定期的に配給して、学校給食拡大運動が展開された。この結果、1948年3月には6,961校4,852,589人、運動開始1年後の1948年9月には8,606校6,141,040人となった（文部省他 1981：37-38）。

　学校給食が大都市以外の地域にも広がった1948年度には、GHQの指導により運営方法が整備された。GHQが強く要求したのは、学校給食用食糧独自の配給機構の整備と、物資購入の基金の設定であった。文部省は、都道府県と市町村の教育委員会に学校給食事務を移し、食糧取り扱いの要項を定め[7]、1948年12月「学校給食用物資の取り扱いに関する暫定措置要項」を通知した。また、給食実施校に配給した缶詰や脱脂粉乳の盗難、紛失が多かったことから、文部省は「学校における給食実施体制の整備について」を通達し、とくに物資管理の強化を促した[8]。

　以上のように、普及奨励によって再開した学校給食は、文部省の通達・通知による指示が全国の自治体に出され、そこから市町村を経て各学校給食施設へと伝達される「制度としての学校給食」の基礎をつくった。

第1章　戦後学校給食における栄養士労働の性格変化

　ここで学校栄養士の位置づけをみてみると、普及奨励にはもうしわけ程度ではあるが必要栄養量が示されており、栄養士が行う業務は存在していた。それにもかかわらず、普及奨励をはじめ、それ以降の通知・通達にも学校給食施設に栄養士を配置する指示はなく、学校給食制度において重視されてこなかった。

③完全学校給食の普及と給食の栄養管理

　食糧援助を受けながら文部省主導で再開された学校給食は「食糧難を学校を通じてわずかに穴埋めするという意味が強く、栄養や教育的な意味など考えるゆとりはなかった」（国立教育研究所 1974：148-149）。給食に脱脂粉乳のミルクやパンが毎回つきはじめたのは、1949年ごろからであった。

　ミルク給食は、1949年9月に国際連合児童緊急基金（United Nations International Children's Emergency Fund：UNICEF、以下、ユニセフという）の脱脂粉乳寄贈がきっかけであった。GHQは以前から、日本の子どもたちがアメリカの子どもたちのようにミルクを飲めば、栄養状態がよくなり、体位が向上すると考えていた[9]。GHQは、ミルク給食を普及させ、成果を上げるねらいから、ユニセフの脱脂粉乳を給食に用いる学校に、ミルク給食のモデル校として小麦粉や食用油、調味料なども特別供給した。モデル校には、さらにガリオア資金[10]で調達した脱脂粉乳も追加し、児童1人1日あたりの脱脂粉乳の量は100gにもなった[11]。毎日大量のミルクとパンの給食を受けた児童の体格は、当然ながら未実施校の児童の体格を上回った。

　文部省はこの結果を児童の発育に脱脂粉乳やパンが効果的な食物と立証したとして（学校給食十五周年記念会 1962：159）、つぎに主食のパンとミルクに副食を組み合わせた完全給食の実施を計画した[12]。一方、最終的に学校給食を無料化にすることを目標としていたGHQは、1950年度アメリカ会計年度計画に、日本の学校給食用に無料の小麦と大豆を含めた。これに対し日本政府は、3万人以上の市のすべての学校で、小麦粉を使用した給食を始めることに同意し（清水 2000：100-101）、文部省は学校給食予算を大幅に増額して、

19

給食のための人件費、職員指導・養成、栄養豊富な給食にするための脱脂粉乳や缶詰の調達、配分を計画した（土持 1996：166）。

1950年7月、東京、大阪、京都、名古屋、横浜、神戸、広島、福岡で無償小麦のパンによる完全給食が実施された。実施にあたって文部省は、実施要領を示した。実施要領の内容は、学校給食用輸入小麦の取り扱いについて、パンの委託製造と原料配合比率、加工賃、1人1食あたりの小麦粉配給基準量（100g）と給食実施回数（月平均20回、週5回）などであった栄養基準は、小学校で少なくても熱量600カロリー、たんぱく質25g以上、中学校では熱量800カロリー、たんぱく質25g以上とした。

1951年2月からは、全国の都市小学校でも完全給食を実施した。文部省は、完全給食最低基準を1人1食あたり熱量600カロリー、蛋白質25gとすること、週授業日に5回給食を行うこととし、栄養量を満たすために必要な食材料とその目安量を提示した（**表1-2**）。

保健体育審議会[13]もパン食を奨励し、給食の栄養必要量を提示した。1951年12月の答申「今後の学校給食のあり方について」のなかで、今後の学校給

表1-2　完全給食のための給食資材の最低基準量

品　　名	基準量 g	カロリー	蛋白質 g	備　　考
小麦粉	100	350	11.0	
イースト	2	3	0.2	
塩	1.7	—	—	パン
砂　糖	3	12	—	
マーガリン	2	15	—	
小計		380	11.2	
ミルク	22	79	7.7	
み　そ	10	15	1.3	
しょうゆ	5	2	0.3	
砂　糖	2	8	—	
脂　肪	2	18	—	
魚・肉類	20	32	3.9	肉、魚の代りに大豆10gを
いも類	40	36	0.7	もって補いうる。
でん粉	5	17	—	
野菜（有色）	50	19	1.0	
小　計		226	14.9	
計		606	26.1	

注）学校給食十五周年記念会（1962：140）第27表引用。

第1章　戦後学校給食における栄養士労働の性格変化

表1-3　完全給食の最低栄養基準（児童1人1食あたり）

熱量	600 カロリー
たん白質	25g（内動物性 10g）
脂ほう	7g
カルシウム	0.6g
鉄	6mg
ビタミンA	2,000I.U.
ビタミンB$_1$	0.7mg
ビタミンB$_2$	0.8mg
ビタミンC	20mg

注）学校給食十五周年記念会（1962：142）より作成。

食は「国民栄養問題や国民食糧問題の解決策とも緊密な連携性を有するので、国の総合的施策の下に考慮されなければならない」と強調し、さらに「パン食を奨励することによって、米食偏重により生ずる栄養的欠陥を是正し、国民の食生活を合理的に改善することができる」とした（学校給食十五周年記念会 1962：141-142）。同時に示した栄養必要量[14]は、1952年度以降の学校給食栄養基準となった（表1-3）。

　こうして、パンを主食にして副食とミルクを組み合わせる形式が日本の学校給食の定番となり、栄養基準が重視されていくようになった。

④学校給食再開直後の栄養士の状況

　学校給食が再開された直後では、給食管理、とりわけ大量調理の指導は重要であったし、完全給食が実施されるころには、栄養の管理も重視されはじめたものの、栄養士配置に関する制度はなかった[15]。

　それにもかかわらず、1950年度には276人の学校栄養士が存在したという記録がある（学校給食十五周年記念会 1962：168）。学校給食制度において位置づけの弱かった栄養士が、どのような仕事をしていたのか、当時の学校栄養士だった田中信、大沢やちよ、茂木専枝の回顧録を手掛かりに、仕事内容や雇用状況を整理する。

　田中信は、1948年4月から世田谷区立の小学校に勤務した。学校栄養士となった当初の仕事は、物資の管理、調理員への調理指導であった。田中は、

21

「何より驚いたのは流し台がなかったことで、醤油の四斗樽で野菜を洗い食缶を洗った。履き物は藁草履で、ハネが背中まで上がった」バラックの給食室で、PTAが雇った婦人と失業対策事業の一環として労働基準局から派遣された戦争未亡人の作業員に、無償で配給された脱脂粉乳やトマトケチャップでトマトシチューの調理指導を行い、給食時には自作の栄養板と食品カードを使って児童に栄養指導をした（田中 2005b：24-27）。

　当時の学校給食のおもな食材料は、GHQやLARA、ユニセフからの援助物資であった。援助物資の内容は、当時の日本国民になじみの薄い「チーズ・バター・エバポレイテッドミルク・レイズン・ポークチョップ・ミートアンドビーンズ・トマトジュース・グレープフルーツジュースなど（中略）献立や栄養内容など見当がつかなかった」（内田 1962：211）ものであり、これらをどうやって調理するか、無駄なく利用して子どもたちの給食にするかが栄養士のもっとも重要な役割であった。

　大沢やちよは、1948年1月に北区の小学校に就職した。学校給食施設は、「カマドの炊き口からは赤い火先がでて、煙が渦を巻き、作業員は逆立ちの恰好で薪をくべながら涙をポロポロ、トタンの屋根には小さな穴があいて雨が降ると茶色の水滴がおちてくる有様」であった。大沢は1950年、学校給食に積極的な学校とPTAのもとで改築を手掛け、熱源がガスの給食施設に作りかえた。また、当時は、給食に使用する食器は児童が持参するのが一般的だったが、大沢は衛生的見地から学校に食器を揃える必要性を文部省などに陳情して補助金を受け、児童用の食器を揃えて、給食に適した環境を整えた（大沢 1962：251-252）。

　茂木専枝は、1947年1月から群馬県教育委員会で学校給食業務を担当した。茂木の仕事は、国が週2回の温食給食用として支給する1人あたり40g（1回20g）の動物性たんぱく質食品（主として缶詰の肉か魚）と4g（1回2g）の食塩をトラックに乗って配給することであり、その後は遅くまで県庁で書類を整理した。1948年にはアメリカ軍が南方で貯蔵していた脱脂粉乳が配給されるようになったが、古く変色して石のように固まったものもあり、それ

第1章　戦後学校給食における栄養士労働の性格変化

を配給された学校では金槌や石臼で粉砕して子どもたちに飲ませた。茂木は1950年8月に文部省に異動となり、学校給食の栄養と衛生の業務を担当した。脱脂粉乳ミルクを残さないで飲ませるために、少量のバターを混ぜてみたり、飲むときの温度を変えてみたりといった工夫を行った（茂木 1980：157-159）。

　当時の栄養士の雇用条件や業務内容は統一されていなかった。田中は教員免許を持たない専門職の助教諭として雇用され、茂木は県職員として栄養士業務にあたった。しかし田中や茂木はまれなケースで、「世田谷区内の学校も次々と栄養士を採用したが、身分は作業員」（田中 2005b：24）という者もいた。大沢は月給について「物価が高く、私自身が食べていけないこと、他に就職口もあったことなどで、いつ逃げ出そうかと幾度考えたことでしょう」（大沢 1962：251）と述べており、学校給食の雇用条件が他の職場に比べてよくなかったことが窺われる。学校は、「給食に従事する人は作業員を一校に一、二名ずつ都で配置したのだが、これでは短時間につくって一斉に給食するには間に合わないので、先生や用務員さてはお母さん方の手まで借り、上級生までが手伝ってやることにした」（本島 1962：256）ということからも、栄養士よりもまずは調理員確保が先決であり、給食従事者は栄養士も調理員も区分なく業務にあたった。

　学校給食再開直後の栄養士たちは、雇用条件や職場環境が厳しいなか、「未完の仕事の魅力と、給食によりのびゆく児童の将来の姿を想像し」（大沢 1962：251）ながら、分配されたなじみのない食材料をいかにおいしくむだなく調理するかを考え、調理員たちに調理方法を指導し、しだいに設備や衛生環境を整え給食の提供に尽力した。

（2）学校給食法の成立と栄養士の制度的位置づけ

　学校給食は制度が徐々に整備されたが、継続、拡大には、財政の確保が課題であった。そこで学校給食の法制化が検討されはじめた。

23

①学校給食法成立の背景

　1950年ごろの日本国内の米生産量は900万トンを超え、1933年から1937年の水準に回復した（川島他 1997：44）[16]が、大都市住民の栄養摂取量は1,400カロリー程度であって、国民全体に食糧が行きわたっていなかった。こうした食糧事情もあって、日本人になじみの薄いパンや脱脂粉乳のミルクによる完全給食は「世論の絶大な支持をえ、父兄の間にも評判がよかった」（学校給食十五周年記念会 1962：51）。無償小麦を利用した給食は、安価でもあった。

　ところが1951年、サンフランシスコ講和条約によって日本が独立したと同時に、アメリカは対日援助を打ち切り、文部省は見込んでいた小麦を入手できなくなった。1951年度の学校給食は、在庫の小麦と脱脂粉乳を利用し、一般会計から小麦とミルク代を支出して、なんとか従来どおり継続した。しかし1952年度予算では、脱脂粉乳や小麦に対する国庫補助が大幅に減額され、1か月あたりの給食費がおよそ100円値上がりした（学校給食十五周年記念会 1962：58）。

　当時の日本は、朝鮮戦争の影響で1人あたりの国民所得は戦前水準に回復しつつあった反面、物価が上昇したため国民生活にゆとりはなく、給食費を上げられず給食を中止した学校があった。1951年9月から給食実施校、児童数は減少し、1953年5月には1951年5月の学校数で58.8％、児童数では64.7％になった（表1-4）。1953年は、全国各地で水害や台風、冷害の災害が相次ぎ、食糧の確保が難しくなった地域に欠食児童が出て、大きな社会問題になった。政府は急遽、災害給食を実施し、災害によって損失した分の学校給食用小麦粉等を国庫で補償した。ユニセフから再び脱脂粉乳が寄贈され、無料のミルク給食も行った。これらの事情を背景に、学校給食を安定して継続していくためには法制化が必要であるとの認識が広まり、1953年7月、参議院に学校給食法案がはじめて提出された（学校給食十五周年記念会 1962：60-61）。

　この頃、学校栄養士はどのような状況に置かれていただろうか。文部省は「従来実施の補食給食から完全給食の実施へと次第に発展するに及んで、給食内容の質的向上を図る必要」を認識して、1950年度から学校給食関係栄養士

第1章　戦後学校給食における栄養士労働の性格変化

表1-4　学校給食実施状況　1951-1953年度

	完全給食		補食給食		合　　計		備　　　考
	学校数	児童数（人）	学校数	児童数（人）	学校数	児童数（人）	
1951年5月	—	—	—	—	11,594	8,038,330	
1951年9月	—	—	—	—	11,477	7,876,512	ガリオア資金打ち切り
1952年3月	—	—	—	—	11,551	7,897,508	
1952年5月	3,943	3,887,110	4,839	2,422,148	8,782	6,309,258	国庫補助減額
1952年9月	4,124	3,951,931	4,284	2,123,270	8,408	6,075,201	
1953年3月	4,280	4,063,083	3,081	1,542,728	7,361	5,605,811	
1953年5月	4,017	3,749,339	2,796	1,447,674	6,813	5,197,013	
1953年9月	4,126	4,015,986	3,034	1,524,501	7,160	5,540,487	
1954年3月	5,071	4,510,544	4,151	1,718,122	9,222	6,228,666	

注）学校給食十五周年記念会（1962：94、96）第3、4、6表より作成。

再教育講習会、学校給食栄養管理講習会などを開催した（学校給食十五周年記念会 1962：159）。1952年、集団給食施設の栄養管理に関わる栄養改善法の施行に合わせて、学校給食の栄養管理の強化を目指した。文部省は1952年12月、都道府県教育委員会に「栄養改善法の施行に伴う学校給食施設における栄養管理について」を通達し、学校給食の栄養管理やその調査指導にあたる技術職員の計画的配置を促した。

　この通達以降、「学校や教育委員会に栄養士を設置し、学校給食の栄養管理の徹底を期そうとする機運が次第に高まってきた」（学校給食十五周年記念会 1962：160）というように経済的な理由から給食を中止する学校が増えたなかで、1950年には276人だった学校栄養士は、1951年473人、1952年536人、1953年617人に増加していった。

②学校給食法と栄養士の位置づけ

　災害による欠食児童の出現が後押しするかたちで、学校給食の法制化が進み、1954年6月には政府が提出した学校給食法が可決された（**表1-5**）。

　学校給食法には、学校給食の目標（第2条）、給食設置者や国および地方公共団体の任務（第4・5条）、経費の負担（第6条）、学校給食開設の補助（第7・8・9条）が定められた。特異的なのは、「小麦等の売渡し」（第10条）、

表 1-5　学校給食法（昭和 29 年 6 月 3 日　法律第 160 号抜粋）

（この法律の目的）
第一条　この法律は、学校給食が児童の心身の健全な発達に資し、かつ、国民の食生活の改善に寄与するものであることにかんがみ、学校給食の実施に関し必要な事項を定め、もつて学校給食の普及充実を図ることを目的とする。
（学校給食の目標）
第二条　学校給食については、小学校における教育の目的を実現するために、左の各号に掲げる目標の達成に努めなければならない。
　　一　日常生活における食事について、正しい理解と望ましい習慣を養うこと。
　　二　学校生活を豊かにし、明るい社交性を養うこと。
　　三　食生活の合理化、栄養の改善及び健康の増進を図ること。
　　四　食糧の生産、配分及び消費について、正しい理解に導くこと。
（定義）
第三条　この法律で「学校給食」とは、前条各号に掲げる目標を達成するために、学校教育法（昭和二十二年法律第二十六号）に定める小学校、盲学校、ろう学校又は養護学校（以下「小学校等」と総称する。）において、その児童に対し実施される給食をいう。
（小学校等の設置者の任務）
第四条　小学校等の設置者は、当該小学校等において学校給食が実施されるように努めなければならない。
（国及び地方公共団体の任務）
第五条　国及び地方公共団体は、学校給食の普及と健全な発達を図るように努めなければならない。
（経費の負担）
第六条　学校給食の実施に必要な施設及び設備に要する経費並びに学校給食の運営に要する経費のうち政令で定めるものは、小学校等の設置者の負担とする。
2　前項に規定する経費以外の学校給食に要する経費は、学校給食を受ける児童の保護者（学校教育法第二十二条第一項に規定する保護者をいう。）の負担とする。
（国の補助）
第七条　国は、公立又は私立の小学校等の設置者に対し、政令で定めるところにより、予算の範囲内において、学校給食の開設に必要な施設又は設備に要する経費の一部を補助することができる。
（補助の申請等）
第八条　小学校等の設置者は、前条の規定により国の補助を受けようとする場合においては、政令で定めるところにより、文部大臣に補助金の交付申請書を提出しなければならない。
2　文部大臣は、前項の規定により補助金の交付申請書の提出を受けたときは、補助金を交付するかしないかを決定し、その旨を当該小学校等の設置者に通知しなければならない。
（補助金の返還等）
第九条　文部大臣は、前条第二項の規定により補助金の交付の決定を受けた者が左の各号の一に該当するときは、補助金の交付をやめ、又はすでに交付した補助金を返還させるものとする。
　　一　補助金を補助の目的以外の目的に使用したとき。
　　二　正当な理由がなくて補助金の交付の決定を受けた年度内に補助に係る施設又は設備を設けないこととなつたとき。
　　三　補助に係る施設又は設備を、正当な理由がなくて補助の目的以外の目的に使用し、又は文部大臣の許可を受けないで処分したとき。
　　四　補助金の交付の条件に違反したとき。
　　五　虚偽の方法によつて補助金の交付を受け、又は受けようとしたとき。
（小麦等の売渡し）
第十条　国が、食糧管理特別会計の負担において買い入れた小麦又はこれを原料として製造した小麦粉を、農林大臣が文部大臣と協議して定める売渡計画に従い、食糧管理法（昭和十七年法律第四十号）の定めるところにより、学校給食用として売り渡す場合における売渡しの予定価格は、食生活の改善のため必要があるときは、食糧管理法第四条ノ三第二項の規定にかかわらず、農林大臣が定める価格によるものとする。
（小麦等の用途外使用の禁止）
第十一条　前条に規定する小麦又は小麦粉を学校給食用として買い受けた者、その者から当該小麦又は小麦粉を学校給食用として買い受けた者及びこれらの者のために当該小麦又は小麦粉を保管する者は、当該小麦又は小麦粉を学校給食以外の用途に供する目的で譲渡し、又は学校給食以外の用途に使用してはならない。

第1章　戦後学校給食における栄養士労働の性格変化

「小麦等の用途外使用の禁止」（第11条）を謳った点であり、学校給食法施行規則では、主食の1つにパンと小麦粉食品が明記され、実施基準には給食施設としてパン置場を指定した。学校給食法は、パン給食が前提であった。学校給食法成立以前にも援助物資や無償の小麦粉を使って給食を実施した経緯はあったが、学校給食法による小麦の使用は、経済政策の一環としてアメリカの余剰小麦を受け入れたものであった[17]。

　一方、創設当時の学校給食法には学校栄養士の位置づけはなかった。学校給食法案に対する参議院付帯決議（1954年5月）は「学校給食を担当する栄養管理職員及び必要な員数の調理に従事する職員の給与費についても国庫補助の途を開くこと」と栄養士の配置を促したが、法案に盛り込まれることはなかった[18]。1956年と1958年の改正でも栄養士は位置づけられなかった。

　表1-6は、1960年までの学校栄養士数の推移である。学校栄養士には小学校、中学校、夜間定時制高校、特殊教育諸学校で直接学校給食に携わる栄養士と、都道府県教育委員会、地方教育委員会、学校給食会などに勤務する栄養士がいた。法的根拠はなかったが、学校栄養士は1960年には2,401人、10年

表1-6　学校給食実施校および栄養士数の推移

	学校数[*1]	栄養士数[*2]
1946 年	276	—
1947 年	3,450	—
1948 年	6,958	—
1949 年	10,541	—
1950 年	10,995	276
1951 年	11,594	473
1952 年	8,782	536
1953 年	6,813	617
1954 年	10,353	703
1955 年	9,220	909
1956 年	9,752	1,126
1957 年	10,663	1,476
1958 年	12,584	1,849
1959 年	14,120	2,063
1960 年	15,342	2,401

注）学校給食十五周年記念会（1962）より作成。
　　*1 は p.91 第 1 表、p.94 第 3、4 表、p.96 第 6 表より作成。
　　*2 は p.168 第 10 図より作成。

表 1-7　学校給食関係栄養士所属別設置状況

(1960 年 9 月 30 日現在)

区　　分	人　員	比　率
都道府県教育委員会	41 人	1.7%
地方教育委員会	635 人	26.4%
小学校	1,414 人	58.9%
中学校	115 人	4.8%
夜間定時制高校	72 人	3.0%
特殊教育諸学校	30 人	1.2%
学校給食会　その他	94 人	3.9%
計	2,401 人	100.0%

注）学校給食十五周年記念会（1962：170）第 40 表を引用。

間で 9 倍に増加し、栄養士 1 人あたりの給食実施校数は6.4校になった。しかし給食業務を担う学校配属の栄養士は、小学校1,414人、中学校115人、夜間定時制高校72人、特殊教育諸学校30人の合計1,631人で全体の68％程度でしかなかった（**表1-7**）。

（3）おわりに

　戦後直後に再開した学校給食は、子どもたちに学校生活を継続させるために、そして少しでも栄養をとらせたいと願う教員や保護者が中心となって行われていた。しかしすぐに食糧事情が悪化し、中断せざるを得なかった。子どもたちの発育、栄養状態が深刻化したとき、文部省の指導のもと、GHQが確保した食糧を利用する方法で、学校給食は再び開始した。学校給食は援助や経済政策のため、戦後再開からしばらくの間、輸入食糧に頼った食事内容であった。

　学校栄養士は、人数は少なかったものの、学校給食再開時から給食運営にかかわっていた。食糧難時期に栄養士業務でもっとも重要だったのは、食材料の配分とそれらを食事に仕上げることであり、個々の学校給食施設においては、栄養管理よりも調理指導や調理作業に業務の重点が置かれていた。

　学校給食は法制化された一方で、給食業務において栄養管理や衛生管理を専門とする栄養士の法的な位置づけは進まなかった。そうしたなかでも、栄

養・衛生管理の重要性が認識されていき、学校栄養士の配置数も徐々に増えていった。

第2節 学校給食の拡大と学校栄養職員制度の確立：
第2期1961〜1980年度

　1960年代の高度経済成長は、日本人の生活を豊かにした一方で、都市の過密化と農山村の過疎化が進み、地域によって生活環境に差が生じた。また食糧生産力の向上などにより食糧事情が改善するなか、栄養状態は一転して成人病など過剰摂取が懸念されはじめた。1960年代前後はベビーブーム世代の就学期であり、児童生徒数が最大となった[19]。給食を実施する学校が増加し、多くの児童生徒が給食を受けるようになったと同時に、運営方法や給食指導をめぐる動きがあった。栄養士の雇用に関する初めての制度ができたのもこの時期である。

　第2節は、共同調理場増加の背景とそこで働く栄養士の業務変化および学校栄養職員導入の経緯と意義を整理する。

（1）共同調理場の登場と栄養士業務の変化

　現在の学校給食施設は、校舎に給食施設が併設されている単独調理場（自校給食とも呼ばれる）と、複数校の給食を1か所で作る共同調理場（学校給食センターとも呼ばれる）がある。共同調理場は1960年代初頭から増えはじめ、学校給食実施校の増加とともに普及した。

①共同調理場増加の背景

　第1期（1945年から1960年）で学校給食施設といえば単独調理場が主流であった。1955年では、給食実施校全体の9割以上が「自校の調理施設を使用」、現在でいうところの単独調理場であった（**表1-8**）。しかし単独調理場の学校は1968年度に75.2%、1971年度には62.9%と減少し、単独調理場にかわって共

表1-8　学校別調理施設使用状況（1955年6月30日現在）

	小学校			中学校			計	
	本校	分校	計	本校	分校	計	学校数	%
自校の調理施設を使用	8,250	617	8,867	481	5	486	9,353	92.2
他校と調理施設を共用	246	22	268	285	22	307	575	5.7
他校の調理施設を借用	28	51	79	69	6	75	154	1.5
学校以外の調理施設を借用	32	14	46	13	3	16	62	0.6
合　　計	8,556	704	9,260	848	36	884	10,144	100.0

注）文部省調査局統計課（1956）第62表、第63表より作成。

表1-9　調理方式別完全給食実施小中学校数の推移

	単独調理場	共同調理場	計
1968年度	18,241	6,007	24,248
	75.2	24.8	100.0
1969年度	17,744	7,337	25,081
	70.7	29.3	100.0
1970年度	17,394	8,426	25,820
	67.4	32.6	100.0
1971年度	16,714	9,847	26,561
	62.9	37.1	100.0

注）文部省他（1981：134）第3表より作成。
　　上段は学校数、下段は割合。

同調理場の利用が高まった（**表1-9**）。この変化は、文部省が学校給食実施校の拡大を目的に、共同調理場設置を促進した成果といえる。

　はじめに共同調理場の推進を明言したのは、学校給食調査会の「学校給食制度の改善について」（1961年8月）であった。答申は、完全給食とミルク給食を全校に普及させる方策として、共同調理場による給食開始に必要な施設設備費の全額公費負担を提案した。文部省は、『学校給食の現状とその課題』（1961年12月）のなかで、農山漁村にある小学校の給食実施率が低い理由を学校ごとの小規模給食施設経営は割高であり、施設設備費や人件費の負担が困難な地域への財政措置として、共同調理場の運営が効率的だとした（文部省1961：18-19）[20]。

　共同調理場利用の学校給食普及を目的に文部省は1964年6月、「学校給食施

設および設備整備費補助金（共同調理場分）の取扱いについて（通知）」において「昭和39年度から新たに学校給食共同調理場を設置する場合、その施設または設備を整備する事業に要する経費について、新しい基準で国庫補助をおこなう」と「学校給食共同調理場設置要領」を提示した。「学校給食共同調理場設置要領」は、共同調理場を「２以上（ただし、隣接した敷地に所在する２以上の義務教育諸学校が建物の全部または１部を共有している場合には、これらの学校は１校とみなす。）の義務教育諸学校のために、学校給食の調理等の業務を一括処理するもの」と定義し、設置者（市町村または学校法人）、施設（調理室など）、設備、組織、運営（運営委員会設置の推進）の方針を示した。さらに1964年７月には、1964年度から新たに共同調理場に配置する学校栄養士の給与費を国庫補助すると通知した[21]。文部省は、施設設備費や栄養士の人件費を補助するという特典をつけて、共同調理場の普及を図った。学校給食未実施の地域は、文部省の共同調理場普及措置を受けて調理場を設置し、給食を開始した[22]。1970年代のはじめには保健体育審議会の答申[23]、行政管理庁の勧告[24]などが学校給食共同調理場普及を後押しした。

②共同調理場の栄養士業務―小崎の著書を事例に―

　共同調理場の規模や設備、運営は千差万別だが、一般的には食数が多く、給食の配送のような単独調理場にはなかった作業が生じ、これらは栄養士業務にも影響を与えた。次に、単独調理場と共同調理場の両方の給食施設で栄養士業務を経験した小崎光子[25]の著書『学校給食センターへの告発』（1980）から、共同調理場における栄養士業務をみていくことにする。

　共同調理場では、できあがった給食を各学校に配送する時間が必要となる。小崎が勤務した共同調理場では、単独調理場の時よりも、調理作業を１時間早く切り上げなければならなかった。したがって給食献立は、調理時間が比較的短いものに限られた。さらに「献立の打ち合わせの席で、シチューはいいがスープ（学校給食でとろみのない、いわゆる洋風、中華風の汁をそう呼んでいる）は困ると運転手が言った。とろみがついて居れば、車のゆれでも

汁はこぼれない。そうでないのは振動によってこぼれ、コンテナからも流れ出し、トラックの床まで汚してしまうからだ」（小崎1980：173）というように、献立作成では栄養管理や調理作業以外の配送作業まで配慮しなければならなかった。

　配送に伴う影響は、栄養管理にまで及んだ。たとえばコロッケを作るとき単独調理場では、１個の大きさを学年別に児童の栄養量に合わせて作っていたが、共同調理場では、「出来た順に学校に運び込むことによって、トラックの台数と運転手の数を少なくしている」（小崎1980：177）ために、どの学年も同じ大きさに作るしかなかった。そうした作ったコロッケは「６年生には少なすぎ、１年生には多すぎる量」（小崎1980：177）であるから、結果的に６年生の栄養供給量が少なくなった。

　共同調理場では、単独調理場に比べて食材料の発注量を多めにする必要があったと小崎はいう。単独調理場でも、調理工程で割れたり煮くずれたりする料理の場合は、食材料の発注を人数分より多めに発注する必要があった。しかし共同調理場では、調理のいらないパンや牛乳にいたるすべてのものを必ず余分に注文して、できあがった料理も学校ごとに必ず予備を用意した。その理由は、共同調理場から学校に配送したものが足りなければ「１個でも２個でも車で運ばなければならぬ場合はよく起る。学校から連絡を受けても、右から左へすぐ、ということが出来ないから、常に余裕をみておかなければならない」（小崎1980：178-179）からである。予備分の費用はどこからも補てんされないため、児童生徒の給食費から捻出せざるを得なかった。

　小崎は、共同調理場が学校と離れていたため、給食時間に教室巡回ができなくなり、子どもたちの配膳のようすや食べ残し原因の把握が難しくなったという。さらに小崎は、「今献立表のパンの欄にバゲットなぞ書くことは決してない。ゆっくり味わわねば伝わってこないうまさ、はじめは誰かの助けがなければ近づきにくい味は避けるにかぎる。それがセンター給食のやり方だ。献立表のパンの欄にはその甘味の故に売切きのよいデニッシュロールと私は書き込む。説明なしに食べられるものでなければ、無人スタンドには通用し

第1章　戦後学校給食における栄養士労働の性格変化

ない」（小崎1980：194）と、栄養士が直接声かけすることで児童の食がすすむことも、学校と離れた共同調理場にいてはどうにもならず、喫食率優先の給食内容にせざるを得なかった心境を吐露している。

栄養士のあり方に関して小崎は、単独調理場では「学校給食の全体にかかわり、栄養士としての機能を発揮することが出来る」が、共同調理場では「制限された部分の機能しかなし得ない部分栄養士であった」（小崎1980：89）と述べている。

コストが単独調理場に比べて低いという点を強調し、補助金を利用して共同調理場の普及促進してきた結果、北海道の例でもみたように共同調理場による学校給食が増加していった。とくに、小崎が勤務したような大規模共同調理場の栄養士業務は、単独調理場に比べて制限が多く、栄養士の能力を十分に発揮しにくい環境におかれているといえる。

学校給食のステレオタイプな評価の1つに単独調理場の給食はおいしいが、共同調理場の給食はまずいというものがあるが、単独調理場でも1,000食を超える給食では、通常通りの調理はできない、と小崎は言及している（小崎1980：76-77）。一方、河合知子は、過疎地域では100食、200食の小規模な共同調理場も珍しくなく、またおいしい給食になるかどうかは運営方式に関わらず栄養士の献立作成能力にかかっていると指摘する（河合 2006：91-100）。

（2）学校栄養職員制度成立をめぐる動き

1960年代は高度経済成長によって生活様式に変化がおこり、食生活や疾病構造にもその影響がみえはじめた時期であった。どの職域の栄養士にも、成人病、慢性疾患に対応した栄養管理、栄養指導が求められるようになった。1962年、国は資質向上を目的に「栄養士」の上級資格となる「管理栄養士」を創設し、同時に栄養改善法を改正して、規模の大きな集団給食施設に「管理栄養士」配置の努力規定を加えた。

学校給食においては共同調理場の増加などに伴い、学校栄養士の配置数は1962年度2,793人、1973年度には6,519人と、十分ではないものの配置は進んで

表 1-10　学校栄養士の配置状況

年度	栄養士数 （人）	完全給食実施の 児童生徒（人）	栄養士1人 あたり食数
1962	2,793	8,315,394	2977.2
1963	3,121	8,424,461	2699.3
1964	3,318	8,605,940	2593.7
1965	3,646	8,979,026	2462.7
1966	4,082	9,423,333	2308.5
1967	4,459	9,772,653	2191.7
1968	4,764	10,185,274	2138.0
1969	5,051	10,519,986	2094.6
1970	5,362	10,865,312	2026.4
1971	5,798	11,282,462	1945.9
1972	6,150	11,698,462	1901.7
1973	6,519	11,901,747	1825.7

注）文部省他（1981）p.201 表 1 、p.221 表 10 より作成。

いた。しかしその一方で雇用は相変わらず不安定であった。例えば東京都が学校給食に栄養士の名目で雇用したのは1964年からで、それまでは「国家が法律で認めた資格が、何ら通用せず、それをもたない人たちと全く同じ労働をしなければならない状態であった」（小崎 1980：12）。

　学校給食施設で働く栄養士資格所有者たちは、雇用安定と配置数の増加を目指して運動を開始した。1961年12月に東京都学校栄養士会が中心となって全国学校栄養士協議会[26]を設立し、「1校1名の学校栄養士を配置すること／栄養教諭の身分を獲得すること」を目標に掲げた（田中 2005a：2）[27]。

　同じころ、文部省は、栄養士配置の学校給食は未配置の給食に比べて、食材料の購入、給食内容や栄養量などで優れていると栄養士業務を評価し、学校給食調査会答申[28]を踏まえて、給食実施校を巡回指導する栄養管理主事（栄養士、人件費半額国庫補助）を5校に1人程度、市町村教育委員会に置く計画を示した（文部省 2002：68-70）。1963年度には、標準団体（10万人）につき栄養指導職員1人、30校増すごとに1人増、給与費として1人428,806円の財政措置を実施した（日本学校給食会 1964：37）。1964年度から新設の共同調理場に、常勤職員としての学校栄養士1名に限り、諸手当を含む給与を

34

第1章　戦後学校給食における栄養士労働の性格変化

表 1-11　学校給食法における学校栄養職員の位置づけ

（二以上の義務教育諸学校の学校給食の実施に必要な施設）
第5条2　義務教育諸学校の設置者は、その設置する義務教育諸学校の学校給食を実施
　　するための施設として、二以上の義務教育諸学校の学校給食の実施に必要な施設（次
　　条において「共同調理場」という）を設けることができる。

（学校栄養職員）
第5条3　義務教育諸学校又は共同調理場において学校給食の栄養に関する専門的事項
　　をつかさどる職員は、栄養士法（昭和22年法律第245条）第2条第1項の規定に
　　よる栄養士の免許を有する者で学校給食の実施に必要な知識又は経験を有するもの
　　でなければならない。

注）学校給食法（1974年改正）より抜粋。

補助金として支給しはじめ、1966年度には単独調理場の栄養士にも適用した。
補助金交付の条件は、市町村による常勤栄養士の雇用であり、栄養士にとっ
ては就労の安定につながった。

　1970年、保健体育審議会は、「義務教育諸学校等における学校給食の改善充
実方策について（答申）」において「給食関係職員の適正配置」の項目で、「学
校栄養職員の設置を推進する」ことを明言した。さらに学校栄養職員の職務
を「栄養職員は、学校給食の栄養指導管理、食事調整及びその他必要な給食
実務をつかさどる」とし、そのためには「早急に職制の確立を図る必要があ
る」と提言した。

　人件費補助の措置はあったものの学校栄養士配置の進度は地域によってば
らつきがあった。そこで文部省は1974年、学校給食法を改正して、学校給食
の管理運営する専門職に栄養士資格をもつ学校栄養職員を配置することとし
た（**表1-11**）。同時に給与費制度をも改め、学校栄養職員を県費負担職員と
した。学校給食法制定から20年にしてはじめて学校栄養士の位置づけと雇用
保障が明確になり、「長年にわたり懸案であった栄養士としての身分が教育的
専門職員として認められ、その地位も確立された」（文部省／日本学校給食会
1981：220）。

　表1-12は、共同調理場栄養士の人件費補助がはじまった1964年と、学校栄
養士が県費負担職員になった1974年の配置状況を比較したものである。学校

35

表 1-12　学校栄養士配置状況の変化

年	都道府県	市町村	小学校	中学校	共同調理場	特殊学校	夜間定時制	その他	国立付属小中学校	計
1964	46	1,161	1,530	150	106	81	173	71	–	3,318
	1.4	3.5	46.1	4.5	3.2	2.4	5.2	2.1	0.0	100.0
1974	75	654	2,720	697	2,197	189	266	32	32	6,830
	1.1	9.6	39.8	10.2	32.2	2.8	3.9	0.4	0.4	100.0

注）文部省他（1981：221）表 10 より作成。
　　上段は人数、下段は年ごとの割合。

栄養士数全体の増加もさることながら，とくに小学校や共同調理場の給食現場への配置数が増加した。しかし実際には、県費職員になれても給料がさがったり、県費採用になれず市町村職員のままであったり、勤務条件がすぐに改善されたわけでもなく、教職員組合での対応にも地域によって格差がみられた（鳥羽 1990：324）。

　また市町村においては学校栄養士に関する費用の負担は軽減したものの、その反面、給食に関する都道府県の意向を反映しやすい体制になった。

（3）学習指導要領の給食指導における栄養士の位置づけ

　栄養士の日常的な業務の 1 つに栄養教育がある。栄養士の位置づけが不安定な第 1 期にあっても、給食時に実施していた栄養士はいた（田中 2005b：24）が、実際に行うのは容易ではなかった。そうしたなか、1958年10月告示の学習指導要領の学校行事等[29]に学校給食が盛り込まれ、学校給食は学校教育の一環であることを関係者に再認識させた。1960年代には、学校給食の教育的意義が盛んに取り上げられ、教育課程のなかで給食指導の取り組みもはじまった。次に、1960・1970年代の学習指導要領をもとに学校教育おける給食と栄養士の位置づけの変化を確認する。

　『学校給食の現状とその課題』（1961年）でも学校給食の教育的意義に触れている[30]が、給食指導をすすめる原動力になったのは、1968年（小学校）および1969年（中学校）に改訂された学習指導要領であった（**表1-13**）。これらの学習指導要領では、学校給食を学校行事等から特別活動の学級指導に位置づけをかえ、「内容の取り扱い」が示され、給食の目標が「食事の正しいあ

第1章　戦後学校給食における栄養士労働の性格変化

表 1-13　学習指導要領（1968 年・1969 年告示）における学校給食

【小学校】
特別活動
　学級指導
　2　内容
　　学級指導においては、学校給食、保健指導、安全指導、学校図書館の利用指導その他
　学級を中心として指導する教育活動を適宜行うものとする。
　3　内容の取り扱い
　(2) 学校給食においては、食事の正しいあり方を体得させるとともに、食事を通して望
　　ましい人間関係を育成し、児童の心身の健全な発達に資するように配慮しなければ
　　ならない。

【中学校】
　特別活動
　B　学級指導
　2　学級指導の内容の取り扱いに当たっては、次の事項に配慮する必要がある。
　(4) 学校給食時には、食事についての適切な指導を行ない、望ましい食習慣の形成、望
　　ましい人間関係の育成など、心身の健全な発達に資すること。

注）文部省「小学校学習指導要領」（1968 年 7 月）および「中学校学習指導要領」（1969
　年 4 月）より抜粋。

り方を体得させる」、「食事を通して好ましい人間関係を育成」と示されたと
教育関係者はとらえた（片峰他 1972：2）。指導内容は、食事前の手洗い、給
食の配膳、食事のマナー、あとかたづけなどであり、これらはのちの給食指
導の基盤となった。

　給食指導の目標ができ、指導をすすめる体制は整いはじめたものの、給食
時間は他の教科のように具体的な提示はなかった。特別活動の授業時間数は
「内容に応じて適切な授業時数を配当すること」とあるだけで、給食時間は他
の教科や学校活動時間を確保した上での残り時間という扱いであった。「今後
学校給食の一層の発展を考えるならば、学校給食の教育課程における位置づ
けのより一層の明確化を図るとともに、学校生活をゆとりあるものとするた
め、学校給食の時間を十分確保することが重要な課題」（文部省/日本学校給
食会 1981：88）としながらも、1977年改訂では小学校、中学校とも給食指導
の内容は縮小し（表1-14）、給食時間の確保もされなかった。

　また、特別活動に位置づけられた学校給食は、実施者を制限した。特別活

37

表 1-14　学習指導要領（1977 年告示）における学校給食

【小学校】
特別活動
C　学級指導
（3）学校給食の指導、学校図書館の利用の指導など特別活動
【中学校】
特別活動
C　学級指導
（4）健康で安全な生活などに関すること。
心身の健康の増進、性的発達への適応、安全な行動の習慣か、学校給食の指導などを取り上げること。

注）文部省「小学校学習指導要領」（1977 年 7 月）および「中学校学習指導要領」（1977年 7 月）より抜粋。

動は授業であり、授業は教員が行うものとの認識から給食指導は学級担任の役割とされた。保健体育審議会「義務教育諸学校等における学校給食の改善充実方策について（答申）」（1970年）でも、「給食指導は、学校給食活動の一環であり、学校において教師の責任で行われるものであることはいうまでもない」、「大学の教育養成課程において、保健や家庭の学習等を通じて、また、教育実習の機会等を利用して給食指導に関する理解が得られるようにすることがのぞまれる」と、教員に対して給食指導能力を求めた。

　同答申は、学校栄養士配置を推進しながらも、栄養士は給食管理に専念し、教員が行う給食指導のために手引きや資料の作成をするという考え方であり[31]、給食指導に関しては、教員の補佐的役割が与えられたにすぎなかった。学校栄養士が給食指導を含めた食教育の中心的役割を担っていくのは、2000年代のことである。

（4）おわりに

　学校栄養士は1974年の学校給食法改定によって法的に位置づけられ、同時に県費負担職員となって雇用は安定した。しかしながら学校栄養士がすべて県費職員に移行されたわけではなく、栄養士間には労働条件の格差の拡大や心情のすれ違いが生じたと推測される。そうしたなか、給食指導が学校教育

第1章　戦後学校給食における栄養士労働の性格変化

の一環として注目されるようにもなったが、そこでの栄養士の位置づけはないに等しかった。

　第2期は、学校給食における栄養士の位置づけが明確になり、雇用が安定したと同時に業務上の制約が増えた。さらに給食方式は分化し、大規模化していった。学校栄養士たちはこうした状況を受け入れて、よりよい給食の提供のために新たな業務内容と役割を構築していった。

第3節　給食運営および学校教育の環境変化と栄養士労働への影響：第3期1981〜2000年度

　1981年から2000年は、高度経済成長の終えんによる経済の低迷、バブルおよびその破たんと並行して、高度経済成長期に膨張した行政の合理化、効率化が進行した。学校給食も第2臨調[32]の対象となり、栄養士業務に影響がおよんだ。

　子どもの食生活をめぐっては、朝食を食べない、家族が一緒に食事をしないといった食習慣の乱れ、肥満やアレルギー疾患の増加傾向と健康問題が指摘されはじめ[33]、学校教育の一環として食教育、栄養管理が求められるようになっていった[34]。その最中、学校給食による大規模食中毒事故が起き、衛生管理が根本から見直された。

　本節では、行政合理化、「食教育の推進」、O-157食中毒事件が学校給食および栄養士の業務内容にもたらした変化を明らかにする。

（1）行政改革による学校給食および栄養士業務への影響

　ここでは、第2臨調・行革による行政合理化が学校給食の運営と栄養士の業務内容へおよぼした影響を明らかにする。

①第2臨調・行革が目指した学校給食の運営の合理化と文部省の対応

　1981年3月、高度成長期に膨張した行政を合理化、効率化して「増税なき

財政再建」する目的で、第2臨調が設置された。第2臨調の主たる目的は、国鉄、電電公社の民営化であったが、その他の行政についても支出削減合理化基準[35]のもとに合理化を図った。その対象の1つが学校給食であった。

　学校給食の合理化は共同調理場の普及などこれまでも行われてきたが、人件費削減を目指した第2臨調は、調理員の非常勤化と給食作業の民間委託を打ち出し、共同調理場のさらなる推進を図り、調理員の減員も提案した。最終答申（第5次、1983年3月14日）では、学校給食に関わる人件費、米や牛乳の助成および給食施設整備計画の見直しと補助の縮減と、食材料以外の給食経費の受益者負担の方向性が示された。

　臨時行政調査会の答申を引き継いだ臨時行政改革推進審議会は、「当面の行政改革推進方策に関する意見—国の行財政改革と地方行革の推進—（1984年7月25日）」において、学校給食業務のうち調理業務などを民間に委託する、委託しないのであればせめて共同調理場にする、調理員は常勤職員からパートタイマーにする、との方向を示し、文部省に対して新しい指導通達の制定を強く要求した[36]。

　これらを受けた文部省は、調理員の人件費削減を求め、1985年1月に「学校給食業務の運営の合理化について」を通知し、調理員の雇用を常勤からパートタイマーへ切り替える方法、単独調理場を共同調理場にして調理員数を減らす方法、調理業務を民間委託する方法を示し、人件費用の適正化を図ることとした。

　この通知以降、学校給食はどのように変わったのだろうか。学校給食実施校をみてみると、1985年から2000年の間に単独調理場は747校分、利用割合は48.2％から45.6％に減少し、共同調理場は879校分増えたが、小さな変化に止まった（**表1-15**）。この間、数は少ないが共同調理場から単独調理場に転換した自治体もあった[37]。共同調理場が大幅に増加しなかった要因には、1980年代半ばからのバブル経済の名残で市町村の財政にいくらかのゆとりがあって単独調理場の維持が可能であったこと、建て替え時期でもないのにあえて共同調理場を新設する必要がなかったこと、給食の教育的意義が注目されは

第1章　戦後学校給食における栄養士労働の性格変化

表1-15　調理方式別学校給食実施校数の推移（小中学校分）

	学校給食実施校総数	単独調理場		共同調理場	
		学校数	%	学校数	%
1985 年	30,751	14,827	48.2	15,924	51.8
1990 年	30,894	14,416	46.7	16,478	53.3
1995 年	30,983	14,339	46.3	16,644	53.7
2000 年	30,883	14,080	45.6	16,803	54.4

注）学校給食実施状況調査（文部科学省）より作成。

表1-16　調理員の雇用状況

	単独調理場			共同調理場			全　体		
	常勤	非常勤	計	常勤	非常勤	計	常勤	非常勤	計
1985 年	49,407	7,308	56,715	23,604	5,350	28,954	73,011	12,658	85,669
	87.1	12.9	100.0	81.5	18.5	100.0	85.2	14.8	100.0
1990 年	44,064	8,018	52,082	21,231	7,540	28,771	65,295	15,558	80,853
	84.6	15.4	100.0	73.8	26.2	100.0	80.8	19.2	100.0
1995 年	42,094	9,635	51,729	20,409	7,761	28,170	62,503	17,396	79,899
	81.4	18.6	100.0	72.4	27.6	100.0	78.2	21.8	100.0
2000 年	—	—	—	—	—	—	55,961	21,040	77,001
							72.7	27.3	100.0

注）学校給食実施状況調査より作成。単独調理場は小中学校および特殊教育諸学校、夜間定時制
　　高等学校の計である。
　　上段は人数、下段は割合である。

じめ単独調理場が再評価されたこと、などが考えられる。

　調理員の雇用は1985年から2000年では全体数が減少した一方で、非常勤数はわずかに増加して、2000年には27.3％になった（**表1-16**）。常勤調理員が7割強を占めるものの、正規雇用とは限らない。

　業務委託はどうか。**表1-17**のとおり1985年から1995年までをみる限り、大きな変化はない。しかしながら調理業務は1985年には0.4％とごくわずかであったのが、1995年では6.7％と徐々に委託化が進んだ。

　調理業務の民間委託に率先して取り組んだ自治体もあった。東京都は1982年、小平市が中学校給食を開始する際、共同調理場方式での民間委託給食導入[38]を皮切りに、1986年から2000年までに12区5市が民間委託を導入した。

表 1-17　完全給食および補食給食実施校における外部委託率
（公立小中学校）

	1985 年	1990 年	1995 年
調理業務	0.4	5.2	6.7
運搬	20.7	25.6	28.2
物資購入・管理	6.6	7.2	9.3
食器洗浄	4.3	6.7	8.3
ボイラー管理	6.8	9.2	12.6
その他の業務	5.1	10.5	11.2

注）学校給食状況調査より作成。

②調理員雇用の変化が給食と栄養士業務に及ぼす影響

　文部省は学校給食にかかる人件費の削減を迫る反面、学校給食は学校教育活動の一環であることを強調し、「合理化の実施については、学校給食の質の低下を招くことのないよう十分配慮すること」、民間委託の実施に際しては「献立の作成は、設置者が直接責任をもつて実施すべきものであるから、委託の対象にしないこと」を示した。またパートタイム職員の採用に際しては、勤務日数や時間が常勤職員と同じにしないことを条件づけた。

　正規雇用と非正規雇用の調理員では賃金、福利厚生などの条件が異なり、同じ作業を任せられない場合がある（雨宮 1992：123）。その上、パートタイム職員の仕事は、食材料の下ごしらえだけ、洗浄だけ、のような細切れ作業にならざるを得ない。給食を安全に作るには全体の作業工程を理解する必要があるが、短時間労働ではそれが困難な状況となる。なによりも低収入では雇用が定着せず、調理にかかわる能力や能率が安定しない。それらは給食の献立内容などに影響する。

　調理委託には人件費削減のほかに、いくつかのメリットがある。学校給食会社との契約の際、食中毒など給食事故の責任を受託給食会社がもつようにでき（雨宮 1992：81-82）、調理員の採用や勤務体制など煩雑な労務管理が不用になる。

　給食運営において直接雇用と受託給食会社の調理員の最大の違いは、学校栄養士が調理員に直接仕事の指示ができるかできないかである（図1-1）。直

第1章　戦後学校給食における栄養士労働の性格変化

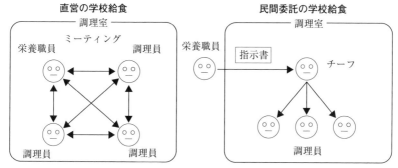

図1-1　学校栄養職員と調理員の関係
注）新村（2004：35）を改変。

接雇用の場合は、正規・非正規にかかわらず調理員全体、あるいは個別の力量をふまえながら指示、指導する。しかし受託給食会社の調理作業を委託した場合は、学校栄養士は調理指示書を作成し、指示書をもって調理チーフに作業工程を説明し、調理チーフから調理員へと段階的な指示となるため、時間がかかり、内容も正確に伝わりにくくなる。事故やトラブルの場合も学校や教育委員会を通すため、改善までに時間と手間がかかる。

また受託給食会社が派遣する調理員の能力は一定とはいえず、「給食調理室はさながら「民間委託会社の調理員の育成の場」」（新村 2004：55）と化すこともある。調理委託による事故やトラブルを避けようとすれば、手順が単純で作り慣れた献立の単調な給食になりかねない。

（2）「食教育の推進」と栄養士業務の変化

学校給食運営の合理化が促進する一方で子どもの食生活が社会問題となり、学校の食教育は変化しはじめた。学校給食の教育的意義が見直されるなか、給食運営が主体であった栄養士の業務内容も変化した。

①給食指導内容の変化

第2期までの給食指導は、給食の時間に教員の学級担任が教育として行う

43

ものであった。しかし1980年代に入ると、児童生徒の朝食欠食[39]、肥満に社会的関心が寄せら、学校教育の一環として望ましい食習慣形成、食生活改善にかかわる指導が期待されるようになった。そこで文部省は1988年7月「健康教育の推進と学校健康教育課の設置について」の通知により、各教育委員会ならびに学校に対して、給食指導を健康教育の観点を踏まえた「実践的、総合的な「食教育」」を要請した[40]。

1989年改訂の学習指導要領が健康教育を重視したことで、文部省は新たに刊行した『学校給食指導手引』（1992年）において、給食指導が健康教育の一環であることを強調し、給食を「児童生徒が毎日の食事の中で学習し体験できる重要な生きた教材」と位置づけた。教材の給食は「郷土食、行事食なども含め、具体的な献立」であること、給食指導は年間計画を立て、児童生徒が「食生活や健康に対する関心を高めるように指導する」ことを求めた。

学校給食を含めた健康教育体制が整っていった反面、肥満傾向児や不定愁訴を訴える児童生徒の減少はみられなかった。そこで1997年9月保健体育審議会答申「学校における体育・スポーツ及び健康に関する教育・管理の充実」は、これまで以上に学校教育における健康教育の充実を重視した。この答申の画期的な点は、「生涯を通じた健康づくりの観点から食生活の果たす重要な役割の理解の上に、栄養バランスのとれた食生活や適切な衛生管理が実践されるよう指導する」ために、食に関する指導を位置づけたことである。文部省は1998年6月「「食」に関する指導の充実について」において、食に関する指導は、児童生徒の発達段階に応じて各教科、道徳、特別活動の時間を利用すること、指導者に学校栄養職員を活用することを通知した。

これを機に食事の準備やマナーの指導が中心の給食時間に限られていた給食指導から、給食（食事）を通して健康のあり方や社会のしくみを学ばせるという学校教育に移行した。

② 「食教育」における栄養士業務の性格変化

学校教育における食教育の推進に伴い、学校栄養職員の位置づけも変化し

第1章　戦後学校給食における栄養士労働の性格変化

ていった。「新学校給食指導の手びき」（1984年）や「学校栄養職員の職務内容」（1986年）が学校栄養職員に求めたことは、「栄養に関する専門的知識を生かし」て学級担任が行う給食指導の資料作成と、指導場面での補佐であった。1988年、学校教育に健康教育を位置づけた際、学校給食には「実践的、総合的な「食教育」にふさわしい内容」を求めた。つまり、学校栄養職員に対して食教育に堪える給食の実践と、関係教職員と連携して指導体制を整備することを要求した。『学校給食指導の手引』（1992年）では、共同調理場勤務の学校栄養職員に対して、給食受配校の給食指導への協力を喚起した。食に関する指導においては、学校栄養職員に「食に関する専門家」として期待する一方、児童生徒の栄養面以外の成長発達や生活状況、心理の理解など教育的資質を条件とした（**表1-18**）。

　「「食」に関する指導の充実について」（1998年6月）は、教員資格のない学校栄養職員が教科の授業に参画する手段として、ティームティーチングや特別非常勤講師制度の活用[41]を提示した。文部省は学校栄養職員による食に関する指導の実施状況を調査した（**表1-19**）。2000年度の実施率は、ティームティーチングで26.1％、特別非常勤講師としての授業は4.9％、校内放送、親子料理教室、給食だよりなどが31.8％であったが、1999年度に比べればティームティーチングと特別非常勤講師に取り組んだ学校が多くなった。文部省は食に関する指導状況を公表することで、未実施校や学校栄養職員の取り組みを促した。また、食に関する指導の指導目標や基本的な考え方、栄養教育推進モデル事業[42]でのモデル校の実践事例などをまとめた『食に関する指導参考資料』を刊行した[43]。

　食教育が学校教育に位置づけられる過程で、学校栄養職員は、学級担任などの補佐から、特別非常勤講師や教員と協同という条件付きであっても、児童生徒に直接指導できる立場に変化した。これを契機に、栄養士には教育者としての資質が求められるようになった。

45

表 1-18　食教育における学校栄養職員の位置づけ

給食・学校栄養職員に関する文書	学校栄養職員に関する記述内容
1984年 新学校給食指導の手びき （文部省）	第2章　学校給食の指導の基本 第4節　学校給食の指導を支える指導の組織の在り方 1．校長を中心とした指導の組織の確立 ④　学校栄養職員の役割 栄養に関する専門的知識を生かし、栄養に関する指導についての基礎的な指導資料の作成を行うほか、学校の実態に即して学級担任の教師を補佐して、給食時や学級指導の時間に必要に応じて訪問指導を工夫することも大切だと言えるでしょう。
1986年3月 学校栄養職員の職務内容 （文部省体育局長通知）	5　（学校給食指導） 望ましい食生活に関し、専門的立場から担任教諭を補佐して、児童生徒に対して集団または個別の指導を行うこと。 6　学校給食を通じて、家庭及び地域との連携を推進するための各種事業の策定及び実施に参画すること。
1988年7月 健康教育の推進と学校健康教育課の設置について （文部省体育局長通知）	3　学校給食指導の充実について 学校給食は、児童生徒の心身の健全な発達をめざし、毎日の食事を通じて健康な食生活習慣の形成を図るものであるから、その指導は健康教育の観点を踏まえ、栄養指導を中心として、実践的、総合的な「食教育」にふさわしい内容を持つものとして、一層の充実を図る必要があること。 このような観点から、特に次の事項について十分配慮されたいこと。 ①教員や学校栄養職員などの関係教職員による指導体制の整備
1992年 学校給食指導の手引 （文部省）	第5章　健康教育における学校栄養職員の役割 第2節　給食指導の計画づくりへの参画 1．給食指導の計画づくりへの参画 学校栄養職員の職務・役割は、幅広く多様ですが、給食指導においても学校における給食指導の基本計画への参画から、学級担当等への資料・情報提供、児童生徒に対する直接的な指導、相談に至るまで各学校の実態に即し、教職員の共通理解を深めながら適切かつ積極的な対応が必要です。

年月・答申等	内容
1997年9月 学校における体育・スポーツ及び健康に関する教育・管理の充実 （保健体育審議会答申）	第5節　共同調理場における学校栄養職員の特質 　共同調理場に勤務する学校栄養職員は、各学校における給食指導に積極的に協力していくことが大切であることを自覚して、各学校の実情に応じて、連携を密にしながら給食の運営、給食指導に努める必要があります。 4　教職員の役割と資質 （4）学校栄養職員（求められる資質） 　学校栄養職員は、食に関する専門家として栄養士等の資格を有し、栄養学等の専門性を有してはいるものの、近年充実が求められているが、制度的に担保されていない。したがって、今後求められる学校栄養職員の資質としては、①児童生徒の成長発達、特に日常生活の行動についての理解、②教育の意義や今日的な課題に関する理解、③児童生徒の心理を理解しつつ接した方、等である。
1998年6月 「食」に関する指導の充実について （文部省体育局長通知）	2　教科、道徳及び特別活動を通じ、「食」に関連した指導を通じ、「食」に関する指導に取り組むよう努めること。その際、各学校の自主的判断により、「食」に関する専門家である学校栄養職員の積極的な参画・協力を得て、学校栄養職員と担当教諭がティームを組んで教科指導や給食指導を行うなど創意工夫を加え、効果的な指導を行うことが重要であること。
1998年9月 今後の地方教育行政の在り方について （中央教育審議会）	（専門的人材の活用） ケ　養護教諭、学校栄養職員、学校事務職員などの職務上の経験や専門的な能力を本務以外の教育活動等に積極的に活用する
2000年1月 食生活指針の推進について （閣議決定）	（2）教育分野における推進 　国民一人ひとりが成長過程にある子どもたちが食生活の正しい理解と望ましい習慣を身につけられるよう、教員、学校栄養職員等を中心に家庭とも連携し、学校の教育活動を通じて発達段階に応じた食生活に関する指導を推進する。

47

表 1-19　学校栄養職員の食に関する指導の実施状況

	小学校		中学校		計	
	1999 年度	2000 年度	1999 年度	2000 年度	1999 年度	2000 年度
全学校数	23,944 校	23,861 校	10,473 校	10,453 校	34,417 校	34,314 校
学校栄養職員と教員によるティームティーチング	5,802 校 (24.2%)	7,405 校 (31.0%)	1,200 校 (11.5%)	1,544 校 (14.8%)	7,002 校 (20.3%)	8,949 校 (26.1%)
学校栄養職員を特別非常勤講師として活用	518 校 (2.2%)	1,282 校 (5.4%)	175 校 (1.7%)	385 校 (3.7%)	693 校 (2.0%)	1,667 校 (4.9%)
その他（校内放送、親子料理教室、給食だよりなど）	7,948 校 (33.2%)	8,026 校 (33.6%)	2,655 校 (25.4%)	2,882 校 (27.6%)	10,603 校 (30.8%)	10,908 校 (31.8%)

注）文部科学省スポーツ・青少年局学校健康教育課調べより作成。重複回答形式。

（3）O-157食中毒事件により生じた栄養士業務の転換

　学校栄養職員の業務が、給食管理中心から食教育にも比重を置きはじめた1996年、7か所の学校給食施設で病原性大腸菌O-157（以下、O-157という）を原因とする集団食中毒が相次いで発生した。有症者数は7,000人を超え、このうち5人の小学生が死亡した。これを重く受け止めた文部省は、ただちに学校給食の衛生管理方法を見直し、各施設に通知した。新たな衛生管理の実施において給食現場では、大幅な運営の変更を余儀なくされた。ここでは、O-157食中毒事件以後の給食運営の変更が栄養士業務に及ぼした影響を明らかにする。

①O-157食中毒事件後の衛生管理と学校給食の変化

　1996年2学期以降の学校給食で食中毒を予防し、安全に運営するために文部省は「学校給食における衛生管理の改善に関する調査研究協力者会議」を設置し、衛生管理チェックリストなどを検討させ、その内容を直ちに学校給食関係機関に通知した。各給食施設は、通知に提示された衛生管理チェックリスト（夏季緊急点検票と日常点検票の2種類）および実施上の留意点、注意書、献立別の衛生管理ポイント、学校給食・設備の環境衛生整備指針、調理の在り方等に沿って給食運営を見直し、実施しなければならず、そのほと

第1章　戦後学校給食における栄養士労働の性格変化

表1-20　O-157食中毒事件直後の学校給食献立に対する文部省の指示

Ⅰ　献立内容について

　1　献立の加熱調理について

　　従来から、なまで食べるくだものなどを除く全ての食品、特に生鮮魚介類、食肉類およびその加工品、うどんなどについては、学校で完全に熱処理したのち給食することとされていた（昭和37年6月30日文体給178号）。

　　しかしながら、二学期以降の学校給食における食中毒予防に万全を期する観点から、二次汚染の可能性を考慮し、従来なまで食べていた野菜については、当分の間、完全に熱処理したのち給食することとする。

　　なお、くだもの（カットされ袋詰めしたくだものを含む。）については、調理せずそのまま食することから、二次汚染の可能性が低いので、従来通りなまで給食しても差し支えない。その場合、くだものは素手で扱わず、カットする場合は、専用のまな板・包丁を使用することが必要である。

　　また、製造過程で細菌処理され、児童生徒に直接給食される牛乳、乳製品、納豆、パック詰めされたデザート、ジュース等についても、二次汚染の可能性が低いので、従来通りなまで給食しても差し支えない。

　　加熱処理して給食するに当たっては、下記の留意点に十分配慮する必要がある。

注）「学校給食における衛生管理の改善に関する調査研究協力者会議報告」（1996年8月）より抜粋。

んどが学校栄養職員の業務となった。

　もっとも厳重な管理を求められたのは調理工程であり、その内容は①原則加熱調理（中心温度75℃1分以上）、②前日調理の禁止、③使用水の安全確保、④二次汚染の防止（汚染拡大しない作業動線）、⑤調理後2時間以内の喫食であった。O-157食中毒事件の感染源として生鮮食料品に強い疑いがかかっていたこと、たとえ食材料がO-157に汚染されていても十分な加熱で死滅することから、2学期以降の給食はとくに加熱調理の徹底が求められ、サラダなど生野菜料理は原則禁止、従来は下処理の必要がなかったハム・ウインナーなども加熱してから調理するよう指示された（**表1-20**）。限られた時間内で調理するためには、献立内容の検討が必要となった。

②繁雑化した給食管理業務

　学校栄養職員の業務は一挙に繁雑化した。給食施設内の二次感染防止のため作業動線や調理工程を見直さなければならず、衛生管理チェック項目の多さ、納品食材ごとの温度測定など、O-157食中毒事件以前にはなかった作業

が加わり、栄養士の勤務時間は長くなった（雨宮他 1997：165）。

　なによりも栄養士業務を圧迫したのは、献立の変更と調理過程の衛生管理であった。生野菜を使っていた料理は給食不適となり、加熱した食材料を使ったあえ物、煮物などの加熱料理でも下処理に加熱の手間がかかる食材料を多く使う料理は献立から外した。肉類や魚介類は、野菜などに比べて食中毒菌の付着が懸念されるため、給食施設内での取り扱い時間が短くてすむ料理に変更した。生野菜やくだものの使用を中止して冷凍食品や缶詰にする、それまで施設内で作っていたカレールウを既製品にかえる、といった過剰とも思える対応が行われた（藤原 1997：37）。O-157食中毒事件以前には給食施設内で行っていた山菜の貯蔵や近場で水揚げされた鮭の処理など、二次感染防止のために中止した学校給食もあった（飯澤他 1999：22-23）。

　調理作業には、料理1品ごとに、作業手順にそった衛生管理ポイントを示す必要があった。給食の献立は、主食と副食2品程度の組み合わせのため、1回の給食で複数の作業工程表を作成しなければならなかった。さらに調理の組み合わせがかわれば、動線や調理器具の使い方もかわるため、作業工程表はその都度作らなければならない。

　食材料そのものの安全確保のため、食材料の購入先や方法も見直す必要があった。取引業者に細菌検査結果の提出を求めたり、配送車の衛生管理を指導したり、衛生管理が厳重な業者から食材料を購入する手続きや指導を行った（飯澤他 2001：20-21）。

　給食関係者にとってO-157食中毒事件は衝撃的な出来事で、とくに給食運営の実質的責任者の栄養士はショックを受けた。と同時に、それまで食中毒を出したことのない多くの学校給食施設では、「栄養職員が常時給食室にはいり、調理員とともに衛生管理に神経をとがらせ、献立作成や食材の発注などの仕事は、残業をしなければ給食運営ができない、身も心もくたくた」（雨宮他 1997：204）になりながら、なおかつ「病原性大腸菌O157による食中毒への不安は、衛生的にどれだけ配慮して給食を作っていても消えることはありません」（雨宮他 1997：203）という緊張状態が続いた。学校栄養士、調理員

第1章　戦後学校給食における栄養士労働の性格変化

表1-21　学校給食における食中毒発生状況

年度	件数	有病者数
1995	12	5,107
1996	18	11,651
1997	10	3,809
1998	7	2,440
1999	10	1,698
2000	4	767

注）文部省調べ。

の努力の甲斐あって学校給食における食中毒の発生件数、有病者数は減少していった（**表1-21**）。

（4）おわりに

1981年度から2000年度までの学校給食では、第2臨調・行革路線による合理化がすすめられた。調理員の人件費削減が求められ、非正規雇用の調理員の割合が徐々に増加していった。それにともない学校栄養職員の業務内容では、作業管理に多くの時間を費やすようになった。他方、学校教育の一環として健康教育に力が注がれるようになり、学校給食を中心とした食に関する指導に学校栄養職員が抜擢され、実際に指導を行う体制が整いはじめた。そうした状況のなかで、O-157食中毒事件が起こり、栄養士業務における給食管理の重要性が再認識された。

これらの状況をとおして、第3期の学校栄養士の業務に2つの課題があったと考える。1つは、給食管理と食に関する指導のバランスをどのようにとるか、ということである。たとえばO-157食中毒事件が起こった大阪府堺市の学校給食では、1970年代に文部省が推進した統一献立・食材料の一括購入方式を採用していたため、堺市は学校栄養職員の仕事は「各学校での児童への栄養指導」と認識していたという。こうした給食管理の軽視と「食教育」偏重の栄養士業務のあり方が、食中毒事件を起こす要因の1つであったと堺市学校給食関係者は述べている（雨宮他 1997：59）。

2つめの課題は、学校栄養職員の業務内容が広範囲になり繁雑化するなか

51

で、より的確な判断が求められたことである。第3期は、給食管理にしても食に関する指導にしても、栄養士の「専門性」が期待された時期であった。しかしその一方で、給食管理では「学校給食衛生管理の基準」、食に関する指導では『食に関する指導参考資料』といったマニュアルが示され、それらに従うことを要求された。学校栄養職員の位置づけや業務内容が制度や組織の枠組みにあるなかで、給食業務や食に関する指導の現状を的確に判断し対応する能力が求められている。

第4節　栄養教諭制度の創設と学校栄養士労働の性格変化：第4期2001年度以降

　2001年度以降、学校栄養士の労働にもっとも強く影響したのは、第3期に登場した食に関する指導促進のために、栄養士免許を基礎資格とする栄養教諭制度の開始であった。またBSEや放射能による食品汚染、食品偽装などが相次ぎ、学校給食の安全性にも影響を与えた。さらに2011年3月の東日本大震災によって、全国の学校給食は大きな打撃を受けた。

（1）栄養教諭制度が学校栄養士にもたらした変化

　栄養教諭創設に向けて学校栄養士らは1960年代初頭から組織的活動を行っていた。1974年に学校栄養職員の法的位置づけができ、1999年には特別講師として授業ができる措置はとられたが、教員資格を得るには至らなかった。

　文部科学省が本格的に栄養教諭制度を検討しはじめたのは、1997年9月の保健体育審議会答申「生涯にわたる心身の健康の保持増進のための今後の健康に関する教育及びスポーツの振興の在り方について」からである（川越2015：51、金田 2013：4-5）。答申は「近年における食の問題とそれに伴う児童生徒の健康問題の深刻化に伴い、これら健康教育の一環としての食に関する指導の場面が従来以上に増加し、学校栄養職員には本来職務に付加してその対応が求められている」と学校教育における栄養士の役割を示した。2001

第1章　戦後学校給食における栄養士労働の性格変化

年5月、文部科学省は栄養教諭制度創設を視野に学識経験者を招集して「食に関する指導の充実のための取組体制の整備に関する調査研究」を開始、第二次報告（2003年3月）で栄養教諭の必要性と職務、配置、免許状（資質の担保）、身分の取扱いを提言した。そこで栄養教諭の職務は、学校給食を生きた教材として活用した効果的な指導を行うこと、食に関する指導と学校給食の管理を一体のものとすると示した。この報告内容を骨子に、2004年5月栄養教諭制度が創設された。

　栄養教諭は栄養士養成施設に教職課程を設けて養成をはじめるとともに、現職の学校栄養士に対しては教員免許取得の措置をとり、2005年度から配置がはじまった。学校給食法においては2009年改正時に、栄養教諭の位置づけ（第7条）と役割（第10条）が条文化された（表1-22）。

　学校栄養士の労働から栄養教諭制度の利点と問題点を整理してみる。栄養

表1-22　学校給食法（2009年改正）にみる栄養教諭および学校栄養職員の職務

（学校給食栄養管理者）
第七条　義務教育諸学校又は共同調理場において学校給食の栄養に関する専門的事項をつかさどる職員（第十条第三項において「学校給食栄養管理者」という。）は、教育職員免許法（昭和二十四年法律第百四十七号）第四条第二項に規定する栄養教諭の免許状を有する者又は栄養士法（昭和二十二年法律第二百四十五号）第二条第一項の規定による栄養士の免許を有する者で学校給食の実施に必要な知識若しくは経験を有するものでなければならない。
第三章　学校給食を活用した食に関する指導
第十条　栄養教諭は、児童又は生徒が健全な食生活を自ら営むことができる知識及び態度を養うため、学校給食において摂取する食品と健康の保持増進との関連性についての指導、食に関して特別の配慮を必要とする児童又は生徒に対する個別的な指導その他の学校給食を活用した食に関する実践的な指導を行うものとする。この場合において、校長は、当該指導が効果的に行われるよう、学校給食と関連付けつつ当該義務教育諸学校における食に関する指導の全体的な計画を作成することその他の必要な措置を講ずるものとする。
2　栄養教諭が前項前段の指導を行うに当たつては、当該義務教育諸学校が所在する地域の産物を学校給食に活用することその他の創意工夫を地域の実情に応じて行い、当該地域の食文化、食に係る産業又は自然環境の恵沢に対する児童又は生徒の理解の増進を図るよう努めるものとする。
3　栄養教諭以外の学校給食栄養管理者は、栄養教諭に準じて、第一項前段の指導を行うよう努めるものとする。この場合においては、同項後段及び前項の規定を準用する。

注）下線は筆者加筆。＿＿は栄養教諭、＿＿は学校栄養職員に関する部分である。

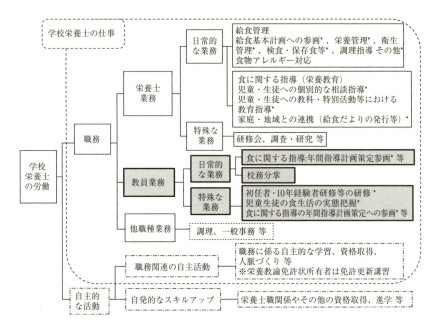

図1-2 学校給食における栄養士労働の概念図

注）筆者作成。太枠は栄養教諭の業務。*は「学校栄養職員の職務内容について」及び金田（2013:13）を参考にした。

教諭は教員免許を得たことで「学校は教員の世界であり、学校栄養士がその中に入って児童生徒に直接指導するということは、なかなか許されるものではない」（田中 2005a：3）状況から仕事がしやすい環境になった。また給与も学校栄養職員より教員職のほうが幾分高くなった。問題点の1つは、職務の増加である。栄養教諭の職務は、従来から学校給食の管理と食に関する指導である。これまでも学校栄養士は食に関する指導を行っていたが、栄養教諭が担う内容は、①児童生徒への個別的な相談指導、②児童生徒への教科・特別活動等における教育指導、③食に関する教育指導の連携・調整であり、これらの主体的積極的な実施を期待された。それに当然のことながら教員業務が加わる（**図1-2**）。そもそも栄養教諭の配置は、創設の計画段階から任意で、特に市区町村立の給食施設では配置された栄養教諭が周辺の未配置校の食に

第1章　戦後学校給食における栄養士労働の性格変化

関する指導を担うことが想定されており[44]、したがって栄養教諭の実際的な業務内容は、雑多なうえに量も膨大になった。共同調理場の栄養教諭は、給食受配校分の食に関する指導が課せられた。

　もう1つの問題点は、学校栄養職員への影響である。学校栄養職員の職務内容は、1986年通知の「学校栄養職員の職務内容について」が踏襲された。では学校栄養職員は給食業務に専念できるのか、といえばそうではない。第3期に制度化された特別非常勤講師は有効であり、学校栄養職員にも授業や教育活動の一部を担うことが期待された。さらに2009年改正の学校給食法においては、栄養教諭に準じて学校給食を活用した食に関する実践的な指導を行うように努める（第10条3）とされた（**表1-22**）。栄養教諭と学校栄養職員は雇用条件が異なるにもかかわらず、職務内容はほとんど同じといえる。学校栄養職員においては雇用条件が据え置かれた状態で、仕事水準は、栄養教諭と同様の高い方に切り替えられた。

（2）学校給食における食品の安全性と栄養士の役割

　学校給食で使用する食品の安全性に関する問題は再三起きていた[45]。特に2001年以降の日本では、食品偽装や故意の毒物混入といった悪質な食品問題が頻発した（**表1-23**）。学校給食ではそのたびに栄養士が安全性の確認作業と代替食品の手配に奔走した。たとえば2001年9月、日本国内ではじめてBSE感染牛の存在が報告されたとき、文部科学省は、学校給食で使用する加工食品に牛由来のものが含まれていないか添加物の原材料までさかのぼって明らかにしたうえで、該当食品の使用中止を指示した。学校栄養士たちは、コンソメやカレールウの調味料を含む加工食品の原材料について、業者や製造元に問い合わせ、徹底的に調査し、代替品を調達した（久保田 2006：76）。牛肉そのものも使用見合わせとなったが、学校給食において高価な牛肉の使用頻度はもとから少なく、O-157食中毒事件後のような大幅な献立変更はなかった（佐藤 2006：41）。

　2011年3月の東京電力福島第一原子力発電所事故（以下、福島原発事故と

表 1-23　2001 年度以降の食品安全問題

2001 年 9 月	国内で初めての BSE 感染牛発見
2002 年 2 月	大手食品メーカーによる牛肉産地などの不正表示問題発覚
2007 年 6 月	ミートホープによる牛肉ミンチ偽装
2008 年 1 月	中国産冷凍ギョーザにメタミドホス混入
2008 年 2 月	中国産マッシュルームから異臭
2008 年 9 月	事故米（米でんぷん）と使用した可能性のある卵加工品
2008 年 9 月	中国産加工食品にメラミン混入
2008 年 10 月	中国産冷凍いんげんから農薬（ジクロルボス）検出
2011 年 3 月	東京電力原発事故による放射能汚染
2012 年 8 月	浅漬けによる O-157 食中毒事件
2013 年 12 月	アクリフーズ製造の冷凍食品に農薬（マラチオン）混入

注）筆者作成。

いう）以降は、農作物などの放射能汚染が懸念されている。学校給食は、成長期の児童生徒が食することもあり、使用する食材料の汚染状況と内部被ばくの影響に対する保護者の関心が高い。厚生労働省や自治体が行っている検査結果の情報収集は当然のことながら、給食施設への測定器導入、外部検査機関への検査依頼などによる対応は継続している[46]。

　2007年以降に起こった牛肉ミンチの偽装、事故米の転売、加工品への毒物混入は、故意に行われていた点においてBSEや放射能による汚染とは一線を画した。とくに2008年と2013年の加工食品への農薬混入は、これまでの食品衛生管理の想定を超えた事象であった（藤井 2015：154-155）。偽造の牛肉ミンチは給食用加工食品のコロッケに使用されていた。牛肉ミンチを偽造した企業は、輸入鶏肉を国産として学校給食用に出荷していた。事故米は米でんぷんに加工されており、学校給食用の既製品のだしまき卵にもそのでんぷんが使われていた。

　幸い児童生徒への健康被害はなかったが、食品問題が起きるたびに、学校栄養士は使用食品の産地、入手経路や原材料などを徹底的に調べ、不安要素を含む食品は使用を中止し、代替食品を探すために時間と労力を割いてきた。と同時に、学校給食の加工食品使用に対する保護者などの不安や批判にも応対しなければならない。

第1章　戦後学校給食における栄養士労働の性格変化

学校栄養士には食料調達において、安全性の高いものを選択し、児童生徒、教職員、保護者など給食関係者に使用食品の安全性およびリスクの適切な情報を提供するなど、関係者が給食に安心感を得られる方策を講じる能力が求められる。

（3）東日本大震災による学校栄養士労働への影響

2011年3月11日に発生した東日本大震災は、各地の学校給食に影響をもたらした。とくに被災地の被害は甚大であった。学校栄養士たちはどのような対応を迫られたのだろうか。

①被災地の学校給食復旧

被災地の学校給食復旧における学校栄養士の役割を金子敬子（釜石市の共同調理場）、刈屋保子（宮古市の共同調理場、4月に山田町小学校単独調理場へ異動）、小野美樹子（石巻市の共同調理場、4月に登米市の共同調理場へ異動）の記録から整理する。

金子の地域では、児童生徒の避難所での食生活状況を考慮して、4月20日から簡易給食を開始することになった。パン業者と牛乳業者が津波被害にあっていたため、県学校給食会に業者選定の協力を依頼した。給食施設は被害を受け修繕したが余震で再度損傷してしまい、完全給食の再開は6月1日となった。再開後は食材料の納入困難、価格の高騰があり、給食運営が不安な時期もあったが、2・3学期には慈善団体から給食費の支援が得られた。9月には通常業務となり、「親子試食会」「センター施設見学」「6年生リクエスト給食」「全国学校給食週間での行事」などの学校行事を実施し、栄養士職を目指す学生の実習も受け入れた（金子 2013：118-121）。

刈屋は4月1日、津波被害を受けた山田町の単独調理場の小学校に異動となった。その小学校は避難所であったため、給食施設は被災者への炊き出しに使用されていた。にもかかわらず、震災当日の使用食器がシンクに浸かったままでボイラー点検もされず、食器消毒保管庫が転倒しかけた状態であっ

57

た。刈屋は給食施設の整備から着手した。刈屋の配属校以外の学校は通常ではミルク給食だったが、多くの家が被災し、商店も営業できない状況では、弁当持参が困難と予測し、町内の児童生徒に仕出し弁当を提供することになった。刈屋はそれに先駆けて弁当給食開始までの期間、カリフォルニア米などの支援物資による給食をおこなった。また弁当給食開始後も支援物資を使って汁物を加えたり、弁当のおかずが少ないときには1品つけたしたり、児童の食欲を促す工夫を行った。支援物資の活用は、調理員の役割も踏まえた校長の発案であった。刈屋は調理員の協力を経て、独特のにおいがありかつ粘りけのないカリフォルニア米やクラムチャウダーなどの外国からの支援物資を有効活用する調理、献立の工夫も行った（刈屋 2013：122-137）。

　小野は4月に津波被害のなかった登米市に異動した。登米市には複数の共同調理場があったが、そのうち数か所の施設が被災していた。学校栄養士たちは、「子どもたちのために、どのようにしたら通常に近い給食を出すことができるのか」を話し合って、稼働する給食施設をもとに受配校を再編成し、配送者の手配がつけば通常に近い給食ができることを教育委員会に提案した。教育委員会はなかなか聞き入れなかったが、給食を早く通常化したいと考えていた教育長の介入によって、6月中旬には市内一斉の通常給食を再開した。パンと牛乳の簡易給食しか提供できなかった時期には、保護者に対して、給食施設の実情と簡易給食では不足する栄養を家庭で補うことを伝えた（小野 2012：539-541）。

　なお被災直後3人の学校栄養士は、避難者への炊き出し、食品関係の救援物資管理などを行い、学校給食関係者とともに被災者支援にあたった。この経験から栄養教諭や学校給食の役割について、刈屋は「栄養教諭として、なすべきことを考えてみると、①食品の選別・食材の選定・管理・保管、②調理（炊き出し）の計画・準備・実施、③施設設備に関すること、④安全・衛生管理、⑤行政・教職員・地域の方々との調整・共同という、普段の業務でも行っている業務だと思います」（刈屋 2013：137）と述べ、金子は「改めて給食センターが地域の一員であり、そして行政の1機関として関係機関なら

第1章　戦後学校給食における栄養士労働の性格変化

びに地区住民との協同で災害時に対応できるような取組みが必要であると痛感しているところです」（金子 2013：121）と述べている。

②計画停電対応

　東日本大震災と同時に発生した福島原発事故は、全国の電力供給への影響をもたらした。地域によっては震災直後に停電の実害を受け、その後は原子力発電の停止による電力供給減少対策として全国各地で予定された計画停電にも学校給食は翻弄された。

　給食施設の設備の多くは電化されている。とくに冷蔵庫、冷凍庫、食器保管庫など衛生管理に関する機器は電気がなければ使用不能となる。3月11日以降、長時間停電になった地域では、冷凍保存していた食材料は衛生上使用できなくなった。流通も混乱していたため代替食品の入手ができず、あるもので何とか対応するしかなかった[47]。

　関東地域では原発事故直後から、他の地域でも電力消費が増える夏に向けて計画停電が予告された。学校給食施設では、計画停電があっても可能な限り給食を実施する準備を進めた。計画停電は停電する時間帯がいくつか設定され、どの時間帯になるかは、直前までわからない。そこで各給食施設は停電の時間帯に合わせて、実施できる献立内容を検討した。小平市学校給食センターでは、停電の時間帯によって使用できる調理機器が異なるため、それをふまえて調理工程を想定した献立、使用食器が検討された（**表1-24**）。簡易給食長期化を見据えて家庭からおかず持参も検討した。また食物アレルギー児用の献立も用意した。

　通常の学校給食でも、突然停電になるなど給食内容を変更せざるを得ないアクシデントはある。しかし、それは一時的なことで、児童生徒たちへの影響は少ない。2011年の計画停電は実施されるのかされないのか、実施時間はいつ知らされるのか、どれくらいの期間続くのかがわからない状況下で、児童生徒の栄養を第一に考え、食材料を確保し、調理員の勤務体制を整えるリスク対応は、骨が折れる仕事であった。

59

表1-24　計画停電を想定した献立内容

停電時間帯	献　立　内　容
①6：20～10：00	野菜の下処理時間、揚げ物・焼き物調理時間に調理機器が使用できないため、短時間で調理可能なスープとデザートを作ります。 【パン・スープ・デザート・牛乳】
②9：20～13：00	主要調理時間に調理機器が動かないため、加熱調理品は提供できません。 【パン・デザート・牛乳】が基本となります。
③12：20～16：00	食器、器具類の洗浄が出来ないため、炊飯は行わず使用食器を2点までにします。 【パン・主菜・スープ・牛乳】または【袋麺・ソース・副菜・牛乳】
④15：20～19：00	短時間で食器、器具類の洗浄を行うため、使用食器を2点にしますが、ほぼ通常に近い調理をします。 【ご飯・主菜・汁物・牛乳】または【丼物・副菜・牛乳】
⑤18：20～22：00	ほぼ、通常通りの調理をします。 【ご飯・主菜・副菜・汁物・牛乳】

注）小平市立学校給食センター「計画停電による4月の臨時献立給食実施のお知らせ」小平市教育委員会ホームページ（http://www.kodaira.ed.jp/KOGERA/kyuusyoku/rinnjikonndate-hogosya2_.pdf）より抜粋。

（4）おわりに

　第4期は、学校栄養士の転換期であったといえる。その要因の1つが栄養教諭制度の創設である。教育職の位置づけを得たことで、栄養士職に加えて教育職の専門性が不可欠となり、業務内容も増えた。栄養教諭を命じられた学校栄養士は、給食業務に対応しながら食に関する指導を充実させる努力を重ね、栄養教諭のあり方を模索している。一方、学校栄養職員には従来の雇用条件のまま、栄養教諭に準じた業務を担わせている。栄養教諭と学校栄養職員、2つの職種の存在意義が問われる。労働者としての学校栄養士には過重労働や職責の重圧による身体的精神的負担が懸念される。

　第4期に起こった食品問題は偽装や毒物の混入は、給食における衛生管理の範囲を越えたものであった。加えて地震や台風などの被害にもあった。その対応に莫大な時間と労力を費やし、ただでさえ業務量が増大していた学校栄養士たちは疲労困憊した。今後も危機は起こりかねない。学校栄養士および給食関係者に急がれる課題の1つに、あらゆる給食リスクを予測した給食管理の再構築がある。

小括

　戦後の学校給食は制度のもとで発展してきた。学校栄養士の配置、雇用条件は学校給食の発展とともに段階的に整備され、同時に業務は多様化し、職務において求められる能力は増大した（**表1-25**）。

　学校給食制度に関しては、第1期に学校給食法が制定され、「制度としての学校給食」が確立した。その後の期においては、第2期であれば共同調理場の設置、第3期では調理部門の費用削減の通知により、調理員の非正規雇用が増加したように、学校給食法を基盤にその時々の施策によって、学校給食の実施、運営における規定は補強されてきた。学校栄養士の位置づけもその一環であり、学校栄養職員（第2期）、栄養教諭（第4期）と段階的に進んだ。

　期を追うごとに学校栄養士の業務内容と求められる能力も変化した。食糧難の時代であった第1期の学校給食においては、何よりも食糧が重要であり、調理が優先された。食糧事情が好転した第2期以降もこれらの業務は引き続き行われると同時に、その業務に対する要求内容が増していることに注目したい。たとえば第2期の共同調理場が登場した時期には、1回に何千食もの調理をするために、大量の食材料を調達する必要があったし、第3期以降ではO-157食中毒事件や食品偽装をきっかけに、より衛生的で安全性の高い食材料の調達が不可欠となった。加えて食に関する指導における地場産物の入手が必要になった。

　現在の学校栄養士は、給食の調理に直接携わる機会は少なくなったが、よりよい給食を提供するために、いつの時代も調理指導は重要な業務の1つである。第2期では、共同調理場の増加とともに、そこに栄養士も配置された。何千食もの給食を短時間に多数の調理員が作業するには、指示、指導する役割が重要であった。第3期になると調理員のパートタイム化や民間委託の導入によって、調理指導の内容、方法を変えなければならなかった。近年は高性能の調理機器が導入され、これらの機器を使いこなすための調理理論およ

表1-25　学校給食における栄養士労働の時代的変化

		第1期 (1945～1960年度)	第2期 (1961～1980年度)	第3期 (1981～2000年度)	第4期 (2001年度～)
制度など	学校給食法	1954年 完全給食開始 1950年	1974年学校栄養職員		2005年栄養教諭
	給食運営		共同調理場1964年	調理員の パート・委託化	
対象など	児童生徒の状況	栄養失調		栄養過多（肥満） 孤食、欠食	
	献立内容	海外の 支援物資	パン給食 （輸入小麦）	冷凍・ 加工食　米飯給食導入 1976年	加熱調理　地場産物利用 1996年　食物アレルギー対応
学校栄養士のおもな業務	食料調達・分配				
	調理		冷凍・加工食品	地場産物利用	
	調理指導				
	衛生管理			管理の基準　1997年 1997年 学校給食衛生の基準	
	栄養管理				
	給食指導		食物アレルギー対応		
	食に関する指導 （栄養教育）				
学校栄養士に必要な能力		調理指導能力 調理能力	栄養士としての資質 （給食管理全般）	教員としての資質	
栄養士職全般		栄養士法 1947年	栄養改善法 1952年	管理栄養士制度施行 1963年	管理栄養士定義明確化 2000年

注）筆者作成。

び技術は高度化している。さらに、少量多種の食物アレルギー食対応への期待も大きい。学校栄養士の調理指導においても、こうした高い知識と技術が求められている。

　衛生管理では、調理員の衛生指導、食材料や調理過程、施設設備の衛生に加えて、O-157やノロウイルスなどの新たな細菌への対応が必須である。

　給食管理業務の基本はどの時期においても変わらないが、それぞれの業務に対して要求される内容が複雑化・高度化し、それらが積み重なってきていることが確認できる。

　学校給食が学校教育に位置づけられ、児童生徒の健康・食生活の変化が社会問題となるなか、食教育は給食指導から食に関する指導へと展開してきた。

第1章　戦後学校給食における栄養士労働の性格変化

それにともない学校栄養士の職務は、補助的役割から栄養士の職能を「食の専門家」と再評価され教育へと変化した。

　戦後直後の再開から現在まで、学校給食への要望や期待は、時代とともに変化してきた。学校給食の発展にともない、学校栄養士の労働は変容した。業務量の増加、内容の高度化、複雑化が進行するなかで栄養士は能力を向上させながら、学校給食のあり方を模索してきた。

　今後の学校給食は、少子化の進行による児童生徒数の減少や食生活の多様化の影響、さらなる食の安全強化への対応が求められる一方、地域の過疎化にともなう食料調達の困難性などの新たな課題が予測される。学校栄養士にはこれらに対応しながらよりよい給食、食に関する指導の追求が期待される。

注
1）1886年の第二次小学校令によって小学校教育の義務化がすすみ、貧困家庭の子どもを中心に教育する小学校があり、1889年10月に創立した鶴岡町（当時）の忠愛小学校もその１つであった。資料は火災焼失し、給食に関するものもなかったが、山形県教育委員会は、当時の名簿から忠愛小学校に通学していた人々をたずね、「当時、自分の家は１日３度の食に事欠くほどであったので、学校で教科書学用品のほか昼飯など一切の給与をうけた」、「昼食をうけたが、白米の握飯２個だったと思う。副食は野菜と魚類で、その魚類は主として塩乾物であった」（山形県教育委員会 1959：8）などの聞き取りをもとに、「そもそもわが国の学校給食は、今を去る明治22年山形県鶴岡の私立忠愛小学校において、昼食を給与したものがその濫觴といわれる」（山形県教育委員会 1959：5）とした。また「忠愛小学校での学校給食は、忠愛小学校そのものが貧困家庭の子弟収容を目的としたものであるから、最初から社会事業的な要素と就学奨励の意味があった」（山形県教育委員会 1959：3）と記した。文部省はこのことをふまえて「わが国においては、明治22年（1889年）山形県下において宗教団体によって開始された貧困児童救済のための給食がその最初となっている。（中略）この小学校は、鶴岡町の貧困児童を収容して教育するためにつくられた学校で、その基金は僧侶たちの行乞によってえた資金でまかなわれ、在学児童すべてに米飯による昼食給食が無料で支給された」（学校給食十五周年記念会 1962：4）とした。山形県においては大石田尋常高等小学校で「明治39年、不就学児童を減少せん目的を以て、町内豪商W氏に謀り貧児８名に毎日昼飯を給与することとせり」（山形県教育委員会 1959：11）、豊田尋常高等小学校では1931（昭和

6）年、「篤志家11名およびその当時の教職員自ら酒、煙草、間食物、被服、小遣銭の節約による拠出金等を積み立てこれを栄養物給与基金として全校児童（1,036名）に対し副食給食を開始している」記録がある（山形県教育委員会 1959：12-13）。なお1930年代、1940年代前半の学校給食研究には小島（1993）の研究がある。

2）1935年前後になると、児童一般に対する栄養給食の方向に進展し、また教育的にも給食の機会を均等にする必要が認められ、全校給食を実施する学校も次第に増加した。1940年４月には、小学校児童の栄養の改善と体位の向上という見地から学校給食を奨励し、国庫から補助金を交付することとし、また各府県においては学校給食委員会を設けて、学校給食に関する調査と指導にあたらせることとした（文部省 1954：539）。

3）東京都荒川区の小学校には、「水道の蛇口は一つしかない。じめじめした土間、お話しにならない非科学的、非衛生的な状態であった」が、「昭和十八年に設置された、戦争措置要項による、教室改造調理室」があり、そこを利用して学校給食を再開した（学校給食十五周年記念会 1962：214-215）。

4）1945年中は日本軍の貯蔵食糧で食いつなげても、1946年に食糧が収穫されるまでに約100万トンの米が不足し、国内餓死者１千万人とのうわさも流れた（有沢 1977：248、257）。

5）学校給食の再開、拡大における最大の課題は食糧の確保であったが、GHQの計らいによって、GHQが差し押さえた厚生省所管の旧日本軍食糧とアジア救済公認団体（Licensed Agencies for Relief in Asia：LARA）から脱脂紛乳やその他の食糧が援助されることになった。そのきっかけは1946年夏に来日した国際連合救済復興機関の代表フーバーが、子どもたちの栄養状態の悪さに驚き、GHQに学校給食の開始を進言したことにある。フーバーには第一次世界大戦後のドイツで学校給食を行った実績があった。フーバーの進言を受けて、GHQは1946年10月に学校給食に関わる文部省、厚生省、農林省、大蔵省の次官を呼び出し、実施に向けて食糧の調達、学校給食の運営方法などについて協議した（学校給食十五周年記念会 1962：257）。

　LARAは1946年４月に第２次世界大戦で困窮に陥った日本などアジアの人々を救済する目的で、全米の宗教団体・社会授業団体などが結成したボランタリー団体である。

6）具体的な内容は、「（1）栄養改善による健康の保持増進と疾病の予防、（2）栄養の知識を与える、（3）食事訓練を実施するもっとも好機会である、（4）偏食の矯正、（5）調理場の清潔整頓、（6）民主主義的思想の普及（師弟間の愛情融和を促進する）、（7）家庭における食生活の改善に寄与する、（8）郷土食の合理化、（9）円満な社交生活の指導、(10）欠席者を少く（ママ）する」であった。

第 1 章　戦後学校給食における栄養士労働の性格変化

7）教育委員会法が制定されたのは1948年 7 月だが、教育委員会が正式に発足した
のは、都道府県及び 5 大市および設置希望の市町村が1950年11月、その他の市
町村は1952年11月であった（文部省 1992：124-125）。また教育委員会法は学校
給食に一切触れていなかったため、法令で学校給食の措置がとられるまでの暫
定的な実施規定であった。なお、要項の 1 つに、学校給食実施校の連合組織に
よる受入体を都道府県に組織すること、というのがあり、これがのちに都道府
県学校給食会となった（学校給食十五周年記念会 1962：29-31）。

8）「学校における給食実施体制の整備について」は、調理や衛生面など 4 項目を
あげている。そのうち「二　学校給食の運営機構について」では、学校内にお
ける給食の事務分担を明確にすること、学校長が給食運営全般の責任を負うこ
と、物資購入・保管、調理、調理場管理、配膳、経理を分担して責任を持つこ
とを指示している。

9）GHQ公衆衛生福祉部長だったサムスは、「児童にとって、たんぱく質給源とし
てミルクを飲むことは絶対に必要である」という信念をもっていた（学校給食
十五周年記念会 1962：225）。

10）ガリオア資金(Fund for Government and Relief in Occupied Areas, GARIOA：
占領地域救済資金）は、第二次世界大戦後、アメリカが占領地域の疾病・飢餓
による社会不安を防止し、占領行政を円滑にする目的で支出した救済資金で
あった。日本向けのガリオア資金は1945年 9 月から1951年 6 月まで計上され、
食糧のほか医薬品などの購入にも充てられた。

11）元文部省学校給食課長の前田充明は、脱脂粉乳量の多さに困惑して、日本の小
児科の先生方に相談したところ、多量のミルクを飲ませれば必ず下痢をするか
らぜひやめるようにといわれたが、「アメリカの子供が、 1 日六合位のミルク
を飲むのに、日本人の子供が四合程度飲めない理由はない」と言って、日本側
の主張を聞き入れなかったと述べている（学校給食十五周年記念会 1962：225）。

12）1949年以前から、パンを主食にした完全給食の実施が試みられた。香川県の十
数校を対象に、国が特別に小麦粉やその他給食に必要な副資材を配給して行っ
た（文部省他 1981：205）。

13）保健体育審議会は1949年 7 月に制定された保健体育審議会令により設けられ
た文部大臣の諮問機関であり、学校給食のほかに学校における保健・衛生教育、
体育および社会における運動競技・レクリエーション関する事項があった（第
1 条）。

14）国民食糧および栄養対策審議会は経済安定本部内に設置され、栄養学の専門家
（佐伯矩）や厚生省の行政官などを中心に組織されていた（大礒 1982：178）。

15）学校給食以外の給食施設では、1947年に栄養士法が制定したのち、栄養士の配
置が法的に義務付けられた。もっとも早かったのは、事業附属寄宿舎規定(1947
年10月31日公布）であり、 1 回300食以上の給食施設に栄養士をおかなければ

65

ならないことを定めている。1947年には保健所（保健所法施行令、4月2日公布）、100床以上の病院（医療法施行規則、11月5日公布）、乳児院及び虚弱児施設（児童福祉施設最低基準、12月29日公布）に栄養士配置を定めた。

16) 農業生産は、戦後の農地改革で土地を所有するようになった農民が増産のための努力をした結果、毎年平均5％前後で上昇していた。食糧全体が増産された理由には、農産物の輸入を控え、重化学工業の原材料や機械設備の輸入を優先するためでもあった（井野 1975：99-100）。

17) 学校給食法に位置づけられた小麦、小麦粉は、MSA協定およびPL480によるものであった。これらの特徴は、自国通貨で農産物が買えるうえに、販売代金の一部は国内で使われ、残りの代金は経済強化のための借款となることであった。MSAとPL480による小麦の受け入れは1億ドルとなった。詳細は、河相（1986）、高嶋（1981）を参照されたい。

18) 学校給食法制定時に文部省学校給食課長だった宮川孝夫は、「学校給食の質的向上と改善を図るために栄養管理職員設置の必要なことも議論の余地のないことと思われるが、これ亦人件費の増加という予算的な難関に打ち当って、幼稚園の給食と一緒に後任者に問題を引継ぐことになってしまったのは、微力のいたすところながら誠に遺憾に思っている次第である」と回想している（学校給食十五周年記念会 1962：321）。

19) 在籍数のピークは、公立小学校が1958年の13,492,087人（2010年6,869,318人）、公立中学校は1962年の7,328,344人（同年3,270,582人）であった。

20) 北海道を例にみれば、かつて炭坑で栄えた芦別市では、1校が1957年から単独調理場による給食をはじめており、その後市内のいくつかの小学校にも給食施設を設けた。しかし、全小中学校に設置するには財源がなかったため、「車で各校に搬入する給食センター方式が研究され、実現のメドがついたのでこれの実施にふみき」ることになった。1964年1月30日から共同調理場を利用したのは、9校6,700人であったが、1968年には学校給食未実施であった8校が加わり、その後さらに単独調理校で実施していた1校も加えていった（岸本他 1974：885-886）。

21) 文部省体育局長通知「学校栄養職員設置費補助金の取扱いについて」1964年7月30日。これより前の通知である「学校給食施設および設備整備費補助金（共同調理場分）の取扱いについて」の組織の項目には、「学校栄養士は、栄養士法第2条第1項の規定により栄養士免許を受けることができる者で、主として献立の作成その他の栄養に関する業務に従事するものとする」とあった。

22) 北海道でみてみると、文部省の補助金対象となった共同調理場1964年度開設は、4月に黒松内町学校給食センター、津別町学校給食センター、10月古平町学校給食センター、11月に当麻町学校給食センター、12月には八雲町学校給食センター、三笠市学校給食センター、新得町学校給食共同調理場、1965年1月の帯

広市学校給食共同調理場であった（北海道教育庁学校教育局健康・体育課 2011b：37-49）。

23) 保健体育審議会は、直接的な表現はしていないが、「献立作成、物資購入、調理、配食などおよび給食費の収納、保管、支出などの複雑多岐にわたる給食実務の処理は、必ずしも個々の学校ごとに実施しなくてもよいものもあるので、むしろその機能に応じた仕組みの改善を図り、各市町村内の学校を通してできるかぎり総括的に実施されることがのぞましい」と、単独調理場から共同調理場への移行をほのめかした（保健体育審議会「義務教育諸学校等における学校給食の改善充実方策について（答申）」1970：12）。同時に、単独調理場を継続する場合には、献立作成や物資の購入を市町村単位で行う「給食実務の合理化」を促した。

24) 1971年2月、学校給食行政を監察した行政管理庁は文部省に対して、現況調査した147単独調理場のうち3分の1の57施設が改築修理を要する施設であったこと、これらの調理場は修繕が必要だが「老朽化した単独校施設について、個々に更新を図ることは、経済性等からみて問題もあるので、地域の実情に応じて、管理、運営面ですぐれている面の多い共同調理場方式の普及について指導すること」と勧告した（「学校給食の運営に関する行政監察結果に基づく勧告」文部省他 1981：114-122）。

25) 小崎は、1952年2月に武蔵野市職員として単独調理場の学校栄養士になった。1973年4月、共同調理場に配置となった。武蔵野市は1966年から共同調理場を設置し始めた。

26) 全国学校栄養士協議会は栄養士配置運動を展開するにあたり、1962年11月にはつぎの「加入についてのお願い文」を配布して全国の学校勤務栄養士に入会を呼びかけた。「（前略）なんといっても現在この会の目的は、私共学校栄養士制度の確立を実現させることです。どこの学校の栄養士も身分の格付けがないばかりに、その中で栄養士の職責と誇りを守るため、どんなつらいおもいをしてきているでしょう。学校には栄養士という制度がなく、全くの作業員という身分で働いているとしても、国法できめられた栄養士である以上その良心に従って働く以外になく、そのために、さまざまな障碍にぶつかっています。全国には、約2,800名の学校関係栄養士がいます。その中には、その地方なりの身分の安定を得ていられる方もあるでしょうが、法律としての学校栄養士制度は何一つとしてないのです。皆さん、全国にある私共のエネルギーをひとつにしてぶつかってみようではありませんか。あちらでちょっぴり、こちらでちょっぴりということでは、力としては成り立ちません。それには、どうしてもこの組織が必要です。全国学校栄養士協議会に入会して下さい」（田中 2006b：26-27）。

27) 初代会長であった田中信は、共同調理場の学校栄養職員設置費補助（1964年）、単独校学校栄養職員設置費補助（1966年）、学校栄養職員設置費補助（1967年

度から1972年度）、学校栄養職員設置新7カ年計画（1972年度から1978年度）、学校栄養職員国庫負担（1979年度以降）の実現は、全国学校栄養士協議会の活動の成果であったと述べている（田中 2006a：20）。

28）1961年9月の学校給食調査会答申では、児童901名以上の小学校および生徒701名以上の中学校に各1名、これ以下の規模の小中学校は5校に対して1名の栄養管理職員を配置すること、その費用の1/2を国庫補助とすることが示された。学習指導要領は、戦後、教育の民主化がすすめられるなかで、国定教科書を廃止して教育内容編成の権能を地方に委譲、すなわち教師がはじめて教育内容を自主的に編集することになった。教育課程についてはアメリカのコース・オブ・スタディスをもとに学習指導要領を編集し、これを基準あるいは参考資料とすることにした。実際には全国どの学校においても、学習指導要領が教育内容を決定するよりどころとなった。1949年には教育課程審議会を設けて重要事項を取り扱い、1955年頃からは教育内容に大きな制約が与えられるようになり、参考資料であったはずの学習指導要領が教育の中央統制の役割を果たすようになった（海後 1975：197-200）。

29）学校行事等は、各教科、道徳および特別教育活動（児童会活動、学級会活動、クラブ活動など）のほかに、これらとあいまって小学校教育の目標を達成するために、学校が計画し実施する教育活動とし、児童の心身の健全な発達を図り、あわせて学校生活の充実と発展に資することを目標としたもので、儀式、学芸的行事、保健体育的行事、遠足、学校給食などの教育活動であった。

30）『学校給食の現状とその課題』では、「児童生徒は、給食という具体的な実践をくり返すことにより保健、家庭、理科、社会等の教科学習を通して得た栄養、衛生等についての知識や技能を深め、身についたものとして積極的に食生活改善を行なう態度や能力をそなえるようになります。この意味で学校給食には、教科学習の補完的機能がある」（平原 2002：28）とした。

31）「学校教育法では栄養士が栄養指導を行なうことは禁止されているのです。学校教育法第28条は次のように記しています。「⑥教諭は児童の教育をつかさどる。⑦養護教諭は児童の養護をつかさどる。⑧事務職員は事務に従事する。」すなわち、教諭でない栄養職員は食教育を子供たちにおこなうことができないのです。」」（日本消費者連盟 1986：45）。

32）臨時行政調査会であるが、1961年11月から1964年9月までに設けられた臨時行政調査会と区別するために第2臨調または臨調と呼ばれた。本論文では、第2臨調ということにする。

33）子どもが一人で食事をする孤食や、小児成人病など、子どもの食生活および健康問題も取りざたされるようになった。1982年、1988年、1993年の国民栄養調査でも子どもの食習慣が取り上げられた。

34）文部省は、道徳の時間や学級指導を中心に、生命尊重、健康安全、礼儀作法な

第1章　戦後学校給食における栄養士労働の性格変化

どの指導を行うよう1985年3月に『小学校における基本的生活習慣の指導—望ましいしつけの工夫—』『中学校における基本的生活習慣の指導—しつけの定着を図る』を出した。

35) 第2臨調が第1次答申で出した支出削減合理化基準は次のとおりである。
　①内外状況の変容により不要不急化したものは、廃止、凍結又は縮減を図る。
　②効率性の低いものは、廃止又は効率化を図る。
　③社会的公正の原則及び自立・自助の精神に照らして問題があるものは、所得制限、負担増、助成の縮減等、受益者負担の適正化を図る。
　④民間の活力を活かすことが可能なものは、極力民間の自主的運用にゆだねる。
　⑤助成手段を補助から融資へ転換することが可能なものは、極力その転換を図る。

36) 1984年9月には、総務庁長官から文部大臣に対して、学校給食の運営の効率化、人件費等コスト縮減の観点から、調理員の定数および配置基準を廃止する新たな通知を出すよう勧告があった（大間 1986：291）。

37) 第2臨調が発足した1981年、愛媛県今治市では、2万食を供給していた共同調理場から単独調理場への転換を求めた市民活動（父母と有機農家）がおこり、1983年から徐々に単独調理場へ切り替わった。
　中学校の学校給食を共同調理場ではじめようとしていた群馬県高崎市では、小学校の単独調理場による給食が高く評価されたことで、1985年4月から3ヵ年計画で市内全中学校に単独調理場が取り入れられた。
　もともと単独調理場が主体であった大阪府堺市は、1990年に一部あった共同調理場を老朽化にともない廃止して、施設費のコストは高いが人件費を含めた1食当たりの単価が安いと試算したうえで、市内小学校の給食をすべて単独調理場に切り替えた（小松 1993：38-39）。

38) ただし、共同調理場による中学校給食を民間委託していた東京都小平市は、1988年11月、小学校の小規模単独調理場の調理委託案を提示したが、解雇通告された嘱託調理員と市職員組合が中心となって、署名活動や市長、教育長との交渉、市議会議員への要請などを行った結果、1989年に調理民間委託を撤回、これまで嘱託職員やパートタイマーだった調理員の正規雇用と栄養士の配置増となった（学校給食研究会 1989：34）。

39) もっとも影響力があったものの1つにNHKが1982年12月に放送した、特集「こどもたちの食卓—なぜひとりで食べるの」がある。

40) 1988年7月文部省体育局長通知「健康教育の推進と学校健康教育課の設置について」。

41) ティームティーチングとは、担任と担任外の教職員の協力に基づき行われる授業であり、それぞれの専門性を生かし、学習効果を高めることができるメリットがある。特別非常勤講師制度は、教員免許状をもたない各種分野において優

69

れた知識や技術を有する者を任命権者（市町村教育委員会）から、免許の授与
権者（都道府県教育委員会）に対して届出を行うことにより、教科の一部の非
常勤講師として採用できる制度である（丸山 2005：329）。

42）1994年度から実施。児童生徒が健康な生活を送ることができる能力と態度の育
成をめざし、給食指導と各教科等における指導を相互に関連づけ、児童生徒の
発達段階に沿って総合的、計画的な食に関する指導の実践的な調査研究を行っ
た。

43）2005年5月。この時文部省は2000年1月の省庁再編により、文部科学省となっ
ていた。

44）「栄養教諭を配置することのできない学校も想定されるが、近隣の学校の栄養
教諭が出向いて指導を行うなどの工夫を講ずることによって、直接栄養教諭が
配置できなくとも食に関する指導の充実を図ることができるようにすること
が大切である」（食に関する指導体制の整備について（答申））。

45）例えば栄養補給を目的に1970年文部省が学校給食用小麦粉添加を推進したL-
リジン塩酸、および1977年ごろにはパン発酵に使用していた臭素酸カリウムの
発がん性が問題となり、学校栄養士、保護者などが使用中止の運動を行った
（日本消費者連盟編著 1986：70-76）。

46）2016年8月現在、福島市の学校給食は、毎日、給食の放射能測定を実施してい
る（福島市ホームページ http://www.city.fukushima.fukushima.jp/soshiki/61/
kyushoku12040401.html　アクセス日2016年8月27日）。原発事故現場から遠距
離にある札幌市の学校給食においても月2回程度、放射性物質の検査対象とさ
れている地域で生産された青果物を中心に検査を実施し、結果を公表している
（札幌市ホームページhttp://www.city.sapporo.jp/kyoiku/top/kyushoku/
kennsa.html　アクセス日2016年8月27日）。

　放射能測定の意義について、チェルノブイリ原発事故をきっかけに市民ボラ
ンティア活動として取り組んでいる漢人明子は、自らの身を守るためには測定
すること、その結果汚染の可能性が高い食品の摂取を避けることと述べている
（漢人 2016：6-7）。一方、リスク評価の研究者である中西準子は、福島原発事
故はチェルノブイリ原発事故と比較して土壌汚染が食品汚染に連動しておら
ず、早期に測定が広く行われたこと、規制が徹底していたこと、市場に出回っ
ている食品を食べる場合では、食品経由の内部被ばくはほとんど問題にならな
いという（中西 2014：81-82）。ただし福島県では、放射能測定の対象からはず
れた地場産物のイワナやイノシシ肉、キノコや山菜類などを摂取していた人で
は、個人線量は高いという調査結果もあることを示した（中西 2014：79-80）。

47）館林市立学校給食センターでは、地震直後に停電し、復旧したのが3月12日
（土）午前4時であった。「冷凍庫・冷蔵庫の電源が13時間に渡って、復旧しな
かったため、冷凍庫に保管してあった、A・B・C献立の主菜を中止にする。代

第 1 章　戦後学校給食における栄養士労働の性格変化

わりの主菜を手配しようとするが、食品会社も混乱しており、7300個のおかず
は、入手できず。ごはんの増量を決定。炊飯会社に連絡。ふりかけの緊急手配」
して 3 月14日（月）の給食を主菜抜きで実施した。14日午前には「15日（火）
の給食は、パンと牛乳のみ。16日（水）から18日（金）までの給食はすべて中
止にすることが決定。材料の発注をすべてキャンセルにする」対応を行った
（館林市立学校給食センターブログ http://tate-seesaa.net/artticle/190749559.
html　アクセス日2016年 8 月13日）。

第2章

学校栄養士の労働実態

　学校給食における栄養士の位置づけは長く不安定であったが、学校給食の普及および役割の拡大に並行して1974年には県費職員となり、2005年から栄養教諭制度創設により教員として雇用される学校栄養士が増加し、雇用は安定してきた。雇用の安定と引き換えに職務は増え、責任も重くなった。加えて、食の安全により一層の慎重さが求められ、学校栄養士の労働密度は高まっていると考えられるが、その実態は把握されてこなかった。そこで第2章では、既存の資料とアンケート調査をもとに、近年における学校栄養士の労働実態（労働時間・給与）を明らかにすることを課題とする。

第1節　資料にみる学校栄養士の労働時間と給料

　栄養士職の労働時間や給与など雇用状況に関する資料は、賃金構造基本統計調査がある程度であり、平成27年度の栄養士（年齢34.7歳、勤続年数7年）は、労働時間は月167時間、現金給与額は224,000円であった。栄養教諭のみではあるが、教員勤務実態調査[1] および札幌市教育委員会による調査[2] から労働時間を、学校教員統計調査から給与を他教員と比較しながらみてみる。

（1）栄養教諭の労働時間

　教員勤務実態調査によると小学校の栄養教諭の平均労働時間は、勤務日で10時間10分、うち時間外労働は残業と持ち帰りを合わせて1時間35分であった（**表2-1**）。夏休み期間（第2期）は、他期間に比べて労働時間は短いが、残業、持ち帰りがみられた。休日にあっても1時間33分の労働時間となっており、持ち帰って仕事が行われていた。教諭は栄養教諭よりも労働時間が長く、職場全体が長時間労働になっている様子がうかがわれた。

73

表 2-1　小学校栄養教諭および教諭の労働時間

	栄養教諭			教　諭		
	労働時間	残業	持ち帰り	労働時間	残業	持ち帰り
【勤務日】						
第1期	11:17	2:10	0:28	11:23	1:49	0:47
第2期	8:51	0:24	0:18	8:23	0:21	0:15
第3期	10:09	1:31	0:15	10:46	1:37	0:30
第4期	9:26	0:26	0:11	11:08	1:43	0:34
第5期	11:02	1:06	1:02	11:03	1:41	0:33
第6期	10:16	1:16	0:20	11:06	1:36	0:38
平　均	10:10	1:09	0:26	10:38	1:11	0:33
【休日】						
第1期	2:05	0:40	1:25	2:46	0:28	2:18
第2期	0:13	0:00	0:13	0:41	0:07	0:34
第3期	2:00	0:00	2:00	1:39	0:16	1:23
第4期	0:51	0:06	0:45	1:48	0:22	1:25
第5期	2:26	0:22	2:04	1:41	0:21	1:20
第6期	1:43	0:30	1:13	2:13	0:20	1:53
平　均	1:33	0:16	1:17	1:48	0:19	1:29

注）東京大学（2007）より作成。調査期間は第1期7月3日から30日、2期7月31日から8月27
日、第3期8月28日から9月24日、第4期9月25日から10月22日、第5期10月23日から
11月19日、第6期11月20日から12月17日であった。

　教員の時間外勤務を調査した札幌市教育委員会によれば、栄養教諭（全校種）の時間外勤務は1人あたり月平均68.9時間であった。内訳をみてみると、命令による時間外勤務1.0時間、命令によらない時間外の業務処理46.9時間、自宅持ち帰りによる時間外業務処理21.1時間であった。札幌市の栄養教諭の時間外労働は3～4時間であり、教員勤務実態調査より1時間ほど多かった。しかし札幌市においては、教諭や養護教諭にも栄養教諭と同様の傾向がみられ、校長をはじめとする管理職では、栄養教諭らよりさらに時間外勤務時間が長かった。

（2）栄養教諭の給料

　「学校教員統計調査」[3] 2007・2010・2013年度から栄養教諭[4]と隣接する職種の養護教諭、性別による違いをみるために女性教諭および教諭と比較した（**表2-2**）。2013年度の小学校栄養教諭の勤務年数は17.8年であり、養護教諭21.2年、女性教諭18.6年より短かった。それを反映してか、給料は317,900円と養護教諭335,100円、女性教員319,200円より低く、さらに勤務年数が17.3

第2章　学校栄養士の労働実態

表 2-2　公立小中学校教員の平均勤務年数および給料月額

<table>
<tr><th rowspan="2"></th><th rowspan="2">年度</th><th colspan="3">栄養教諭</th><th colspan="3">養護教諭</th></tr>
<tr><th>勤務年数</th><th>年　齢</th><th>給料月額</th><th>勤務年数</th><th>年　齢</th><th>給料月額</th></tr>
<tr><td rowspan="5">小学校</td><td>2007（a）</td><td>17.3 年</td><td>46.3 歳</td><td>377,000 円</td><td>21.8 年</td><td>44.7 歳</td><td>361,500 円</td></tr>
<tr><td>2010</td><td>15.7 年</td><td>44.0 歳</td><td>345,200 円</td><td>21.8 年</td><td>45.1 歳</td><td>352,700 円</td></tr>
<tr><td>2013（b）</td><td>17.8 年</td><td>43.2 歳</td><td>317,900 円</td><td>21.2 年</td><td>44.9 歳</td><td>335,100 円</td></tr>
<tr><td>b－a</td><td>△0.5 年</td><td>▲3.1 歳</td><td>▲59,100 円</td><td>▲0.6 年</td><td>△0.2 歳</td><td>▲26,400 円</td></tr>
<tr><td>b/a×100</td><td>—</td><td>—</td><td>84.3%</td><td>—</td><td>—</td><td>92.7%</td></tr>
<tr><td rowspan="5">中学校</td><td>2007（a）</td><td>17.9 年</td><td>44.7 歳</td><td>347,900 円</td><td>23.1 年</td><td>45.4 歳</td><td>371,700 円</td></tr>
<tr><td>2010</td><td>15.8 年</td><td>43.7 歳</td><td>327,000 円</td><td>22.7 年</td><td>45.7 歳</td><td>357,100 円</td></tr>
<tr><td>2013（b）</td><td>16.2 年</td><td>42.9 歳</td><td>320,100 円</td><td>22.4 年</td><td>45.8 歳</td><td>347,800 円</td></tr>
<tr><td>b－a</td><td>▲1.7 年</td><td>▲1.8 歳</td><td>▲27,800 円</td><td>▲0.7 年</td><td>△0.4 歳</td><td>▲23,900 円</td></tr>
<tr><td>b/a×100</td><td>—</td><td>—</td><td>92.0%</td><td>—</td><td>—</td><td>93.6%</td></tr>
<tr><th rowspan="2"></th><th rowspan="2">年度</th><th colspan="3">女性教員</th><th colspan="3">教　諭</th></tr>
<tr><th>勤務年数</th><th>年　齢</th><th>給料月額</th><th>勤務年数</th><th>年　齢</th><th>給料月額</th></tr>
<tr><td rowspan="5">小学校</td><td>2007（a）</td><td>20.1 年</td><td>44.0 歳</td><td>354,400 円</td><td>18.9 年</td><td>43.2 歳</td><td>354,400 円</td></tr>
<tr><td>2010</td><td>19.3 年</td><td>43.9 歳</td><td>338,500 円</td><td>18.1 年</td><td>42.3 歳</td><td>337,600 円</td></tr>
<tr><td>2013（b）</td><td>18.6 年</td><td>43.4 歳</td><td>319,200 円</td><td>17.3 年</td><td>42.4 歳</td><td>319,100 円</td></tr>
<tr><td>b－a</td><td>▲1.5 年</td><td>▲0.6 歳</td><td>▲35,200 円</td><td>▲1.6 年</td><td>▲0.8 歳</td><td>▲35,300 円</td></tr>
<tr><td>b/a×100</td><td>—</td><td>—</td><td>90.1%</td><td>—</td><td>—</td><td>90.0%</td></tr>
<tr><td rowspan="5">中学校</td><td>2007（a）</td><td>18.3 年</td><td>42.5 歳</td><td>345,100 円</td><td>18.3 年</td><td>42.8 歳</td><td>358,500 円</td></tr>
<tr><td>2010</td><td>18.0 年</td><td>42.7 歳</td><td>332,300 円</td><td>18.1 年</td><td>43.0 歳</td><td>345,300 円</td></tr>
<tr><td>2013（b）</td><td>17.5 年</td><td>42.7 歳</td><td>319,300 円</td><td>17.4 年</td><td>42.8 歳</td><td>328,600 円</td></tr>
<tr><td>b－a</td><td>▲0.8 年</td><td>△0.2 歳</td><td>▲25,800 円</td><td>▲0.9 年</td><td>0 歳</td><td>▲29,900 円</td></tr>
<tr><td>b/a×100</td><td>—</td><td>—</td><td>92.5%</td><td>—</td><td>—</td><td>91.7%</td></tr>
</table>

注）「学校教員統計調査」2007・2010・2013年度より作成。給与月額は各年9月分の給料（本俸）額であり、諸手当及び調整額は含まない。△は増加、▲は減少を表す。

年と短い教諭319,100円よりも低かった。給料は全体的に2007年度に比べて2013年度に1割程度減少しているが、小学校栄養教諭は勤務年数が増加しているにもかかわらず2007年度の84.3％と他の教員に比べて減少割合が大きくなっている。中学校では他職種と大きな差はみられない。

　では栄養教諭と学校栄養職員の給料にどれだけ違いがあるのか、北海道職員を例にみてみる。北海道人事委員会（2015）給料表において栄養教諭は教育職、学校栄養職員は医療職（二）である。新卒者が該当する1級ですでに8,000円以上の差があり、勤務年月を経て号俸が進めばその差は拡大する（**表2-3**）。実際にどの級・号俸にあたるかは学歴・経歴などによって異なり、たとえば赴任先がへき地であれば手当が加算されるが、基本給は教員の栄養教諭が職員の学校栄養職員より高い。

75

表 2-3　雇用条件と給料（北海道）

(円)

給料表号俸	1　級		(a) − (b)
	教育職（中・小）栄養教諭（a）	医療職（二）学校栄養職員（b）	
1	153,600	145,000	8,600
5	159,800	150,400	9,400
9	167,100	157,300	9,800
13	175,200	164,000	11,200
17	184,100	171,700	12,400
21	194,200	179,200	15,000
25	200,800	185,300	15,500
29	207,200	191,200	16,000
33	213,800	196,500	17,300
37	220,400	201,800	18,600

注）北海道人事委員会（2015）より作成。

第2節　北海道における学校栄養士の労働実態

　栄養教諭や学校栄養職員の配属状況は、学校基本調査や学校給食実施状況調査などで確認できるが、正規雇用か非正規雇用か雇用条件はわからない。何より学校栄養士が日々どこでどんな業務を行っているかを示す資料は、教員勤務実態調査より詳細なものはみあたらない。給食の質および安全性を高めるためには、給食運営の実質的な管理者である栄養士の力量が大きく影響する。学校給食では栄養教諭の配置が進み、栄養士職の質的向上が図られている一方、業務内容も増大している。学校栄養士が十分な能力を発揮して、期待される役割を果たせるかは、労働条件・労働環境が大きく影響すると考える。

　そこで北海道の学校栄養士を対象に労働実態調査を実施した。第2節では、調査結果から北海道の学校栄養士における労働条件、業務内容を明らかにする。

　調査対象地域を北海道とした理由は次のとおりである。1つは、北海道は比較的早い時期から栄養教諭採用が促進されており、全国でもっとも配置数

第2章　学校栄養士の労働実態

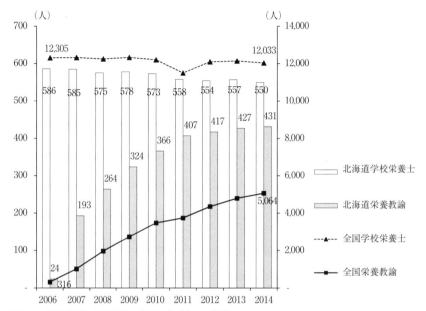

図 2-1 学校栄養士配置数（国公私立）の推移

注）各年度における学校給食実施状況調査「都道府県別栄養教諭・学校栄養職員配置状況」より作成。
2011年度は東日本大震災の影響により岩手県、宮城県、福島県は対象外となっている。

が多いことである[5]。2006年度以降、全国的にも北海道においても学校栄養士の配置数は減少傾向にある（図2-1）。これは学校数の減少[6]および平成の市町村大合併による共同調理場の統合などの影響が考えられ[7]、とくに過疎化も進んでいる北海道においては影響がより大きいと考えたことが2つめの理由である。

（1）調査の概要と回答者の属性

調査は、北海道において学校給食に従事する栄養士を対象に、2015年3月にアンケート用紙により行った。アンケート用紙は学校給食施設591か所に送付した。おもな調査項目は、雇用条件、所属組織、勤務状況、学校給食状況、栄養管理、児童生徒の健康状態の把握などである。回答数は225、回収率は

表2-4　学校栄養士の属性

(n=225)

年齢	20歳代	65名	28.9%
	30歳代	33名	14.7%
	40歳代	52名	23.1%
	50歳代以上	74名	32.8%
	無回答	1名	0.5%
性別	女性	209名	92.9%
	男性	11名	4.9%
	無回答	5名	2.2%
栄養士免許を取得した養成機関	専門学校	3名	1.3%
	短期大学	146名	64.8%
	4年制大学	74名	32.9%
	大学院	1名	0.5%
	無回答	1名	0.5%
栄養士経験	学校給食のみ	183名	81.3%
	他職域経験あり	36名	16.0%
	無回答	6名	2.7%
栄養士以外の取得資格（複数回答）	栄養教諭	191名	84.9%
	管理栄養士	138名	61.3%
	家庭科教員	36名	16.0%
	調理師	20名	8.9%
	保健科教員	5名	2.2%
	健康運動指導士	3名	1.3%
	製菓衛生師	2名	0.9%
	保育士	1名	0.5%
	無回答	12名	5.3%
雇用資格	栄養教諭	179名	79.6%
	学校栄養職員	41名	18.2%
	栄養士・管理栄養士	5名	2.2%
雇用条件	正規職員	195名	86.6%
	期限付き職員	24名	10.7%
	パートタイマー	5名	2.2%
	無回答	1名	0.5%
配属校種	小学校	149名	66.2%
	中学校	46名	20.5%
	特別支援校	21名	9.3%
	決まっていない	2名	0.9%
	その他	7名	3.1%

注）筆者作成。

38.1％であった。

　回答者の属性を**表2-4**にまとめた。栄養士免許を取得した養成機関は短期
大学が3分の2を占めており、40歳代以上の年代ではほぼ短期大学卒業が最
終学歴であった。4年制大学で栄養士免許を取得した74名の内訳をみてみる
と、20歳代が58名（20歳代の89.2％）、30歳代12名（30歳代の36.6％）、40歳代

４名（40歳代の7.7％）であった。

　栄養士免許以外に取得している資格では、栄養教諭が84.9％、管理栄養士61.3％、家庭科教員16.0％であった。

　雇用資格は栄養教諭が圧倒的に多く79.6％、学校栄養職員は18.2％であり、北海道における学校栄養士の配置状況と一致した。栄養士・管理栄養士５名は自治体が雇用しているパートタイマーであった。期限付き職員24名の内訳は、再任用を含む栄養教諭18名（栄養教諭の10.1％）、学校栄養職員６名（学校栄養職員の14.6％）であった。学校栄養士の配属校種は小学校が66.2％を占めた。

　配属となっている給食施設は、単独調理場78名（34.7％）、親子方式59名（26.2％）、共同調理場86名（39.1％）で２名は不明だった。

（２）学校栄養士の労働実態

①平均的な１日の労働時間

　平均的な１日の労働時間について218名から回答が得られた。就業規則上の勤務時間はほとんどの者が８時間30分と回答したのに対し、実際の平均労働時間は10時間18分であった。勤務時間の特徴をみてみると、まず出勤時間が早く162名が５分から90分早く出勤していた。日常的な残業時間を聞いてみたところ、１時間未満は17名、１～２時間がもっとも多く90名（41.3％）、２～３時間52名（23.9％）、３～４時間22名（10.1％）、４～５時間４名（1.8％）であり、残業はしないと回答した者は24名（11.0％）、無回答16名（7.3％）であった。さらに89名（40.8％）が持ち帰って仕事をすることがあると回答した。「持ち帰りはできない」との記入もみられ、残務の有無にかかわらず、職場によっては持ち帰りの許可が出ないことがうかがえた。

　給食のない夏休み・冬休み期間の労働時間も聞いてみた。回答した214名の平均時間は８時間59分と、通常給食を提供する日に比べて１時間20分ほど短いが、就業規則の８時間30分を超えていた。なかには通常時と同じ程度の残業をしている者も見受けられた。

②給食がある1日の業務内容と場所

　給食がある任意の1日について、おもな業務内容と場所をたずねた。おおまかな内容は次のとおりである（図2-2）。学校栄養士の朝一番の仕事は、職員会議への出席である。その後は調理場に行き、調理員らと打ち合わせをする。給食づくりをしている午前中は、食材料の検収・在庫の確認、納品業者の対応、衛生管理の確認などを行い、空き時間があれば書類の整理をするという流れであった。ほとんどの学校栄養士が午前に行っていた業務に、給食の味見があった。給食ができあがるころには、各クラス・学校への配食、配膳に関する業務が行われていた。数名の学校栄養士は、午前に食に関する指導の授業を行っていた。給食内容が行事食だった学校栄養士は、職員室や事務室と調理場を何度も行き来していた。

　昼休み時間の学校栄養士は、学校・教室に出向き、児童生徒の配膳のようすを確認していた。なかには給食時間を利用して食に関する指導を行ったり、巡回した教室で児童生徒と会食したりする学校栄養士もいた。給食終了後に

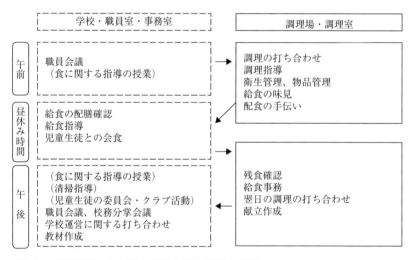

図2-2　学校栄養士の1日の仕事内容と場所の典型

注）筆者作成。（　）は配属先などにより異なることが予測される内容。

第2章　学校栄養士の労働実態

食堂などの清掃指導を行った学校栄養士も少なくない。昼休み時間は、児童生徒に接することができる貴重な時間であり、学校栄養士は休憩する間もなく活動していた。

　午後は、数名の学校栄養士が授業を行っていたが、ほとんどの学校栄養士の業務は、給食の残食確認、帳簿などの整理、献立作成、調理員との打ち合わせであった。また学校での職員会議や分掌関係の会議や打ち合わせ、児童生徒の清掃指導、部活動の指導も行われていた。調査時期が3月だったこともあり、卒業式の準備をしていた学校栄養士もいた。午後は給食づくりがなく、夕方以降は児童生徒が帰宅するため、集中して献立作成、教材作成などの栄養士業務に取り組める時間だが、会議や打ち合わせなど校務分掌に関する業務を行っている者が多かった。

　学校栄養士の事務作業する場所は、献立作成は調理場の事務室、教材作成は学校の職員室というように、業務内容によって移動しているケースが多かった。なぜそうなるかというと献立や発注書の作成ソフトが入ったパソコンが調理場にしかなく、特に共同調理場配属の学校栄養士は、事務作業であってもその内容によって学校と調理場のどちらかに仕事の場所が限定される傾向にある。

③共同調理場勤務の栄養教諭の1日の仕事内容

　つぎに共同調理場に一人配置されている栄養教諭の1日の仕事内容をみてみる。共同調理場は、小中学校の校舎と渡り廊下でつながっていることもあれば、建物は別であっても学校と同じ敷地内にあることもあれば、どこの学校からも離れた場所に設けられている場合もある。共同調理場と配属校が隣接していれば、学校と調理場を行き来しやすいが、施設間が離れていれば移動に時間をとられる。こうした環境は仕事のしかたに影響すると考える。

　表2-5-1、2、3は、共同調理場勤務の栄養教諭の1日の仕事内容を、移動状況によってA、B、Cの3つに分けて整理したものである。Aは移動時間がないと回答した栄養教諭で、この場合は調理場が校舎とつながっていると考

表2-5-1 共同調理場1人配属の栄養教諭のある1日の仕事内容（午前）

	学　校	調理場	その他
A1	職員朝会	指示書の作成・その他事務処理、衛生管理のチェック等・味見	
A2	朝会、発注作業・工芸表作成	調理打ち合わせ、味見、給食準備	
A3	朝の職員打ち合わせ 事務・発注作業、指導プリント印刷	朝の調理打ち合わせ、味見	
A4	職員朝会	給食調理、納品業務	
A5	昼食	給食調理、味見、事務	兼務校の調理指導
A6	職員打ち合わせ	調理準備、物資受入れ	受配校の食に関する指導
A7	職員朝会、資料作成・事務作業、検食提出	調理打ち合わせ・検品、味見、調理指導	
A8	職員朝会、会計等打ち合わせ	給食調理・衛生指導・味見	
A9		調味料準備、調理打ち合わせ、検品、味見、献立関係書類作成	
A10	朝打ち合わせ	調理補助、事務作業、味見、検食、物資検収	
A11	職員打ち合わせ	調理打ち合わせ、味見、伝票整理（事務作業）	
A12		調理打ち合わせ、味見、調理作成・書類整理、納品業者対応	
A13	職員朝会打ち合わせ、資料作成	物品確認・調理室点検、味見・調理員との確認	受配校の食に関する指導
A14	朝会	記録（検収）他・温度他・食品温度・価格）	
A15	朝の打ち合わせ	調理確認（今週）、味見・検食	
A16	職員会議	調理打ち合わせ、献立作成・アレルギー食確認、事務職員と食品の検収、味見、給食事務	
A17	職員打ち合わせ	調理打ち合わせ、検収、調理・味見	
A18	打ち合わせ、食育指導	調理打ち合わせ、調理指導、事務	
A19	職員打ち合わせ	献立作成、衛生管理、味見、午前調理終了後ミーティング	
B1		調理・味見、書類整理、物資確認、事務処理	
B2	朝会	調理・味見、事務作業、翌日の打ち合わせ	
B3	職会	検収、事務整理、味見、検収	

第2章　学校栄養士の労働実態

B4	朝打ち｜献立作成・給食事務
B5	職員会議、給食ワゴンの運搬｜献立作成・味見、給食打ち合わせ
B6	職員会議｜調理打ち合わせ、調理補助・味見
B7	朝打ち、献立作成等、授業｜味見
B8	｜授業準備、発注変更、味見、食材受け取り、見積り取り寄せ、検品
B9	職員朝会｜調理状態把握、検収、献立作成・味見、配食手伝い
B10	職員朝会｜調理打ち合わせ、献立作成・検食
B11	朝打ち合わせ、給食配膳室清掃｜調理確認・味見、帳簿整理・決済
B12	朝の打ち合わせ｜調理作業確認、伝票整理、献立作成、味見・調理補助・検食、各種委員会提出書類作成
B13	職員会議｜調理打ち合わせ、献立作成・味見
C1	｜温度・湿度・残留塩素等記録、献立作成、検収、検収伝票整理
C2	｜ミーティング、検収、献立・給食だより作成、調理補助（数物を数えるなど）
C3	｜朝礼、献立作成、事務処理など
C4	職員会議｜事務処理、給食調理確認
C5	職員朝会｜物品検収・調理員への指示・味見、献立作成・在庫確認
C6	打ち合わせ｜献立等作成、味見
C7	朝打ち合わせ、指導案資料作成（時間外）｜調理打ち合わせ、献立作成、調理・衛生指導、伝票処理、新年度準備
C8	献立作成｜調理打ち合わせ、物品準備、調理・アレルギー食確認、検収
C9	職員会議｜献立作成・味見・検収、次回調理の打ち合わせ
C10	｜調理打ち合わせ、献立作成・味見、発注・作業工程表・動線図・在庫管理等給食指導用教材作成
C11	｜調理打ち合わせ・味見、献立作成・味見
C12	職員朝会｜調理打ち合わせ、発注業務・味見

注) 筆者作成。Aは学校と調理場の移動時間はない者、Bは移動が徒歩の者、Cは移動が自家用車または公用車まには公用車または自家用車とした者。

表 2-5-2　共同調理場 1 人配属の栄養教諭のある 1 日の仕事内容（昼休み時間）

	学　　校	調理場
A1	児童と一緒に給食	
A2	給食配膳指導・喫食、食堂の清掃指導	
A3	教室巡回、昼食（職員室）	
A4		昼食
A5	教室巡回	
A6	児童と一緒に給食	
A7	教室・配膳巡回、昼食（職員室）	
A8	教室巡回、昼食（職員室）	
A9	教室巡回	
A10	昼食（職員室）	
A11	昼食（児童と一緒に）	
A12	指導（年間計画に基づいて）、児童と給食	
A13	給食時間の指導	
A14	教室巡回、掃除	水質記録
A15		昼食
A16	配膳確認、昼食（食堂）	
A17		検食、昼食
A18	教室訪問、昼食（学校）	
A19	アレルギー児童巡回	
B1	給食指導	
B2	昼食（職員室）	
B3	教室巡回	
B4	児童と一緒に給食	
B5	教室巡回	
B6	全校給食の配膳補助・指導 ひなまつり食育・給食指導（一緒に喫食しながら）	
B7	昼食（学校）	
B8	給食後食に関する指導（5分間）、生徒と給食	
B9		食材受け取り
B10	配膳指導、昼食（職員室）	
B11	教室巡回、昼食（学校）	
B12	教室訪問	
B13		給食センターで待機
C1	給食指導、児童と一緒に給食	
C2		検食
C3		昼食
C4	昼食（学校）	後片付け・残チェック
C5		昼食
C6		昼食
C7	教室巡回、昼食（職員室）	
C8	教室巡回・給食指導	
C9	児童と机を並べて一緒に食べながら給食指導	
C10	給食の準備から後片付けまで（教室）	
C11	昼食（学校）	
C12	昼食（教室）	

注）表 2-5-1 に同じ。

えられた。Bは移動手段が徒歩、時間が1～3分とした栄養教諭であり、学校と調理場の建物は別であっても同じ敷地内かごく近くにあると推測した。Cは移動手段を自動車とした栄養教諭であり、学校と調理場が離れた場所にあると考えた。

　栄養教諭の多くが朝は学校の職員会議に出席しているが、施設間を自動車で移動するCの栄養教諭では、12名中5名（33.3％）が午前の仕事は調理場のみで行っていた（**表2-5-1**）。昼休み時間に調理場のみで過ごした栄養教諭は、Aで3名（15.8％）、Bは1名（7.7％）、Cでは4名（33.3％）、午後はAが7名（36.8％）、Bは0名、Cは6名（50.0％）であり、Cでは調理場のみで仕事をする栄養教諭が多い傾向にあった（**表2-5-2**）。

　午後の仕事は、学校では食に関する指導の準備や実施、校務関連の業務、児童生徒の委員会や部活動の指導、調理場では献立作成、調理員との打ち合わせ、帳簿類作成などの給食業務を行っており、教育委員会での仕事があった栄養教諭もいた（**表2-5-3**）。

　1日中調理場で仕事をしていたC3は、学校には週1回程度と授業がある日に行くことになっているといい、またC2は基本的には調理場で仕事をし、配属校には週に何度か行くといい、C4は多忙な日は1日中調理場で過ごすこともあるという[8]ように、学校と離れた共同調理場に配属されている栄養教諭の仕事は、給食管理に重心を置いているかのようにみえる。しかし、「配属校でも仕事ができるような体制や時間配分を考えたい。検収作業が入ると給食センターから動けない状況を解決したい。学校での仕事（食に関する指導や分掌の仕事）を増やしていきたい」という意見もある。

④特別支援学校の栄養教諭の1日の仕事内容

　特別支援学校の給食方式はほとんどが単独調理場である。特別支援学校では、障害のある児童生徒の健康・身体状態にあわせた給食の提供が求められる[9]。さらに特別支援学校に寄宿舎がある場合、学校栄養士業務は給食のみならず朝食と夕食の管理が加わる。そこで特別支援学校で寄宿舎がある11名

表 2-5-3　共同調理場 1 人配属の栄養教諭のある 1 日の仕事内容（午後）

	学　　校	調理場	その他
A1	給食メモ作成・掲示	調理員とのミーティング、事務処理	
A2	書類確認、発注業務・各校打ち合わせ準備、次の日の準備、教材作成	来月献立打ち合わせ	
A3	事務、アレルギー対応プリント作成、指導プリント作成	残量調査	
A4		衛生管理の帳簿類作成、調理指示書作成、調理員との打ち合わせ、献立作成等	
A5		調理員との打ち合わせ、工程表作成	
A6	部活動指導	献立作成・調理工程工表等作成（残業）	
A7	発注・献立作り、翌日の発注確認、事務作業（残業）	打ち合わせ（残業）	献立会議（教育委員会）
A8	献立作成、各種会議、指導案作成	残食調査、献立会議（調理員と 4 月献立について）	
A9	掃除	検品、物品確認、次の日の準備、本日の書類整理	
A10	職員会議、清掃活動		
A11		残量チェック、献立作成、物品確認、書類整理、調理員との打ち合わせ	
A12	打ち合わせ	翌日の準備（材料の確認等）、調理員との打ち合わせ	
A13		発注・献立作成、調理員打ち合わせ、残務整理（残業）	
A14		各記録（衛生管理）、日誌・行程表・たより、献立案・施設管理・給食費確認・パート賃金	
A15		検収、資料作成、献立作成、帳簿類の整理、物品確認	
A16	保健体育委員会	給食事務、翌日の調理指示書の確認、事務所掃除	
A17		給食事務	献立検討会（教育委員会）
A18	残食チェック、職員会議、分掌会議	事務、授業準備（残業）	
A19	アレルギー詳細献立表、明日分アレルギー一児童の確認と記入	見積もり作成、物品確認、午後終了後動線図、行程表の見直し（本日分）、動線図、行程表の確認（翌日分）	
B1	授業、清掃指導（食堂）、職員会議、職員研修・行事委員会活動・クラブ活動、行事活動等	献立作成、発注業務、指導資料作成、事務処理	

第2章　学校栄養士の労働実態

B2	書類整理、児童の清掃、卒業式会場設営	物品確認・反省など	
B3	職員会議、作業媒体作成、残業	事務作業（献立・給食だより等）、検収、打ち合わせ、指導媒体作成	
B4	給食だより・指導媒体作成、清掃活動	給食事務	
B5	仕込み表・調理指示書作成など	指導案・媒体作成	
B6	献立作成・発注作業、媒体作成	残業の計量	打ち合わせ（教育委員会）
B7	授業、清掃活動、献立作成等	調理打ち合わせ	
B8	献立作成・給食だより作成、PTA役員	給食日数の計算、納品書整理	
B9	会議・打ち合わせ、教材・掲示物等作成、残業	献立作成、物品確認、帳簿記入・作業工程表等作成 打ち合わせ（次の日の調理工程）	
B10	残食調査	残食調査、調理員打ち合わせ、献立作成、物品確認（残業）	
B11	食育授業、清掃指導	献立作成、調理員との打ち合わせ	
B12	食に関する指導（5、6年）、授業反省、職員会議、提出書類整理	打ち合わせ、書類整理	
B13	指導媒体作成	物資確認	
C1	職員会議、指導媒体作成、残業	検収、発注書作成、ミーティング資料作成、明日の調理員記載用書類準備	
C2	会議等	事務作業（献立・給食だより等）、話し合い	
C3		事務処理等	
C4		事務処理、調理打ち合わせ	
C5		学校給食担当者会議、献立作成、調理員への指示資料作成、物品確認・検収、発注書作成・注文作業、調理員への指示資料作成（アレルギー対応分）作成、たより等作成	
C6	職員会議	打ち合わせ、残食調査、残食処理（残業）	管理共同購入見積もり合わせ（近隣町村役場）
C7	校内業務、少年団業務（残業）	翌日準備	
C8		検収・物品確認、伝票整理等、翌日調理員の送付、調理員への連絡・打ち合わせ	
C9	指導資料作成	物資発注の準備・見積書の送付、調理員への連絡・打ち合わせ	
C10		物品確認・発注・作業工程表、動線図・在庫管理等	
C11		献立作成・作業工程表、指導書・作業工程表作成（残業）	
C12	献立業務、指導案作成、職員会議、卒業式準備	献立作成、調理前日打ち合わせ、物資発注、指導書・作業工程表作成（残業）	

注）表2-5-1に同じ。

87

表 2-6　寄宿舎のある特別支援学校の栄養教諭のある 1 日の仕事内容

		職員室・事務室	給食室	その他
特栄1	午前	朝の打ち合わせ（職員会議）、食堂への掲示物作成、書類整理	朝の勤務者（委託先）との確認・業務報告 昼の昼食調理員との打ち合わせ・食数確認等、給食味見・出来上がり確認・調理盛り付け手伝い	食の指導・食堂内巡回・配膳・生徒への支援・生徒と一緒に給食（食堂）
	昼休み			
	午後	分掌会議参加（生徒指導部）、食材品書注作業、前月の納品書整理	夕の勤務者（委託先）との確認・業務報告、夕食の調理様子（雛祭り献立）確認・味見、一連絡・味見	
特栄2	午前	職員朝会	調理打ち合わせ、検収、在庫確認、アレルギー一連絡・味見	給食指導
	昼休み			
	午後	給食費・材料費とりまとめ、書類整理	夕食味見	
特栄3	午前	職員打ち合わせ、食数調整、献立作成等	味見・検食	調理打ち合わせ（寄宿舎）街頭指導
	昼休み			
	午後	委託業者との打ち合わせ、作業工程表、勤務図の確認等、調理打ち合わせ・アレルギー等、献立作成、事務処理		給食指導
特栄4	午前	職員朝会	調理打ち合わせ・味見、献立作成・発注	食堂準備・昼食（給食指導）
	昼休み			
	午後	会議等、献立作成・発注、衛生関係書類整理	夕食準備・味見	（残業）
特栄5	午前	朝会、3月後半の発注事務書類作成	打ち合わせ	幼稚部巡回、給食（食堂）
	昼休み			
	午後	H27年度にむけて「日本人の食事摂取基準（2015）」に基づく資料作成、2月分の請求整理		打ち合わせ（寄宿舎）

特⑥	午前	職員朝会、栄養事務業務	調理打ち合わせ、特別食等確認・味見	
	昼休み			
	午後	給食管理事務業務、事務業務	調理反省・点検、当日夕食・翌日朝食との調理打ち合わせ、確認・味見・点検	食事指導（食堂）、食堂清掃
特⑦	午前	職員会議、発注		発注
	昼休み			
	午後	書類（栄養関係・衛生関係等）チェック・整理、献立作成等事務	調理打ち合わせ、味見・検食の実施	生徒と給食（食堂）
特⑧	午前	職員朝会	調理打ち合わせ、味見・配送確認	食に関する指導（中学部）
	昼休み	給食		教室巡回
	午後	発注業務、指導媒体作成・残業	物品確認　味見（寄宿舎夕食）	打ち合わせ（寄宿舎）
特⑨	午前	朝打ち合わせ、献立指示書作成、発注作業	給食数等確認・連絡	給食配膳・喫食状況把握
	昼休み			
	午後	生徒からのインタビュー（国語）、書類整理	夕食盛り付け作業手伝い（寄宿舎3年生送別会）	
特⑩	午前	打ち合わせ、伝票整理、検収簿等回覧・決裁、食数調べ・それに基づいてのクラス配分表作成、給食	調理員との調理業務打ち合わせ（アレルギーなど）	
	昼休み			
	午後	支払い伝票の作成、パンの納品書確認等書の作成	物品確認	
特⑪	午前	職員朝会、寄宿舎厨房打ち合わせ、帳簿類整理作成・発注業務その他、行政職員給食準備	学校給食厨房打ち合わせ、味見、検食準備	教室巡回、給食
	昼休み			
	午後	帳簿類整理、献立作成・発注作業、その他（給食アンケート集計作業・行事食準備・会議準備）	学校給食厨房打ち合わせ	寄宿舎厨房打ち合わせ

注）筆者作成。

の栄養教諭の1日の仕事内容をみてみる（**表2-6**）。

　朝は職員会議からはじまり、午前中に調理員との打ち合わせ、給食運営に関する業務、昼休み時間に教室の巡回や給食指導、児童生徒との会食、午後に事務作業というパターンは小中学校の学校栄養士と同じだが、午後の仕事には、夕食の味見（特寄1、2、3、8）、寄宿舎の調理打ち合わせ（特寄3、5、6、8、11）、寄宿舎夕食の行事食の確認や手伝い（特寄1、9）などがあった。その一方、小中学校の栄養教諭にみられた部活動はなかった。

　平日の朝食・夕食に加えて土曜日、日曜日も寄宿舎で過ごす生徒たちへの食事提供があるため、献立作成、食材料の発注などの給食業務量が他校種の栄養教諭に比べて多い傾向がみられた。栄養教諭たちは「土日も生徒は在舎するので、給食の管理で手がいっぱいです」「3食分の業務と学部（幼稚部、小学部、中学部）が異なることから、配慮することが多く、多忙な毎日です。やりがいはありますが時間的な余裕は全くありません」という状況にある。

⑤学校栄養士業務の現状

　学校栄養士は給食管理や食に関する指導（食教育）、学校運営などのそれぞれの業務をどのように感じているかを把握するために、「時間的に余裕がある」「時間的に厳しい」「やりがいを感じる」「苦痛を伴う」「ほとんど関わらない」「今後力を入れたい」からあてはまるものをいくつでも選択してもらった。

　表2-7は給食管理業務について整理したものである。学校栄養士全体でみてみると、時間的に余裕があると感じている業務は、「調理員との打ち合わせ」87名（38.7%）、「物資検収、在庫調査」77名（34.2%）、検食70名（31.1%）、「調理指導」62名（27.6%）、「食材料などの発注、問い合わせなど」58名（25.8%）であり、「やりがいを感じる」業務には「献立作成」124名（55.1%）があがった。「時間的に厳しい」と感じる業務は「アレルギー食などの個人対応」84名（37.3%）、「帳簿・書類の記入、作成」83名（36.9%）、「ほとんど関わらない」業務として「作業工程表、作業動線図」86名（38.2%）があげら

れた。「今後力を入れたい」業務で多かったのは「献立作成」51名（22.7％）であった。また「アレルギー食などの個人対応」業務は52名（23.1％）が「苦痛を伴う」としており、給食業務のなかでは困難な業務であることが推測された。

　食に関する指導（食教育）に関する業務（**表2-8**）では、「やりがいを感じる」ものとして「給食時間の指導」138名（61.3％）、「指導案、教材の作成」114名（50.7％）、「教科、総合的な学習の時間の指導」99名（44.0％）、「給食だよりの作成」88名（39.1％）があがった。その一方で「時間的に厳しい」業務にも「指導案、教材の作成」106名（47.1％）、「教科、総合的な学習の時間の指導」78名（34.7％）、「給食だよりの作成」75名（33.3％）があげられた。

　学校運営に関する業務や研修など（**表2-9**）は、全体的に「時間的に厳しい」業務と感じている傾向にあり、具体的には「会議・打ち合わせ」87名（38.7％）、「その他校務」77名（34.2％）、「業務上の研修」73名（32.4％）があった。

　学校栄養士の年代によって、業務に取り組む姿勢などに違いがみられるだろうか。「時間的に余裕がある業務」「時間的に厳しい業務」「やりがいを感じる業務」の割合が高かったもの5項目を20歳代、30歳代、40歳代および50歳代以上に分けて整理してみた（**表2-10**）。

　順位の変動はあるものの、どの年代にも共通した「時間的に余裕がある業務」は、「調理員との打ち合わせ」「検収」など給食管理に関するものが上位にあがった。「時間的に厳しい業務」では、「指導案、教材の作成」が共通しているほかは、ばらつきがみられ、20歳代では「帳簿・書類の記入、作成」28名（43.1％）、「食材料などの発注、問い合わせなど」24名（36.9％）、「アレルギー食などの個人対応」23名（35.4％）というように給食管理業務が他の年代に比べて多かった。「やりがいを感じる業務」は、すべての年代で「給食時間の指導」「献立作成」「指導案、教材の作成」「教科、総合的な学習の時間の指導」「給食だよりの作成」が共通していた。

　学校栄養士自身にはそれぞれ得意とする業務と不得意な業務があり、そう

表 2-7　給食管理業務の現状と今後（雇用資格別）

		現在の状況										今後力を入れたい	
		時間的に余裕がある		時間的に厳しい		やりがいを感じる		苦痛を伴う		ほとんど関わらない			
		名	%	名	%	名	%	名	%	名	%	名	%
献立作成	栄養教諭 n=179	35	19.6	54	30.2	105	58.7	19	10.6	4	2.2	41	22.9
	学校栄養職員 n=40	12	30.0	6	15.0	17	42.5	2	5.0	1	2.5	9	22.5
	栄養士 n=6	1	16.7	1	16.7	2	33.3	0	0.0	2	33.3	1	16.7
	計 n=225	48	21.3	61	27.1	124	55.1	21	9.3	7	3.1	51	22.7
食材などの発注、問い合わせ	栄養教諭 n=179	40	22.3	67	37.4	31	17.3	21	11.7	10	5.6	3	1.7
	学校栄養職員 n=40	16	40.0	7	17.5	6	15.0	4	10.0	0	0.0	1	2.5
	栄養士 n=6	2	33.3	2	33.3	1	16.7	0	0.0	0	0.0	1	16.7
	計 n=225	58	25.8	76	33.8	38	16.9	25	11.1	10	4.4	5	2.2
作業工程表・作業動線図の作成	栄養教諭 n=179	28	15.6	42	23.5	14	7.8	16	8.9	66	36.9	4	2.2
	学校栄養職員 n=40	7	17.5	8	20.0	3	7.5	1	2.5	18	45.0	1	2.5
	栄養士 n=6	3	50.0	0	0.0	0	0.0	0	0.0	2	33.3	0	0.0
	計 n=225	38	16.9	50	22.2	17	7.6	17	7.6	86	38.2	5	2.2
物資検収、在庫調査	栄養教諭 n=179	56	31.3	37	20.7	15	8.4	7	3.9	37	20.7	2	1.1
	学校栄養職員 n=40	18	45.0	8	20.0	3	7.5	0	0.0	3	7.5	1	2.5
	栄養士 n=6	3	50.0	1	16.7	1	16.7	0	0.0	0	0.0	0	0.0
	計 n=225	77	34.2	46	20.4	19	8.4	7	3.1	40	17.8	3	1.3
調理員との打ち合わせ	栄養教諭 n=179	65	36.3	31	17.3	46	25.7	7	3.9	4	2.2	17	9.5
	学校栄養職員 n=40	19	47.5	4	10.0	10	25.0	1	2.5	0	0.0	3	7.5
	栄養士 n=6	3	50.0	1	16.7	1	16.7	0	0.0	0	0.0	1	16.7
	計 n=225	87	38.7	36	16.0	57	25.3	8	3.6	4	1.8	21	9.3

第2章　学校栄養士の労働実態

調理指導	栄養教諭	n=179	46	25.7	33	18.4	44	24.6	5	2.8	16	8.9	21	11.7
	学校栄養職員	n=40	13	32.5	3	7.5	7	17.5	2	5.0	7	17.5	3	7.5
	栄養士	n=6	3	50.0	0	0.0	1	16.7	1	16.7	0	0.0	0	0.0
	計	n=225	62	27.6	36	16.0	52	23.1	8	3.6	23	10.2	24	10.7
検食	栄養教諭	n=179	57	31.8	7	3.9	22	12.3	0	0.0	61	34.1	0	0.0
	学校栄養職員	n=40	10	25.0	3	7.5	4	10.0	1	2.5	19	47.5	0	0.0
	栄養士	n=6	3	50.0	0	0.0	0	0.0	0	0.0	1	16.7	0	0.0
	計	n=225	70	31.1	10	4.4	26	11.6	1	0.4	81	36.0	0	0.0
施設・設備の管理	栄養教諭	n=179	30	16.8	42	23.5	16	8.9	24	13.4	40	22.3	7	3.9
	学校栄養職員	n=40	10	25.0	6	15.0	5	12.5	7	17.5	6	15.0	1	2.5
	栄養士	n=6	3	50.0	0	0.0	0	0.0	0	0.0	0	0.0	1	16.7
	計	n=225	43	19.1	48	21.3	21	9.3	31	13.8	46	20.4	9	4.0
帳簿・書類の記入、作成	栄養教諭	n=179	40	22.3	68	38.0	19	10.6	20	11.2	12	6.7	3	1.7
	学校栄養職員	n=40	13	32.5	13	7.3	3	7.5	3	7.5	1	2.5	1	2.5
	栄養士	n=6	2	33.3	1	1.1	0	0.0	0	0.0	0	0.0	0	0.0
	計	n=225	55	24.4	83	36.9	22	9.8	23	10.2	13	5.8	4	1.8
アレルギー食などの個別対応	栄養教諭	n=179	19	10.6	72	40.2	32	17.9	46	25.7	14	7.8	34	19.0
	学校栄養職員	n=40	9	22.5	10	25.0	8	20.0	6	15.0	2	5.0	3	7.5
	栄養士	n=6	1	16.7	2	33.3	0	0.0	0	0.0	1	16.7	0	0.0
	計	n=225	29	12.9	84	37.3	40	17.8	52	23.1	17	7.6	37	16.4
その他給食管理に関する業務	栄養教諭	n=179	24	13.4	50	27.9	33	18.4	7	3.9	5	2.8	7	3.9
	学校栄養職員	n=40	6	15.0	9	22.5	11	27.5	1	2.5	1	2.5	0	0.0
	栄養士	n=6	2	33.3	0	0.0	0	0.0	0	0.0	1	16.7	0	0.0
	計	n=225	32	14.2	59	26.2	44	19.6	8	3.6	7	3.1	7	3.1

注）筆者作成。複数回答。

表2-8　食に関する指導業務等の現状と今後（雇用資格別）

			現在の状況										今後力を入れたい	
			時間的に余裕がある		時間的に厳しい		やりがいを感じる		苦痛を伴う		ほとんど関わらない			
			名	%	名	%	名	%	名	%	名	%	名	%
給食時間の指導	栄養教諭	n=179	21	11.7	40	22.3	118	65.9	4	2.2	6	3.4	53	29.6
	学校栄養職員	n=40	7	17.5	3	7.5	19	47.5	1	2.5	3	7.5	15	37.5
	栄養士	n=6	1	16.7	1	16.7	1	16.7	0	0.0	2	33.3	0	0.0
	計	n=225	29	12.9	44	19.6	138	61.3	5	2.2	11	4.9	68	30.2
指導案、教材の作成	栄養教諭	n=179	4	2.2	95	53.1	100	55.9	24	13.4	5	2.8	56	31.3
	学校栄養職員	n=40	6	15.0	11	27.5	14	35.0	4	10.0	3	7.5	13	32.5
	栄養士	n=6	0	0.0	0	0.0	0	0.0	0	0.0	4	66.7	0	0.0
	計	n=225	10	4.4	106	47.1	114	50.7	28	12.4	12	5.3	69	30.7
教科、総合的な学習の時間の指導	栄養教諭	n=179	5	2.8	68	38.0	87	48.6	9	5.0	26	14.5	51	28.5
	学校栄養職員	n=40	4	10.0	10	25.0	12	30.0	1	2.5	10	25.0	14	35.0
	栄養士	n=6	0	0.0	0	0.0	0	0.0	0	0.0	4	66.7	0	0.0
	計	n=225	9	4.0	78	34.7	99	44.0	10	4.4	40	17.8	65	28.9
給食だよりの作成	栄養教諭	n=179	36	20.1	61	34.1	70	39.1	12	6.7	5	2.8	18	10.1
	学校栄養職員	n=40	10	25.0	12	30.0	15	37.5	0	0.0	0	0.0	3	7.5
	栄養士	n=6	1	16.7	2	33.3	3	50	0	0.0	0	0.0	0	0.0
	計	n=225	47	20.9	75	33.3	88	39.1	12	5.3	5	2.2	21	9.3
児童生徒の個別指導	栄養教諭	n=179	14	7.8	29	16.2	49	27.4	3	1.7	56	31.3	35	19.6
	学校栄養職員	n=40	5	12.5	5	12.5	8	20.0	0	0.0	14	35.0	6	15.0
	栄養士	n=6	1	16.7	0	0.0	1	16.7	0	0.0	2	33.3	0	0.0
	計	n=225	20	8.9	34	15.1	58	25.8	3	1.3	72	32.0	41	18.2
保護者の個人相談	栄養教諭	n=179	10	5.6	34	19.0	37	20.7	12	6.7	61	34.1	21	11.7
	学校栄養職員	n=40	5	12.5	8	20.0	7	17.5	0	0.0	11	27.5	4	10.0
	栄養士	n=6	0	0.0	2	33.3	0	0.0	0	0.0	3	50.0	0	0.0
	計	n=225	15	6.7	44	19.6	44	19.6	12	5.3	75	33.3	25	11.1
食に関する指導の年間計画	栄養教諭	n=179	29	16.2	53	29.6	41	22.9	17	9.5	10	5.6	27	15.1
	学校栄養職員	n=40	7	17.5	14	35.0	6	15.0	4	10.0	4	10.0	2	5.0
	栄養士	n=6	2	33.3	0	0.0	0	0.0	0	0.0	3	50.0	0	0.0
	計	n=225	38	16.9	67	29.8	47	20.9	21	9.3	17	7.6	29	12.9

第2章　学校栄養士の労働実態

（表2-8 つづき）

		時間的に余裕がある		時間的に厳しい		やりがいを感じる		苦痛を伴う		ほとんど関わらない		今後力を入れたい	
		名	%	名	%	名	%	名	%	名	%	名	%
学級担任、養護教諭との打ち合わせ	栄養教諭 n=179	31	17.3	59	33.0	49	27.4	5	2.8	8	4.5	32	17.9
	学校栄養職員 n=40	11	27.5	7	17.5	10	25.0	2	5.0	2	5.0	6	15.0
	栄養士 n=6	3	50.0	1	16.7	0	0.0	0	0.0	1	16.7	0	0.0
	計 n=225	45	20.0	67	29.8	59	26.2	7	3.1	11	4.9	38	16.9
その他食に関する指導の業務	栄養教諭 n=179	15	8.4	49	27.4	59	33.0	5	2.8	8	4.5	23	12.8
	学校栄養職員 n=40	6	15.0	4	10.0	11	27.5	2	5.0	2	5.0	5	12.5
	栄養士 n=6	0	0.0	2	33.3	0	0.0	0	0.0	1	16.7	2	33.3
	計 n=225	21	9.3	55	24.4	69	30.7	7	3.1	11	4.9	30	13.3

注）筆者作成。複数回答。

表2-9　学校運営業務、研修の現状と今後（雇用資格別）

		現在の状況										今後力を入れたい	
		時間的に余裕がある		時間的に厳しい		やりがいを感じる		苦痛を伴う		ほとんど関わらない			
		名	%	名	%	名	%	名	%	名	%	名	%
会議・打ち合わせ	栄養教諭 n=179	27	15.1	78	43.6	25	14.0	24	13.4	15	8.4	3	1.7
	学校栄養職員 n=40	9	22.5	9	22.5	6	15.0	6	15.0	3	7.5	0	0.0
	栄養士 n=6	2	33.3	0	0.0	0	0.0	0	0.0	2	33.3	0	0.0
	計 n=225	38	16.9	87	38.7	31	13.8	30	13.3	20	8.9	3	1.3
その他校務	栄養教諭 n=179	13	7.3	68	38.0	27	15.1	14	7.8	15	8.4	4	2.2
	学校栄養職員 n=40	7	17.5	8	20.0	7	17.5	3	7.5	5	12.5	0	0.0
	栄養士 n=6	1	16.7	1	16.7	0	0.0	0	0.0	2	33.3	0	0.0
	計 n=225	21	9.3	77	34.2	34	15.1	17	7.6	22	9.8	4	1.8
業務上の研修	栄養教諭 n=179	25	14.0	61	34.1	52	29.1	3	1.7	9	5.0	14	7.8
	学校栄養職員 n=40	8	20.0	11	27.5	7	17.5	4	10.0	1	2.5	3	7.5
	栄養士 n=6	0	0.0	1	16.7	1	16.7	0	0.0	2	33.3	0	0.0
	計 n=225	33	14.7	73	32.4	60	26.7	7	3.1	12	5.3	17	7.6
献立会議など	栄養教諭 n=179	12	6.7	57	31.8	38	21.2	10	5.6	29	16.2	15	8.4
	学校栄養職員 n=40	9	22.5	7	17.5	5	12.5	9	22.5	3	7.5	0	0.0
	栄養士 n=6	0	0.0	0	0.0	0	0.0	0	0.0	4	66.7	1	16.7
	計 n=225	21	9.3	64	28.4	43	19.1	19	8.4	36	16.0	16	7.1

注）筆者作成。複数回答。

95

表2-10 年代別栄養士業務の現状

	時間的に余裕がある業務	名	%	時間的に厳しい業務	名	%	やりがいを感じる業務	名	%
全体 n=225	調理員との打ち合わせ	87	38.7	指導案、教材、打ち合わせ	106	47	給食時間の指導	138	61.3
	物資検収、在庫調査	77	34.2	会議・打ち合わせ	87	38.7	献立作成	124	55.1
	検食	70	31.1	アレルギー食などの個人対応	84	37.3	指導案・教材の作成	114	50.7
	食材料などの発注、問い合わせなど	62	27.6	帳簿・書類の記入、作成	83	36.9	教材、総合的な学習の時間の指導	99	44.0
	食品員との打ち合わせ	58	25.8	教材、総合的な学習の時間の指導	78	34.7	給食だよりの作成	88	39.1
20歳代 n=65	調理員との打ち合わせ	28	43.1	指導案、教材の作成	35	54	給食時間の指導	48	73.0
	検食	19	29.2	帳簿・書類の記入、作成	28	43.1	指導案、教材の作成	44	67.7
	食材料などの発注、問い合わせなど	16	24.6	食材料などの発注、問い合わせなど	24	36.9	献立作成	43	62.2
	調理指導	15	23.1	教材、総合的な学習の時間の指導	24	37	教材、総合的な学習の時間の指導	37	56.9
	献立作成	14	21.5	アレルギー食などの個人対応	23	35.4	給食だよりの作成	35	53.8
30歳代 n=33	食材料などの発注、問い合わせなど	13	39.4	指導案、教材の作成	14	42	給食時間の指導	19	57.6
	物資検収、在庫調査	13	39.4	給食だよりの作成	12	36	献立作成	18	54.5
	検食	13	39.4	その他給食管理に関する業務	11	33	教材、総合的な学習の時間の指導	17	51.5
	調理員との打ち合わせ	12	36.4	学級担任、養護教諭との打ち合わせ	11	33	指導案・教材の作成	15	45.5
	食に関する指導の年間計画	9	27.3	アレルギー食などの個人対応	10	30	給食だよりの作成	13	39.4
40歳代 n=52	調理員との打ち合わせ	21	40.4	食材料などの発注、問い合わせなど	24	46	給食時間の指導	29	55.8
	物資検収、在庫調査	19	36.5	食材料などの発注、問い合わせなど	22	42	献立作成	27	51.9
	調理指導	17	32.7	学級担任、養護教諭との打ち合わせ	20	39	教材の作成	24	46.2
	検食	16	30.8	教材、総合的な学習の時間の指導	19	37	教材、総合的な学習の時間の指導	21	40.4
	帳簿・書類の記入、作成	14	26.9	給食だよりの作成	19	37	給食だよりの作成	15	28.8
50歳以上 n=74	物資検収、在庫調査	28	37.8	アレルギー食などの個人対応	33	45	給食時間の指導	42	56.8
	調理員との打ち合わせ	26	35.1	指導案、教材の作成	33	45	献立作成	36	48.6
	検食	22	29.7	帳簿・書類の記入、作成	29	39	指導案・教材の作成	31	41.9
	帳簿・書類の記入、作成	22	29.7	教材、総合的な学習の時間の指導	24	32	教材、総合的な学習の時間の指導	24	32.4
	施設・設備の管理	20	27.0	食材料などの発注、問い合わせなど	23	31	給食だよりの作成	24	32.4

注）筆者作成。複数回答。

第 2 章　学校栄養士の労働実態

した違いが結果に影響しているとも考えられる。しかし、例えば食物アレルギー児対応に積極的に取り組んでいることが、食材料の選定やそのための問い合わせ、調理員との打ち合わせや安全管理に時間を要し、他の業務を圧迫する場合もあり得る。一方、「指導案、教材の作成」「教材、総合的な学習の時間の指導」は、時間的には厳しい状況であっても「やりがいを感じる」業務とする学校栄養士が多かった。「作業工程表・作業動線図の作成」を「ほとんど関わらない」業務とした者が比較的多かったのは、調理業務を委託している給食施設と推測される[10]。「今後力を入れたい業務」は、全体的に「指導案、教材の作成」「給食時間の指導」「教材、総合的な学習の時間の指導」「献立作成」「アレルギー食などの個別対応食」が上位にあげられた。

（3）栄養管理に関する実態と環境

　学校給食の栄養量は、文部科学省が「学校給食摂取基準」を示しているが、今後は児童生徒の健康・栄養状態を把握、評価したうえで、独自の栄養管理が必要になる[11]。学校では、学校保健安全法に基づいて、毎年定期的に児童生徒の健康診断が実施されており、その記録は給食の栄養管理においても重要となる。そこで現在の栄養管理の状況と児童生徒の健康状態の情報を学校栄養士が把握しやすい環境にあるのか確認してみた。

　栄養管理（**表2-11**）については、全体的には文部科学省の学校給食摂取基準を用いているとの回答が133名（59.1％）ともっとも多かった。調理場別に

表2-11　学校給食の栄養管理

	単独調理場 n=77		親子方式 n=59		共同調理場 n=87		計	
	人	％	人	％	人	％	人	％
文部科学省の学校給食摂取基準	41	53.2	15	25.4	77	88.5	133	59.1
市町村教育委員会の基準	29	37.7	43	72.9	6	6.9	78	34.7
自校および受配校の児童生徒の状況より算出	6	7.8	1	1.7	3	3.4	10	4.4
その他	2	2.6	0	0.0	0	0.0	2	0.8
無回答	0	0.0	0	0.0	1	1.1	0	0.0

注）筆者作成。

表 2-12　児童生徒の健康状態の把握

	単独調理場 n=77		親子方式 n=59				共同調理場 n=87			
			配属校		受配校		配属校		受配校	
	人	%	人	%	人	%	人	%	人	%
比較的自由に確認できる	39	50.6	36	61.0	9	15.3	28	32.2	4	4.6
校長など管理者の許可が必要	8	10.4	7	11.9	21	35.6	15	17.2	25	28.7
養護教諭の許可が必要	32	41.6	24	40.7	23	39.0	40	46.0	30	34.5
教育委員会の許可が必要	0	0.0	1	1.7	1	1.7	1	1.1	6	6.9
無回答	0	0.0	0	0.0	0	0.0	4	4.6	10	11.5

注）筆者作成。複数回答。

みてみると、親子方式では市町村教育委員会の基準と回答した者が43名（72.9％）、共同調理場は文部科学省の学校給食摂取基準が77名（88.5％）であった。北海道において親子方式を導入している地域は、札幌市、旭川市、北見市などの比較的規模の大きな自治体であり、給食方式の違いというよりは地域差が反映したものと考える。数は少ないが自校および受配校の児童生徒の状況により栄養量を算出していると回答した学校栄養士が単独調理場で6名（7.8％）、親子方式1名（1.7％）、共同調理場3名（3.4％）であった。

　児童生徒の健康状態の把握（**表2-12**）については、学校栄養士が配属されている学校においては、「比較的自由に確認することができる」が単独調理場で39名（50.6％）、親子方式で36名（61.0％）と高く、記録を管理している養護教諭の許可を得て[12]のところも多く、共有されやすい環境にあると考えられる。共同調理場においても、やや割合は低くなるものの、配属校における児童生徒の健康状態は、把握しやすい環境といえる。

　しかし、親子方式、共同調理場の受配校では、校長など管理者の許可が必要なところが増え、また共同調理場では確認できないと21名（24.1％）が回答した。これは配属校と受配校の学校栄養士への対応および信頼関係の違いによるものなのか、学校の方針により個人情報保護の強化なのかはわからない。一方、「食やアレルギーについては独自に把握しているため必要ない。養護教諭より給食提供に関する資料はある」という学校栄養士もいた。給食、食教育をよりよくするには、児童生徒の情報を欠かすことはできない。今後は、

守秘義務、漏えい防止など管理の強化を図るとともに、情報共有の体制を整える必要がある。

（4）仕事内容、働き方、学校給食に関する学校栄養士の考え

　調査の最後に仕事内容や働き方、学校給食のあり方など考えていることを記述する欄を設けたところ、106名（47.1％）の学校栄養士が回答した。1人ずつの記述内容は多岐にわたっていたが、その多くは、「学校栄養士の仕事量が多くて大変だが、子どもたちの成長、反応を励みに日々がんばっている」というものであった（表2-13）。

　前項までにみたように、学校栄養士の多くは給食施設と学校を往復しながら毎日のように残業をしていた。しかし学校栄養士個人のやりがいやがんばりに依存した仕事のしかたでは、栄養士自身の健康を害しかねず、「栄養教諭になり食育が加わり、以前でも厳しかった業務内容が更にきつくなり、心身に支障をきたしている人が増えている」との現状もあるという。ここでは学校栄養士の自由記述内容を分類しながら、学校栄養士の考え、業務および職

表2-13　学校栄養士のやりがい

・毎日とても忙しいですが、とてもやりがいがあります。（栄養教諭、20歳代）
・とてもやりがいが多い職場である。（栄養教諭、30歳代）
・子どもの成長に直接かかわることができる素晴らしい仕事です。（栄養教諭、40歳代）
・今の仕事に大変満足している。やりがいを感じている。（栄養教諭、50歳代）
・反応が見えるので、とてもやりがいを感じる。手をかければかける程、反応が大きくかえってくるので、大変なことも多いがたのしく仕事ができる。（栄養教諭、20歳代）
・栄養教諭、栄養職員の仕事は大変ですし責任も伴います。食べ物に関する仕事ですから失敗も許されません。ですが、子どもたちの喜ぶ顔、おいしいネ！と言ってくれるとうれしいですし、大きなやりがいを感じられる仕事であると思います。（学校栄養職員、30歳代）
・栄養教諭業務は大変忙しい毎日を過ごしておりますが、未来の子ども達の成長に大切な食事、食育を担っておりますので、大変やりがいのある仕事です。これからの方達に無事にバトンを渡せるよう、日々努力をしてまいりたいと思います。（栄養教諭、40歳代）
・とにかく多方面への目くばりが欠かせない、大変な仕事です。頑張っています。これから栄養教諭をめざす人の参考になればと思います。（栄養教諭、40歳代）
・時間がいくらあっても足りない仕事です。理想と現実の差が激しく、転勤をしても新たな問題に直面しますが、それだけ、やりがいは十分です。（栄養教諭、40歳代）
・学校栄養士の仕事は、食育の推進、食物アレルギーへの対応、衛生管理、異物混入への対応等、年々厳しくなっています。単独校の場合は、一人配置がほとんどなので、全て一人で対処しなければなりません。厳しいですが、やりがいもある仕事と思っています。（栄養教諭、50歳代）
・大変やりがいのある仕事です。単独校なので、児童の様子がすぐわかります。管理も指導も大事ですので、両立が大変難しいことになります。近年、衛生管理も厳しくなっていますので、日々気をぬけません。（栄養教諭、50歳代）

注）筆者作成。

場環境の実態をみていくことにする。

①学校栄養士業務について思うこと（表2-14）

　学校栄養士業務については、やることはいくらでもあるが時間などの制約が多い、何をして何をしないか線引きが難しい、事務処理や雑務が多い、子どもたちと接する時間をとればその分給食管理にかけられる時間が短くなる、などがあった。一方、食に関する指導を全体的に進めていくために、基本となるものがあるとよいのではないかという意見があった。

　業務量については、多くの学校栄養士が触れていた。従来の栄養士業務の衛生管理、食物アレルギー対応、給食栄養関連の事務処理に加えて、食に関する指導の業務、給食の異物や食品放射能汚染に関する業務、さらに学校職員として部活動、委員会活動、会議、行事などがあり、これらの仕事をこなすには勤務時間だけではたりないという。また単独調理場の配属であっても、学校栄養士の配属がない他の給食施設を兼務する学校栄養士もいて、「各学校の行事に給食を合わせたり、献立説明・アレルギー等、1人の栄養士がこなすには、時間が費やされる」という。業務量が多く、栄養士が1名という現状では、やむを得ず休日出勤する一方、年休は取りにくく、育児との両立も難しいというように、ワーク・ライフ・バランスには程遠い状況である。

　臨時職員の栄養士の状況も切実である。勤務時間は短いが、業務内容は正職員と変わらず、献立作成においてもアレルギー対応食を担当するなど負担が大きい。勤務時間内に終わる業務量ではなく、残業しても手当ては出ず、しかしながら「やらないわけにはいかない」「子どもの栄養を思う気持ち」で働いている。

②衛生管理、危機管理（表2-15）

　給食の提供においては食中毒予防が毎日の大きな課題であり、学校栄養士は安全確保を第一に衛生管理を行っているが、感染症が流行する時期にはとくに神経を使う。

第2章　学校栄養士の労働実態

表2-14　学校栄養士業務について思うこと

- 栄養教諭はやることはいくらでもありますが、どこで線引きするか悩みどころ。自己満足によるところも大きい。学校のこともやりたいが、他団体（栄養士会など）の外部の役員の仕事などもあり、時間と体力が厳しいと感じることもある。（栄養教諭、20歳代）
- 仕事にやりがいは感じますが勤務時間内にすべての業務を終わらせるのはほぼ不可能だと感じています。もっと学校で食育の指導を行いたいと思っても献立を作成し、給食を提供するのでいっぱいいっぱいです。（栄養教諭、20歳代）
- 食を子どもたちに伝えるやりがいや楽しさを感じる一方、衛生管理やアレルギー対応、事務処理、一学校職員としての校務に追われ、残業が多い悩みがあります。（栄養教諭、20歳代）
- 自校給食を実施している3校を1人で担当しているため、各校の献立や工程表作成、調理員との打ち合わせなど多忙でない日はありません。しかし、子どもとのやり取りを通して、頑張って良かったと思うことが多く、とてもやりがいのある仕事だと感じています。（栄養教諭、20歳代）
- ひとり職なので気楽にできる部分も多くありますが、年々仕事量は増加しているので残業したり仕事を持って帰ったりしないといけない部分も多く、やりがいを感じる仕事ではありますが、大変です。（学校栄養職員、20歳代）
- 事務的な作業に時間をとられてしまい、厨房の中のことを十分に把握できていない。もう少し厨房に入る時間がほしい。また、作成書類等が増える一方であり、もう少しパソコン等を活用してムダをはぶくことができるとよい。（栄養教諭、20歳代）
- 学生時代のイメージと異なる点として、業務に事務処理やその他の雑務が多くあることに驚きました。（学校栄養職員、30歳代）
- 各種報告書の記入(業務)のほかにも他の団体やこうしたアンケートでだいぶ時間を取られ、なかなか定時に帰ることができない。他団体での活動にも、ずいぶんと時間を取られている。（祝日に会議がある）（栄養教諭、30歳代）
- 外勤、クラブ活動や委員会活動の顧問、会議、行事の準備など、自由に使える時間がかなり限られています。（担任の先生に比べたら、全然あるのかもしれませんが）（栄養教諭、30歳代）
- 食物アレルギー対応、給食異物や食品放射線等食の安全対策に費やす時間が多くなっています。その中で、人員不足の際の調理作業、学校行事や会議に費やす時間が負担に感じることもあります。給食管理業務や学校業務があるため、食の指導に力を発揮するところまでいけない栄養教諭が多くいるのではないでしょうか。（栄養教諭、30歳代）
- 自校方式で各学校の行事に給食を合わせたり、献立説明・アレルギー等、1人の栄養士がこなすには、時間が費やされる。今の環境で食に関する指導は、無理が生じるためできない。（栄養教諭、30歳代）
- 栄養職員として採用になったので、当時は食の指導も少なく、またO-157事故前の衛生管理だったので書類も少なく、現在と比べ当時は1/2以下の仕事量でした。現在はアレルギーの詳細、炭水化物量のお知らせもあり、勤務時間内には終わりません。子育てしながら働くのはかなりつらく、事務量を軽減したい。日々寝不足。（通勤片道40分、転勤1年目）（栄養教諭、40歳代）
- 毎年仕事に対する責任が重くなってきています。アレルギー対応はもちろん、給食費の使用など、様々な仕事で、時間がかかります。時期によっては、本当に疲れてどうしようもなくなるときもあります。まして公務員なら世間から見られる目もきびしいので大変です。（栄養教諭、40歳代）
- 業務が多すぎ。仕事内容や対象者の幅が広すぎる。（栄養教諭、50歳代）
- 年々、過重労働になっている。食物アレルギー対応マニュアルはあるが実際、担任のチェック、事故が発生したときの対応が共通理解されているか等課題が多い。（栄養教諭、50歳代）
- 栄養教諭になり食育が加わり、以前でも厳しかった業務内容が更にきつくなり、心身に支障をきたしている人が増えている。（栄養教諭、50歳代）
- 臨時の為勤務時間は短いが、献立作成は中心となっており、材料の計算、発注等、正職員と同じ業務内容で、アレルギー対応等、負担が大きいと感じています。（栄養士、50歳代）
- 仕事の内容は栄養教諭になってから増加しましたが、児童と直接触れ合い指導することが出来、やりがいがあります。反面、給食センターでの時間がさかれ、調理指導や献立作成に十分な時間をとれない現状にもあります。（栄養教諭、50歳代）
- 臨時職員ですがとてもその時間内で仕事が終わるような仕事の内容ではなく、残業してもその分の賃金も出ないのですが、やらないわけにはいかないので超過勤務になるのもたびたびです。栄養士の地位の低さを実感します。（栄養教諭、50歳代）
- 期限付きでも子供の栄養を思う気持ちは一緒です。（栄養士、50歳代）

注）筆者作成

表2-15　衛生管理、危機管理に関する考え

・食中毒シーズンやノロのシーズンになると毎日不安になるのも事実です。（栄養教諭、40歳代）
・生のフルーツを出してほしいという声もあるが、鮮度や衛生面を考えて提供できていないことも残念だと思う。献立作成に苦労しています。（栄養教諭、40歳代）
・食物アレルギーや異物混入など楽しくワクワクするはずの給食がなんだか暗くて緊張感のあるものになっていく、いるような気がします。（栄養教諭、20歳代）
・現在は衛生管理の徹底に異物混入の問題が大きく取り上げられ現場の調理員も大変な仕事量になっています。特に異物混入については健康被害に影響ないものまで大きく報道され今後益々大変さを感じています。もう少し慎重にしてもらいたいです。（栄養教諭、40歳代）
・アレルギー対応や衛生管理（食中毒や感染症）で不手際があったらどうしようと日々戦々恐々としています。（栄養教諭、40歳代）
・アレルギー対応に十分ではない施設で、アレルギー対応していることに不安を感じます。（栄養教諭、40歳代）

注）筆者作成。

　学校栄養士たちは食物アレルギー、異物混入、食中毒など十分に対応していても、いつか事故が起きるかもしれないと考え、毎日ハラハラしながら過ごしている様子がうかがえる。またO-157食中毒事件以降の加熱原則が、給食の調理法や食材料を制限して、児童生徒の要望に応えられず、今だに献立作成に影響している。

③調理員、事務員との協同（表2-16）

　よりよい給食の提供には、調理を担当する調理員の力量が重要であり、とくに栄養教諭が配置されている給食施設では、栄養教諭が不在でも適切な調

表2-16　調理員、事務員との協同

・調理に携わる者が、もう少し専門的知識、技術をもっていると集団給食も今まで以上に安全でおいしい給食を出せると考え、また、栄養士自身のやりがいも今よりももっと感じられるようになると思っています。（栄養教諭、40歳代）
・栄養教諭を配置するのであれば、調理作業は調理員に任せられるよう質の高い調理員を置くべきである。調理師免許取得者がいない状況では栄養士は現場から出られない。（栄養教諭、50歳代）
・地域によって調理場の設備や調理員の雇用形態の差が非常に大きく、そのために献立内容にも差ができてしまう。また、調理員の数が少ない調理場では栄養士が調理補助をしなければならず、本来の栄養士としての業務が難しくなることがある。（栄養教諭、30歳代）
・調理員は全て委託でよい。（1時間）昼寝をするために献立に文句を言うのはどうかと思う。（現在は自治体職員）（栄養教諭、30歳代）
・アレルギーの対応が今後出てくるようになったとき、調理する側だけでなく事務的なことをする人員の配置もある方が間違いがおきにくいと考えますし、必要だと思います。（栄養教諭、40歳代）
・教諭となり、授業をもつようになり、やりがいのある仕事だが、アレルギーの事務や経理事務もすべて1人でうけおっている状態なので、他の職員にしてもらいたい部分が多くある。本来すべきことに時間をかけられない。（栄養教諭、50歳代）
・給食センター事務所に常勤の人出がないのは、やりにくいと感じます。（栄養教諭、40歳代）
・長いあいだ毎日続けているので、日々ミスを少なくこなしていく中で（事務）人との関わりを大切にして業務にあたっていくことを第一に考えています。（栄養教諭、50歳代）

注）筆者作成。

理作業、衛生管理ができ、調理現場を任せられる調理員の存在が必要である。しかし現実には、そうした調理員がすべての給食施設にいるわけではなく、雇用形態や調理員の仕事に対する考え方が給食の質的向上の障害となっているようである。

　給食には経理のように栄養士職以外の職種が適している業務も多く、専任の事務員が配置されれば学校栄養士が専門性を発揮する場面が増える。

④学校栄養士業務に対する教員、教育委員会等の理解（表2-17）

　栄養教諭制度以前、学校給食および学校栄養職員に対する他職種の理解が得られにくいといわれていたが、栄養教諭になってもその状況の変化はないようである。教員の考え方に個人差があることを前提に、学校栄養士から歩み寄る努力がされている。とくに共同調理場配属の学校栄養士は、複数の学校とかかわっている。給食および食に関する指導のいずれの業務にも、市町村教育委員会の役割が重要であると学校栄養士が考えていることが推測される。

⑤職場環境に関すること（表2-18）

　単独調理場配置の学校栄養士は、職場が１つということもあるが、日常的に児童生徒に接する機会が多く、それが仕事の励みとなっている。他方、共同調理場配属の学校栄養士は、２つの職場でのそれぞれの業務および人間関係の構築に苦心していた。また異動した先では、それまでの職場環境との違いに戸惑い、新たな配属先の市町村、給食施設・学校種を受け入れるには時間がかかる様子もうかがえた。

　どこでどの業務を行うかは、給食と食に関する指導の業務量やその日の仕事の内容によるが、空き時間を活用しやすい環境の整備時間にパソコンで書類作成ができるか、学校や給食施設が学校栄養士業務をしやすい環境であるかも影響している。

103

表2-17　学校栄養士業務に対する教員、教育委員会等の理解

- 仕事量が多いわりに未だに受け入れられない栄養教諭、教員は新しいモノを受け入れるのに時間がかかる体質な人が多いので、人間関係でのストレスは溜まりやすいですが、仲のいい教員を味方につけ日々頑張っています。（栄養教諭、20歳代）
- 地域柄、栄養士が立てた献立なのに、これを出したい！それはあなたの思いでしょ！と言われ、最初は戦っていたものの、最近は戦う気力すらなくなってきました。担当の学校の調理場を毎日見られる訳でもなく、配属校以外は月に1回の打ち合わせのみなので、うまく調理員と意志疎通がはかれていない…と思いながらも、別の業務はそれに関わらずやってくるので、こなすことに一杯一杯だなと感じる毎日です。また、食に関する指導についても、最近は誰がやるのが良いのか、どう進めるのが良いのかもやもやしています。（栄養教諭、20歳代）
- 栄養教諭制度は始まったばかりなので、各地域にいる栄養教諭がそれぞれの場で栄養教諭がいてよかったね！と言われるような仕事を行っていくことで体制を整えていくしかないのかな…と感じています。学校で校務分掌があり、仕事内容が明確に分担されているように、給食センターでも、栄養士、調理員、係長、センター長の役割分担を示してほしいと感じているところです。（栄養教諭、20歳代）
- 教諭によって給食への取り組み方、意識に差があります。栄養士1人では食指導はできないので、教諭とのコミュニケーションを大切にしながら食の重要性を伝え、子どもたちを育てていきたいと思っています。行事食や食文化がうすれてきている現在、学校給食で伝えていくことは必須だと思います。（栄養教諭、20歳代）
- 日々忙しく過ごしています。やりがいを感じつつも、教職員との人間関係にときどき悩まされます。生徒との関わりを大切にしながら働くよう努めています。（学校栄養職員、20歳代）
- 衛生管理の基準が厳しかったり、大量調理であることをもっと理解してもらえるようにしていきたいと、日々感じます。（センターの仕事があまりわからないと言われることが多いので）（栄養教諭、20歳代）
- 1人職なので、調理場でも学校でもいつも孤独。相談できる相手もいない。理想の給食はあるものの、給食をつくる時間、食数、機械、調理員、お金、いろいろな問題がありすぎて辛くなります。またそれに対する周りの理解もないことがまた辛いです。自校給食がもっと増えればいいのにと思います。（栄養教諭、20歳代）
- センターが隣接していることが望ましいと思いつつ日々行き来しています。食育は12校訪問しているので年間70コマ近くやらせてもらっています。大変ですがやりがいはあります。アレルギー対応で不安や心配があるので体制を整えたいです。教委にいかに主導をとってもらうかがポイントです。（栄養教諭、20歳代）
- 栄養教諭は1人職種なので、学校での活用に差があること。（どう活用してよいかわからない管理職が多い）それぞれが、どこまで研修をするかなども各自もしくは、各市町村にまかされていることによる差がでてきていることについても今後検討・改善していく必要があると思っています。（栄養教諭、30歳代）
- 給食センターの業務が、未だに多い状況。教育委員会職員（所長など）の栄養教諭に対する認識が低い。道委に、仕事を精査していただくなどしなければ給食と名のつく業務は全て栄養教諭の仕事となり、過労となることでしょう。（栄養教諭、30歳代）
- 自校給食のため、配属先の学校長が直属の上司となるが、給食業務及び栄養教諭の業務内容についてはほとんど把握されておらず、業務上の相談ができない。食に関する指導においても同様。栄養教諭に対する管理職の認知度が低い。（栄養教諭、40歳代）
- とにかく時間がない。昔に比べて（栄養職員の頃に比べて）仕事の量は増えているのに人員は増やしてもらえない。各市町村で対応の違いもあると思うが栄養教諭の業務内容についてもっと理解してもらいたい。（栄養教諭、40歳代）
- 食育に対する考え方、取り組む姿勢で親学校（栄養教諭がいる学校）と子学校（栄養教諭のいない学校）で温度差を感じている。（栄養教諭、40歳代）
- 栄養教諭の歴史がないため、各学校での動きについては、基本となるものができていません。その分、他の教諭から見た、栄養教諭の役割等の認識が薄く、理解をもたれていないと思います。自分自身も、日々迷いながら、手探りの状態のため、ストレスを感じることも多々あります。（栄養教諭、50歳代）
- 道雇用の栄養士が配置できなくなり、町雇用の栄養士が配置になり運営するようになってから、町教委、町、学校全てがバラバラであり、給食運営の基盤ができていない状態で自分が着任した。これまでの学校給食経験により、不信感が多く、万が一の食中毒や、会計のミスが起きたときの責任問題がでた時に、動くのではおそいと思うのですが。地域的に子どもは問題なく素直。給食費滞納なし。あとは、町教委、町、学校の整備です。（人事異動が激しくむずかしいだろうと感じています。）（栄養士、30歳代）

注）筆者作成。

第2章　学校栄養士の労働実態

表2-18　職場環境

【単独調理場】
・単独校で職員室に席があるため、比較的子どもと接する機会があり、楽しいです。（学校栄養職員、20歳代）
・毎日夜おそくまで仕事をして頑張っても、一度のミスが大事になり、自分の仕事って何なんだろうと考えてしまうこともあります。ただ、私はラッキーなことに単独校で児童生徒の「おいしかった！」の言葉をすぐに聞ける環境にいます。子供たちのおかげでなんとかやっていけている、救われているなと思います。（栄養教諭、20歳代）
・栄養教諭（栄養士職）は、孤独だと感じることが多い。給食センターでの仕事がメインなので、学校との関わりがうすく、配属校での立場がよくわからなくなる。給食の関心が低い地域だと、栄養教諭の存在があまり認知されていない。子どもと一緒に給食を食べたり、「がんばって完食した」など言ってもらえたりすると、やりがいを感じる。（栄養教諭、20歳代）
【共同調理場】
・配属校でも仕事ができるような体制や時間配分を考えたい。検収作業が入ると給食センターから動けない状況を解決したい。学校での仕事（食に関する指導や分掌の仕事）を増やしていきたい。（栄養教諭、30歳代）
・仕事場が、給食センターと学校の2ヵ所で、両方とうまく付き合わなければいけないが、学校職員との連携がなかなか難しい。（ほとんどセンターにいるため）（栄養教諭、20歳代）
【その他】
・中学校勤務から小学校に異動になると指導内容が全く違うなど精神的負担が大きい。（栄養教諭、30歳代）
・施設の規模や調理員の人数によって手作りのものを揃えられるか、冷凍食品にたよらざるを得ないか、変わってくるのだなと思います。（栄養教諭、20歳代）
・小さな少人数の学校なので、大きな統合施設との差を感じる。離島なので、物資の流通も不便な点もあるので、マニュアル通りにいかないこともある。比較的自由に、献立を立てられ、ほぼすべて手作りで提供できる点は、本当に良いと思っている。（栄養士、30歳代）
・市町村毎の差が有りすぎだと感じています。栄養教諭の人数やセンター職員の数によって、栄教の働き方に大きな差が出てくると思います。1人でも3人でもやることはほぼ同じ…。1人は大変だと思います。（栄養教諭、30歳代）

注）筆者作成。

⑥学校栄養士の専門性（表2-19）

　学校栄養士は自らの専門性をどのように考えているのだろうか。大別すると、給食を充実させることと、食に関する指導に取り組むこと、個別対応について述べられていた。

　給食の充実をあげた学校栄養士は、給食管理、栄養管理は栄養士職ならではの業務であり、また給食は毎日児童生徒が食するものであることから、より重要と考えているようである。一方、食に関する指導、個別対応をあげた学校栄養士は、専門性を広げる機会を有効に活用したいと考えているように思われる。その反面、膨大な仕事のなかから優先する業務を選ばざるを得ない様子も垣間見られる。

105

表2-19　学校栄養士の専門性

【給食業務】
・給食管理の部分は仕事量も多く、経験が求められる仕事だと思う。特に、調理員との連携や意思疎通が大切！！食に関する指導はやりがいもあるが、まずは美味しい給食を出すのが一番だと感じています。休日も仕事に出たりととても業務量が多く忙しい職種ですが、子どもたちの「おいしい！給食大好き」の言葉がきけるのはこの仕事ならではです。（栄養教諭、20歳代）
・栄養教諭の立場（必要性）は何も確立されていないと感じながら今まで勤務しています。学校教育とは言いにくいです。学校給食は教材にはなり得ない。無理に栄養教諭が学校にいる必要があるのか疑問です。学校給食そのものが、今の教育現場、学校に必要なくなっているのではないかと思っています。（学校栄養職員、20歳代）
・給食センター方式では、教諭として学校や児童生徒との関わりを持ちづらいのが現状ですが、子ども達とのふれあいを大切にし、献立作成へ取り組む糧として努力していきたいです。（栄養教諭、30歳代）
・仕事の内容が多岐にわたり、大変な仕事だとは思うのですが、基本は『おいしい給食』(もちろん安全で)だと思います。栄養教諭がおいしい物を作れるよう学ばなければ、食の大切さは伝わらないのではないかと考えます。これからの栄養士さんに期待しています。（栄養教諭、40歳代）
・栄養教諭だからと、学校に固執するべきではないと思う。給食を作り上げると言う本来の業務をしっかりやることにより、信頼は得られると思う。効率の良い仕事をすることにより、授業なども行う時間をとることもできる。（栄養教諭、40歳代）
・長年、勤務していますが、時代の流れでだいぶ栄養士の業務内容も変化してきてはいます。しかし、栄養士の基本となる仕事（※たとえば献立作成など）をおろそかにしてはいけないと思います。最近は、栄養士の本務の仕事をはきちがえている人がいて、栄養教諭という名目ばかりを気にしすぎているのか、教師ではないのに指導に力を入れすぎている傾向にある人がふえてきているように思います。◎原点をしっかり考えてほしい！！（栄養教諭、50歳代）
・献立給食作りが以前に比べおろそかになり、「生きた教材」の意味が薄れてきている。（栄養教諭、50歳代）
・保護者の中には、子供の嫌いなものは出さないでほしいという考えもある。対応に苦慮することもある。給食の意義をアピールすることが大事と考えている。（栄養教諭、50歳代）
・最近では、給食業務以外の仕事（学校内の他の仕事）の比率がやけに多くなり、本務がおろそかになってしまう。（栄養教諭、50歳代）
・学校にいるので、もう少し先生方、学校のお役に立てるようになれたらと思っています。そういう気持ちがあるけれど、行動に移せないところが申し訳なく思っています。今後の課題です。学校もセンターも良い環境でありがたいです。数年前に比べて手づくりメニューを増やしましたが、好まれるのは既製品が多く、苦手なものは食べないというはっきりした反応が中学・高校になるにつれて多い。献立面の工夫が更に必要。（栄養教諭、50歳代）

【食に関する指導】
・食指導については、市町村レベルである程度標準化したものがないと、定着化していかないと思います。今の状況では、各学校の栄養士任せのため、各学校では試行錯誤していかなくてはならず、業務時間がその分、長時間化しがちです。（栄養教諭、20歳代）
・市内共通した、食に関する指導の実施を進めていけると良い。全道、全国でも統一した食の指導ができると良い。（栄養教諭、50歳代）
・給食管理に時間をとられているようであれば食育はいつまでもすすまない気がします。(他職域の経験から)（栄養教諭、30歳代）
・仕事で大事なものを見失うときがあるので（電話対応ばかりに追われ、本業ができないなど…）もっと担任と関わり、指導を確立していきたい。子どもたちが良い食生活へ変われるようなカリキュラムをまだつくれていないと感じる。（栄養教諭、40歳代）

【個別指導・対応】
・学校の仕事と給食室の仕事と重なり大変な時もありますが、うまく調整してやらなければいけないと感じています。アレルギーの児童生徒も増え、給食の提供について考えていかなければならないと感じます。（栄養教諭、40歳代）
・教諭としての業務に全力を出したいが、配属校での受け入れ体制もあいまいであるため、どっちつかずの状態であり、ただただ中途半端な立場で忙しい日が続いている。昨今の栄養教諭の身のおき場や、学校内での位置、教科としてのはっきりとした場が作られれば動きやすいのにと思う。（栄養教諭、40歳代）
・「食の指導」で学習した後、生徒の反応はそれぞれ良い文章でくるが、給食時、一緒にたべていると、生かされていないのが現実。個別指導の大切さを痛感します。特に肥満、偏食児への対応は、必要とおもっています。保体の生活習慣病は、これから特に強調していきたいところです。（栄養教諭、50歳代）

注）筆者作成。

106

第2章　学校栄養士の労働実態

表2-20　学校栄養士の配置に対する意見

・毎日とても忙しく、学校や調理場での栄養教諭等の配置基準（人数）を見直してほしいと思っています。（栄養教諭、20歳代）
・学校籍となったことで、授業や給食指導が行いやすくなりました。子どもたちとの関わりが増えたのはうれしいことですが、学校行事、職員会議、委員会活動などに多くの時間をとられてしまいます。普段は、日常業務だけで勤務時間が終わってしまうので、授業や行事があると、その分残業が増えるという状態です。学校給食を充実されるためにも、すべての学校に栄養教諭が配置されることを望みます。（栄養教諭、40歳代）
・毎週のように、日曜出勤して仕事をなんとか終わらせている状況です。この勤務体制、栄養教諭の人数や仕事量に無理があると感じます。（栄養教諭、40歳代）
・どの施設も同様のことと思いますが、配置人数が少なすぎだと日々思っています。そのため、残業・休日出勤をしたとしても本当に力を入れたい業務ですら深めていくことが難しいです。業務内容や関わる仕事は増えるばかりです。（栄養教諭、40歳代）
・現在、単独調理場を3校もっています。栄養教諭を増やしていっているのであれば、1校に1人置くべきだと思います。それぞれの施設にあった献立があります。各校の調理員と連携をとりにくい環境になっているので、1校に1人置くべきだと思います。（栄養教諭、20歳代）
・共同調理場方式で、栄養教諭と給食施設栄養職員の1人2役をこなすには無理があると思う。複数体制にし、学校と調理場現場のどちらもうまく機能するよう整える必要がある。（栄養教諭、50歳代）
・栄養教諭はどこの施設もみなさん忙しいと思います。2つの施設（学校とセンター）を見るわけですから、市教委のバックアップ（人員等）がないと、栄養教諭だけが忙しく充実した食育はできないと思います。（栄養教諭、30歳代）
・1人職種のため校内に相談相手がいない。ミスができない業務でもダブルチェックする体制がないなど不安が多い。膨大なマニュアルのもと、様々な調査物や書類作成にさかれる時間が多く、指導検討、教材研究などやりたいことが思うように進まない。年々、求められるものが増え、このまま働きつづけられるのか不安になる時がある。（栄養教諭、30歳代）
・栄養士が複数配置で、めぐまれていると思うが、人が足りない時は調理を手伝ったり納品の物資を運ぶなど、調理員的なこともやったり、また、管理職のように重要事項の決定にも関わらなければならず、本来業務に集中することがまったくできない。丸1日、雑務で終わることもあり、他の栄養士にそのしわ寄せがいく。（栄養教諭、40歳代）
・現状の栄養教諭の人数では、学校と給食センターの両方の仕事をしていくのは、とても大変です。肉体的にも精神的にも厳しく、憧れる仕事ではありません。（栄養教諭、40歳代）
・1人の責任が大きく、年休も取りにくい。（栄養教諭、40歳代）
・小さい子を育てながら、この仕事を育てるには、時間内で終わる量でないし、病気の看護で休みを取るとさらにキツくなり、周りにも迷惑をかけてしまい、とてもつらいと感じながら仕事をしています。介護している人も同様と思うので、人数を増やしてほしいです。ただ、子どもたちはとても素直でかわいく、食育を通し、たくさんの元気をもらっています。（栄養教諭、40歳代）
・1調理校に1名はありますが、チームで仕事ができたら、どんなに心強いかと思う（先輩から仕事をならうとか、一緒に考えるとか）。（栄養教諭、40歳代）
・センターでの業務そのまま又は増えた状態で栄養教諭としての仕事を行っている状態です。学校でも委員会、クラブ他参加できるものは参加しています。センターでもう1人栄養士を置いてもらえたらと働きかけましたが難しい様子です。（栄養教諭、50歳代）
・各学校に栄養教諭がいると食育・アレルギーなどもっときめ細かい対応ができると思います。（栄養教諭、50歳代）
・アレルギー対応に関わる仕事が増え、余裕がもてなくなった。センター方式ではなく、自校方式で給食を出す市町村がもっと増えてほしい。1人職種であるが、2人いると、全ての面でもっと丁寧で、充実した内容の食指導ができる。（栄養教諭、50歳代）
・新採用の栄養教諭は、全道どこに配属されるかわかりません。他の教員と違い希望がとれません。また、異動をすることも大変です。栄養教諭の環境はとても厳しいです。異動が叶わず退職される人も少なくありません（私もその1人です）。センターと学校にせめて1名ずつ配属されることを願っています。（栄養教諭、20歳代）

注）筆者作成。

107

⑦学校栄養士の配置に対する考え方（表2-20）

　学校栄養士の配置は、概ね１調理場に１名のいわゆる一人職場、一人職種であり、専門的な業務内容を分担したり、気軽に相談できたりする上司や同僚がいない。膨大な業務量を連日残業、休日出勤で何とかしのいでいる学校栄養士たちの配置増の希望は切実である。せめて情報交換や相談できる同職種を求めて学校栄養士たちは「同期や先輩とのつながりを大切にする」努力をしているが、「研修の機会や他校とのやりとりがもっとあたり前に日常的に行うことができるようになれば良いのにと思うことがある」。

　学校栄養士の業務量と配置数の調整、あるいは他職種も含めた業務内容の見直しは、急がれる課題である。

小括

　栄養教諭制度創設により学校栄養士の雇用条件は整備されてきたようにみえるが、労働時間は長く、「教員勤務実態調査」の栄養教諭と北海道学校栄養士ともに、勤務日には10時間以上であった。教員は学校栄養士以上の長時間労働であり、教育現場では残業、休日の仕事が当たり前の状況にある。

　文部科学省は教員の「業務に対する負担感は、短期間での処理を求められたり、非効率な手段を求められたり、協力体制がないなど、様々な要因が重なって高まることも考えられ、業務に対する負担感と多忙さは必ずしも一致するとは言えない。他方、負担感は教職員のモチベーションの低下にもつながることから、モチベーション向上の観点からも、負担を感じている業務への対策を考慮することが重要である」（文部科学省 2015：3）としており、学校栄養士においても役割と職務の範囲を明確にして、業務を見直し、働きやすい環境にしていく必要がある。

　しかしながら問題はそれだけでは解決しない。民間企業の労働時間を分析した山本らによれば、長時間労働の要因は「職場で中核となる社員（いわゆるコア正社員）が減少し、残った社員の１人当たり業務量が増加した」（山本

ら 2014：37）ことをあげており、学校現場においても人員不足状態では改善は見込めない。北海道の調査から、現状の配置では給食管理業務と食に関する指導の業務を並行して行うことは難しく、学校栄養士らは無理をして両方を行えば、事故につながりかねない危機感を抱いていることが明らかとなった。他教員も多忙であり、科目の掛け持ちをしている教員も少なからずいる[13]が、とくに共同調理場配属の栄養教諭は、日常的に学校と給食施設の2つの職場を行き来しなければならず、移動のリスクと時間のロスが伴う点で、ストレスはより大きいと考えられる。学校給食の運営に対して適切な人員を配置することが喫緊の課題と考える。

　学校栄養士に求められる業務内容は年々増えており、勤務時間内に終えることができない量であること、学校栄養士の仕事や役割について隣接する職種や保護者の理解度が低いこと、そうした状況において、栄養教諭では給食管理と食に関する指導の両方に十分な力を注ぐことができず、学校栄養職員も栄養教諭とは格差を感じていることなどが、学校栄養士の仕事の大変さの要因となっていた。厳しい状況に置かれながらも学校栄養士たちは、折り合いをつけながらやりがいを見出して日々仕事に取り組んでいる。

注

1）「教員勤務実態調査」（東京大学 2007）は、文部科学省が教員給与見直しの検討を目的に東京大学に委託した「教職員の勤務実態に関する調査研究」の一環として行われた。公立小・中学校教員の労働時間の大規模調査は、1966年度に実施された「教員勤務状況調査」以来40年ぶりであり、「政権交代により検討の場自体が休眠状態となったことで、教員勤務実態調査は、調査が要請された際の政策課題の解決には（その時点では）寄与しなかったが、当初の意図を超えて教員の労働に関する幅広い政策論議の材料を提供することとなった」（青木他 2013：18）調査であった。この調査は栄養教諭制度直後の2006年度に行われたため調査対象数は少なく、職種別の回答者数は明記されておらず正確にはわからないが、小学校全体の回答者は15,757人で小学校教員全体の74.2％、栄養教諭は全体の0.1％（東京大学 2007：51）とのことから、栄養教諭数は23〜24人くらいであったと考えられる。しかしながら栄養教諭の労働状況に関する貴重な資料である。

2）札幌市教育委員会（2015）は、正規雇用とフルタイム勤務の再任用者を対象に、2014年4月から2015年1月までの勤務時間中の業務（授業以外）、命令による時間外勤務、命令によらない時間外の業務処理、自宅持ち帰りによる時間外の業務処理について調査した。

3）「学校教員統計調査」は、学校教員構成、教員の個人属性（性別、年齢、職名、学歴、勤務年数、教員免許状の種類）、勤務態様（週当授業時数、給料月額）などを明らかにすることを目的に、1947年度から3年ごとに実施されている。

4）栄養教諭免許状は2005年に付与されたため、2013年度において栄養教諭のみの勤務年数が10年を超える者は存在しない。したがって勤務年数は学校栄養職員としての実績を含めたものと考えられる。栄養教諭の性別は「学校基本調査」で把握することができる。2014年度についてみてみれば小中学校、特別支援学校、中等教育学校の国公私立に配属されている栄養教諭は全体で5,113人、そのうち男性は126人2.5％となっている。栄養教諭の大多数は女性であり、学校栄養職員も含めて、学校栄養士は女性職種といえる。

5）実態調査を行った2014年5月1日現在の北海道の栄養教諭数は431名（栄養教諭率78.4％）であった。次いで栄養教諭数が多かったのは大阪府の427名（同70.3％）、栄養教諭率がもっとも高かったのは鹿児島県174名、96.1％であった（学校給食実施状況調査、文部科学省）。なお、学校栄養士の配置状況を示す資料には「学校給食実施状況調査」、「学校基本調査」、「学校教員統計調査」、文部科学省が毎年提示する「栄養教諭の配置状況」があるが、調査月や回答者が一致しないため、同じ年度であっても人数が異なっている。

6）全国における学校数は学校基本調査によれば、2005年度では小学校23,420校（うち公立23,160校）、中学校11,035校（うち公立10,238校）であったが、2014年度は小学校20,852校（うち公立20,558校）、中学校10,557校（うち公立9,707校）、であり、小学校においては1割以上減少している。

7）北海道を例にみれば、石狩市および厚田村と2005年10月に合併した旧浜益地区の学校給食は、2008年度以降、厚田学校給食センターから配送されている。2006年3月に枝幸町と合併した旧歌登地区でも、2014年度には枝幸町学校給食センターから給食が配送されている。

8）調査内容について対象者の補足記述による。

9）特別支援学校の幼稚部及び高等部における学校給食に関する法律には、「特別支援学校における教育の特殊性にかんがみ、特別支援学校の幼稚部及び高等部において学ぶ幼児及び生徒の心身の健全な発達に資し」（第1条）とある。また文部科学省は特別支援学校の食育について「学校における食育の推進においては、偏った栄養摂取などによる肥満傾向の増加など食に起因する健康課題に適切に対応するため、児童生徒が食に関する正しい知識と望ましい食習慣を身に付けることにより、生涯にわたって健やかな心身と豊かな人間性をはぐくん

でいくための基礎が培われるよう、栄養のバランスや規則正しい食生活、食品の安全性などの指導が一層重視されなければならない」（文部科学省 2009：155）としている。

10) 2014年 5 月現在、公立の調理場において205か所が調理委託をしていた（北海道教育庁学校教育局健康・体育課 2015）。

11) 文部科学省は「学校給食摂取基準」を示す際、注に「本基準は児童生徒の 1 人 1 回当たりの全国的な平均値を示したものであるから、適用に当たっては、個々の児童生徒の健康状態及び生活活動の実態並びに地域の実情等に十分配慮し、弾力的に適用すること」と記述し、各調理場ごとにより適切な栄養管理ができるよう、摂取基準の作成を促している。

12) 「許可というより声掛け程度」と補足記入した学校栄養士がおり、実際には確認したいときに確認できる学校が多いのではないかと思われる。

13) 日本家庭科教育学会は27都道府県の家庭科教員の配置状況を調査したところ、家庭科と他科目との掛け持ち教員は51.8％いた。こうした状況に対して高木は「時間数の少ない家庭科を担当する教員が他教科等の掛け持ちをすることは、学校規模によってはやむを得ない面もあ」るが「家庭科の専門性を軽視した対応が教育現場ではなされていると言わざるを得ない」と訴えた（高木 2013：163）。

第3章

学校給食のリスク管理における栄養士の役割

　給食関係者、特に栄養士職は、給食事故を何としても防がなければならない。学校給食ではO-157食中毒事件以来、加熱調理を原則として料理の安全性を高め、給食施設内はもちろん、納入物品の取り扱い、出入り業者の健康状態の把握を含めて、厳重な衛生管理が行われている。それでも異物混入は日常的に起こり、食中毒も毎年報告されている。しかも台風、雪害、地震などの回避できないアクシデントもまれでなく、いつ停電、断水が起きるか、それらによる給食施設・設備が損傷を受けるかわからない。施設の点検不備が給食提供に影響した例もある[1]。時として給食費をめぐるトラブルが発生することもある。

　万が一、事故が起きた場合は被害を最小限にとどめ、迅速に原状復帰させて、平常の給食にもどさなければならない。給食づくりの現場で事故予防・対応を主体的に指揮するのは学校栄養士だが、直接給食づくりを担う調理員をはじめ給食施設長や事務員、そして市区町村教育委員会が日常から連携が不可欠である。

　第3章では、リスク管理の視点から学校給食の運営における関係機関および関係者の役割を確認した上で、北海道における学校給食のリスク管理の現状と近年起きた食中毒事件、食物アレルギー事故、学校給食費不正経理の原因を整理する。そこから事故発生の要因と栄養士業務との関連を明らかにし、リスク軽減の要件を検討する。

第1節　学校給食における運営組織の役割

（1）学校給食法における役割と位置づけ

　公立の学校給食を前提として、学校給食法における国、自治体、給食施設

表 3-1　学校給食法における給食運営上の役割―公立小中学校の場合―

学校給食法における名称	国	義務教育諸学校設置者	給食施設長	学校給食栄養管理者	保護者
執行・実施する機関・職種	文部科学省	市区町村教育委員会	校長または共同調理場長	学校栄養士［栄養教諭または学校栄養職員］	
学校給食の実施（第4条）		○			
共同調理場の設置（第6条）		○			
学校給食栄養管理者（第7条）				○	
学校給食実施基準〔栄養量〕（第8条）	○設定	○運用			
衛生管理基準（第9条）	○設定	○運用	○運用		
学校給食を活用した食に関する指導（第10条）			○全体計画作成など	○食に関する指導、個別指導、地場産物の給食活用等	
経費の負担（第11条）		○施設設備・人件費等			○給食の食材料費等
国の補助（第12条）	○生活保護対象者への補助				＊補助の受給

注）筆者作成。

長[2]、栄養士、保護者の役割を確認しておく（**表3-1**）。

　学校給食を実施するかしないか、単独調理場か共同調理場にするかは市区町村が決定する（第4条、義務教育諸学校の設置者の任務および第6条、二以上の義務教育諸学校の学校給食の実施に必要な施設）。

　学校栄養士は、学校給食栄養管理者（第7条）として「学校給食の栄養に関する専門的事項をつかさどる」役割が与えられている。質的条件として栄養教諭または栄養士免許を有する者で「学校給食の実施に必要な知識若しくは経験を有するものでなければならない」と示されている。

　学校給食の栄養量（第8条、学校給食実施基準）と衛生管理（第9条、学校給食衛生管理基準）の基本線は文部科学省が定め、それに基づいて市区町村教育委員会は栄養・衛生管理を担い（第8・9条）、給食施設長（単独調理場は校長）は適切な衛生管理ができる環境を整え（第9条3）、給食および食に関する指導の円滑な運営（第10条）の役割がある。

114

第3章　学校給食のリスク管理における栄養士の役割

給食にかかる費用のうち施設・設備の設置と修繕、調理員などの人件費などは市区町村が負担し、食材料費などは保護者が負担する（第11条、経費の負担）。

このように学校給食法では、学校給食の栄養量や衛生管理は文部科学省（国）が基準を示し、給食施設は市町村が整え、給食運営上の衛生管理責任は給食施設長（校長や所長）にあり、給食の栄養管理は学校栄養士が行うという役割が明示されている。

(2) 学校給食の運営上の役割

「給食を提供するための計画、実施、評価、改善の一連の行為を行う組織を働かせること、動かすこと」（日本給食経営管理学会 2015：4）を給食の運営（food service operation）という。学校給食の運営は栄養管理と生産管理を軸にすすめられる（**図3-1**）。まずは児童・生徒に必要な栄養量をふまえ、使用

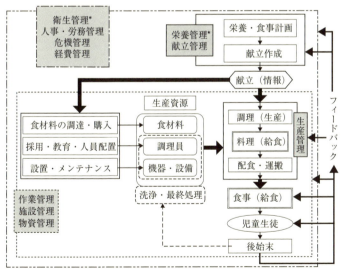

図3-1　学校給食における給食の運営

注）石田（2013：9）図1-3を改変。*は文部科学省による基準がある管理を、▨は給食施設の外から搬入されたものまたは搬出されるものなど外部と接触するものを表す。

表 3-2　学校給食の給食の運営における関係者の役割

	市区町村教育委員会	給食施設長 （校長・共同調理場長）	学校栄養士 （栄養教諭・学校栄養職員）
給食の運営全体にかかわる事項	・調理場を設置する場合は管理運営に当たる。 ・学校給食の開設、変更、廃止等の届け出を行う。	・学校給食の実施について基本的な方針・計画を作成する。 ・学校給食運営組織を確立し、組織相互の円滑な運営を図る。 ・教育委員会の承認・届出等を要する事項は、遅滞なく行う。	・学校給食に関する基本計画へ参画する。
栄養管理	・学校実施基準に基づき、学校給食の適切な実施に努める。	—	・学校給食摂取基準及び学校給食の標準食品構成表を踏まえて献立を作成する。 ・学校給食の食事内容の改善に資するため、必要な調査研究を行う。 ・学校給食の栄養に関する専門的事項の処理に当たり、指導、助言または協力する。
衛生管理	・学校給食衛生管理基準に基づき、学校給食の適切な衛生管理に努める。	・毎日の学校給食について異常の有無の確認や調理内容について点検し、食中毒の防止に努める。	・調理従業員の衛生、施設設備の衛生及び食品衛生の適正を期するため、日常の点検及び指導、助言を行う。
生産・作業管理	—		
施設管理	・学校給食の実施必要な施設設備を整備し維持管理に努める。	・教育委員会との連絡を密に行い、施設設備の維持管理に当たる。 ・施設設備及び備品について調理業務に支障がないよう維持管理に努める。	・学校給食の調理、配食及び施設設備等に関し、指導、助言を行う。
人事・労務管理	・学校給食に関する研修会、講習会等を実施する。	・職員を指揮監督する。	
経費・物資管理	・学校給食関係予算の編成、執行、決算及び補助金等に関する事務を行う。 ・学校給食用物資の申請並び諸報告に関する事務を行う。	・学校給食関係の予算の執行が正確かつ効果的に行われるようにする。	・学校給食用物資の選定、購入、検収及び保管に参画する。
危機管理	・給食の衛生管理、安全管理について指導する。 ・保健所との連携を図る。	・学校給食の安全な実施に努める。 ・学校給食に異常があった場合は、直ちに関係機関に連絡し、適切な対応策を講じる。	・学校給食の安全と食事内容の向上を期するため、検食の実施及び検査用保存食の管理を行う。

注）佐賀県教育委員会（2012）、長崎県教育委員会（2011）、宮城県教育委員会他（2014）より作成。

第3章　学校給食のリスク管理における栄養士の役割

調理員	配送担当者、受け取り担当者	学級担任、養護教諭
—	—	・給食指導計画の作成に参加する。
・施設設備や食品等を衛生的に扱い感染症や食中毒が発生しないよう注意する。 ・調理機器の衛生的かつ安全な管理に努める。 ・調理場内外の清潔保持、衛生管理に努める。	・衛生的な身支度、適切な手洗いを行い、学校給食（調理食品、食器具等）を取り扱う。 ・受配校においてコンテナ等を運び入れる際も衛生的な身支度で行う。〔受け取り担当者〕 ・コンテナ室の衛生管理、安全管理に努める。〔受け取り担当者〕 ・配送車の衛生的かつ安全な管理に努める。〔配送担当者〕	・食事についての衛生、安全について指導する。〔学級担任〕 ・学校医の指導のもとに、児童生徒、教職員、調理従事者等の健康管理を行う。特に健康状態や欠席状況を把握し、学校給食に起因する感染症又は食中毒の防止と早期発見に努める。〔養護教諭〕
・計画された献立に従って調理し、配食する。		—
—		・学校薬剤師の指導のもとに給食施設設備、器具等の衛生管理とその維持、食品の衛生管理について指導、助言を行う。〔養護教諭〕
・健康には細心の注意を払い、自己管理を行う。 ・衛生的、合理的な調理の研修に努めるとともに、常に教育関係者であるという自覚のもとに日々の業務にあたる。	・衛生的、合理的な作業を行い、常に教育関係者であるという自覚のもとに日々の業務に当たる。〔配送担当者〕	
—	—	・準要保護児童生徒の認定に関する資料を把握する。
・調理中に異常を認めたときは、施設長、学校栄養士に連絡し、その指示を受ける。	・学校給食配送中は、安全運転を心がける。〔配送担当者〕 ・配送中に異常を認めた場合は、直に給食施設に連絡する。〔配送担当者〕 ・受け取り時に異常を認めた場合は、直ちに管理職、給食施設に連絡する。〔受け取り担当者〕	・学校給食実施上の問題点については、給食主任に連絡して改善に努める。

117

可能な食材料、調理員や施設設備の稼働性を考慮して献立が作成される。献立をもとに食材料を調達し、調理員の作業配分をして、調理作業が開始される。できあがった数種類の料理はクラスごとに分配して学校、教室に運ばれるが、米飯やパンなど業者に製造を委託した食品は業者から各学校に配送されることもある。教室に届いた料理を一人分ずつ盛りつけして提供され、児童生徒が喫食する。喫食後は使用した食器や食べ残しは給食施設に戻され、洗浄・消毒など最終処理を行う。これらの過程で起こったことや残食量など喫食結果を情報化して、次回以降の運営に活用する（フィードバック）。

学校給食法の条文にある栄養管理、衛生管理および施設管理のほか、実際の給食運営には作業管理、人事・労務管理、経費管理、物資管理、危機管理などの管理業務（subsystem）があり、これらの業務は栄養士や調理員の他に多職種が関わる。またこれらの業務は直接的間接的に給食事故に影響する。

つぎに都道府県教育委員会作成の「学校給食の手引き」[3]を参考に、業務ごとにその役割をみてみる（**表3-2**）。

人事・労務管理において市区町村教育委員会と施設長は、学校栄養士、調理員、配送担当者及び受け取り担当者の労働上の管理監督と、調理員等が「教育関係者であるという自覚」を促す役割を担い、研修会や講習会の機会を設ける。学校栄養士は調理員らの労働状況の把握などに加えて、職務遂行に必要な能力をのばす教育・指導を担い、調理員らは自身の管理を行う。

経理・物資管理は、給食費の取り扱いに関わる業務であり、購入する食材料については栄養面、安全面の考慮のほかに、地場産物の取り入れや購入方法なども含む。予算編成、執行、決算などの事務的業務は教育委員会が行い、給食施設長は予算の執行が適切に行われているか、学校給食の目的に効果的であるかを監督する。学校栄養士は直接的な物資の取り扱いに携わる。

危機管理は給食関係者全体にかかわる事項である。調理員や配送担当者、受け取り担当者は担当業務の中で、学級担任、養護教諭は学級、校内において異常があれば学校栄養士などに連絡し、給食の安全を図る。学校栄養士は、給食運営全体のリスクを見極め対応する。給食施設長、教育委員会は給食運営

を安全に行う体制を整え、非常時は内外の関係者と連携し対応策を図る。

　給食の安全性にもっとも影響するのは衛生管理であり、関係職種にそれぞれ具体的な内容が割り当てられている。食材料を調理して児童生徒が食する料理（給食）に仕上げる調理員には、調理場内の清潔を保ち、食材料および料理を衛生的に取り扱うことが求められる。料理は時間の経過とともに細菌の繁殖や腐敗などの危険が高まる。とくに共同調理場方式では配送および受け取り担当者の役割も重要である。給食を食する場面では、おもに学級担任や養護教諭が児童生徒の盛りつけ、配膳作業が安全に衛生的に行われるように指導、管理する役割を担う。

　実際の給食運営には「手引き」に記載がない役割もある。人事・労務管理の１つである調理員の雇用や調理業務委託先の選定は、教育委員会の役割であり、調理の際に衛生・作業・生産管理を考慮しながら材料や水道、熱源を効率よく使いコストを抑えるのは、調理員が担う経費・物資管理である。とくに米飯、パン類などの児童生徒がそのまま食する食品・料理を委託する業者について、適切な衛生管理ができる業者の選定や指導は、学校栄養士とともに教育委員会の重要な役割である。

第２節　学校給食事故とリスク管理の考え方

（１）中西のリスク定義

　つぎに安全とはどのような状態をいうのか、リスクは何を意味するか中西準子の定義を整理してみる。

　中西は、安全とは何らかの危害（リスク）を避けた状態であるという。しかし安全そのものは表せないため、リスクに置き換え、リスクに実体のある量の指標を設け、どのくらいリスクが減ったかで安全を評価できるとしている（中西 2010：5-6）。そして、リスクはエンドポイント（最終段階）の生起確率と定義している。たとえば発がんリスクのエンドポイントは、がんになる確率を指す。リスク評価に用いるエンドポイントの条件は、多くの人が避

けたいと思う事柄であり、そのエンドポイントの現象が人の健康保持などに重大な影響を与えるものとした。

中西は、リスク管理は「リスクを削減する対策」（中西 2010：12）であり、重要なのは、あるリスクを削減したときに、それによって別のリスクが生じること（リスクトレードオフ）を考慮できるかだとし、「いまあるリスクを削減したと思ったらほかのリスクが出てきて、そちらのほうが大きくなってしまうとすれば、何をしたかが分からなくなります。一つのリスクを減らしたらそれで万々歳ということはほとんどなく、どこかで何か別のリスクを生じていることが多いのです。そういうことをきちっと見極めなければなりません」（中西 2010：12）と警告している[4]。

（2）学校給食事故の種類と影響

中西のリスク定義をふまえて学校給食事故をみてみる。給食事故はリスクのエンドポイントであり、健康保持に重大な影響を与えるもの、多くの人が避けたいと思う事柄である。事故の原因は直接的・間接的を問わずすべてがリスクといえる。

学校給食事故は**表3-3**のように３つに分類できる[5]。１つは、「給食自体が原因の事故」で、給食すなわち提供した食事により起こる食中毒、食物アレルギー、窒息などであり、児童生徒に身体的危害を加える事故である。食中毒は食後数時間から数日の間に、多数の児童生徒に直接的な健康被害をもたらす。一方、食物アレルギーや窒息事故による被害対象は一部に限られるが、いつだれが被害者になるかはわからない。２つめは、「給食を提供できない事故」である。例えば自然災害や交通事故などが起こって食材料が届かなかったり、突然停電や断水になったり、調理機器が故障したりして給食を作ることができないこともある。料理に虫や調理器具片などが混入すれば、児童生徒に提供できない。３つめは、給食費の横領や不正な扱いである。こうした事故では、給食の量の減少や質の低下が起き、長期間になれば児童生徒の成長に影響を及ぼしかねない。

第3章　学校給食のリスク管理における栄養士の役割

表3-3　中西のリスク定義と学校給食事故

中西の定義	エンドポイント（最終段階）	危害（リスク）＝リスク管理（リスクを削減する対策）の対象		リスク評価
学校給食	事　故	直接的な原因	間接的な原因	児童生徒への影響
給食自体が原因の事故	栄養管理上の事故	栄養量の設定ミス、書類の入力ミスなど	―	栄養不足または過剰
	食中毒	細菌の繁殖	衛生管理の不備 細菌の混入 給食関係者の不顕性感染	健康被害
	食物アレルギー	アレルゲンの摂取	除去食・代替食への混入（コンタミネーション） 誤食	
	窒息	パン、うずら卵などによる気管閉塞	食べ方、応急処置	
給食を提供できない事故	異物混入	毒物、放射能	食物等の汚染	欠食、栄養不足
		虫、ごみ、調理部品など	衛生管理の不備	
	食材料の未納	納入業者等のトラブル	―	
	調理機器や配送車の故障	点検の不備、停電など	施設管理の不備	
	停電、断水	災害、トラブル		
その他の事故	給食費の横領、不正経理、給食費の未払い	食材料購入の制限	職員の倫理観の欠如	
	食器などの破損	破損しやすいものの使用	取り扱い説明の不足	けが

注）筆者作成。

　どの事故も起こらないようなリスク管理が必要だが、あえて優先順位をつけるとすれば、第一は健康被害をもたらす「給食自体が原因の事故」の食中毒、食物アレルギー、窒息対策である。過去には事故による死者も出ている。1996年のO-157食中毒事件では小学生が死亡しただけでなく、事故で溶血性尿毒症症候群を発症した児童が成人以降も後遺症を抱え、それが原因でおよそ20年後の2015年10月に亡くなった。給食関係者は、一過性の健康被害だけでは済まされない食中毒の恐ろしさを改めて思い知らされた。食物アレルギーや窒息でも後遺症が出る可能性は十分に考えられる。

　給食事故による損害は、補償で一応の解決をみることができるかもしれな

121

い。しかし、どんな事故も一度起きてしまえば学校給食の信頼は失墜する。なにより深刻なのは、適切な栄養摂取ができるはずの給食で健康被害を出してしまうことである。

(3) 学校給食のリスク管理対応

　学校給食のリスク管理対応について、関係機関の文部科学省と北海道を例に市町村教育委員会の状況を整理する。

①文部科学省

　文部科学省は1996年のO-157食中毒事件以降、衛生管理に力を注いできた（**表3-4**）。1997年に作成した「学校給食衛生管理の基準」では、調理過程を総合的に衛生管理するHACCP概念を取り入れ、学校給食施設にその重要性を示した。2005年の改正では栄養教諭制度開始整備とともに、クックチル方式導入における留意点を加えた。2007年に起きた中国産冷凍ぎょうざによる健康被害を受けて、2008年改正では食品購入の際の留意事項を充実させた。2009年の学校給食法改正に学校給食衛生基準が定められ、衛生管理の重要性が強化された。

　文部科学省は学校給食施設に共通する衛生管理マニュアルも順次作成、提供している。これまでに調理員の手洗い、食器具や調理機器の洗浄、調理技術など実際の給食運営にかかわる内容のもの、調理員の研修に関するもの、調理施設の改善事例を示したものを出している。

　食物アレルギー児対応をはじめて示したのは、1992年刊行の『学校給食指導の手引』において「個別指導及び教科等との連携を図った給食指導」の１項目「食物アレルギーの児童生徒の指導」であった。給食内容については可能な範囲で弾力的対応が求められるとしたが、実施方法など具体的な給食運営は示していない（文部省 1992：77）。2005年の栄養教諭制度創設にともない、『学校給食指導の手引』を引き継ぎ2007年３月に発表した『食に関する指導の手引』には「個別的な相談指導の進め方」で「具体的は指導方法」の１

第3章　学校給食のリスク管理における栄養士の役割

表3-4　学校給食のリスク管理に関する基準・マニュアル等（文部科学省）

		発行等年月	目　　的	備　　考
衛生管理	学校給食衛生管理の基準	1997年4月1日制定	学校保健法の趣旨を踏まえ、学校給食における衛生管理の徹底を図るための重要事項について示したもの	2003年3月31日一部改正 2005年3月31日一部改正 2008年7月10日一部改正
	学校給食衛生管理基準	2009年4月1日施行	学校給食法（2008年改定）第9条第1項にもとづく	学校給食衛生管理の基準廃止
	学校給食調理場における手洗いマニュアル	2008年3月発行	食中毒発生予防のため特に手洗いの意義を十分理解し、徹底した手洗いの励行	
	調理場における洗浄・消毒マニュアル Part I	2009年3月発行	ノロウイルスなど食中毒発生の防止	
	調理場における洗浄・消毒マニュアル Part II	2010年3月発行	食器、施設、便所、手袋等の洗浄・消毒方法についてまとめた	
	調理場における衛生管理＆調理技術マニュアル	2011年3月発行	衛生管理と調理技術を向上させ、おいしく安全な学校給食の提供を目指す	
	学校給食調理従事者研修マニュアル	2012年3月発行	学校給食調理従業者の研修を担当する指導者用のマニュアル	
	学校給食施設・設備の改善事例集	2013年3月発行	衛生管理を充実させるために早急に改善が必要な調理場の参考となるもの	
食物アレルギー対応	学校のアレルギー疾患に対する取り組みガイドライン	2008年3月発行	学校がアレルギー疾患の児童生徒に対する取り組みを進めていくための「学校生活管理指導表（アレルギー疾患用）」の円滑な利用	日本学校保健会作成
	学校給食における食物アレルギー対応指針	2015年3月発行	学校や調理場における食物アレルギー事故防止の取り組みを促進すること	

注）筆者作成

つに「食物アレルギーを有する児童生徒」を取り上げ、指導例を掲載した（文部科学省 2008：188-191）。2008年には文部科学省が監修した日本学校保健会が作成した「学校のアレルギー疾患に対する取り組みガイドライン」を活用し、アレルギー疾患をもつ児童生徒の学校生活に配慮するよう求めた。食物アレルギー対応を明確に示したのは、2015年の「学校給食における食物アレルギー対応指針」であり、2012年12月の死亡事故を教訓に各学校設置者（教

123

育委員会等）、学校及び調理場が地域や学校の状況に応じた食物アレルギー対応方針やマニュアル等を策定する際の参考資料としている。

②市区町村教育委員会―北海道の場合―

　市区町村教育委員会のリスク管理対策を把握するため、北海道の市町村教育委員会（以下、市町村という）を対象に2016年3月に調査を行った[6]。ここでは回答があった市町村のうち、共同・委託6市町村を除く90市町村についてみてみる。

　90市町村における給食運営方式は、親子方式を含む単独調理場のみを有する市町村（以下、単独調理場という）10、単独調理場および共同調理場の両方を有する市町村（以下、両調理場という）6、共同調理場のみを有する市町村74（うち複数調理場を有する市町村9、以下これを複数共同調理場といい、共同調理場を1施設のみ有する場合を単一共同調理場という）であった。

　衛生管理マニュアルとして指示しているものをたずねたところ、北海道教育委員会が作成したものとした教育委員会が70（77.8%）であった。単独調理場3と単一共同調理場6が市町村作成のものを指示していた（表3-5）。

　表3-6にみるように、衛生管理マニュアル以外の安全管理に関するマニュアルがあるとしたのは55（61.1%）の市町村で、とくに両調理場を有する市町村は5（83.3%）と割合が高かった。もっとも多かったマニュアルは食物アレルギー対応の46市町村（51.1%）であり、次いで食中毒20（22.2%）、異

表3-5　推奨している衛生管理マニュアルの種類

| | 単独調理場 n=10 | 両調理場 n=6 | 共同調理場 | | 計 n=90 | （%） |
			複数 n=9	単一 n=65		
市町村教育委員会作成のもの	3	0	0	6	9	(10.0)
北海道教育委員会作成のもの	6	4	7	53	70	(77.8)
給食施設作成のもの	0	0	0	2	2	(2.2)
教育委員会・北海道作成の併用	1	2	1	2	6	(6.7)
北海道・給食施設作成の併用	0	0	1	2	3	(3.3)

注）筆者作成。

第3章　学校給食のリスク管理における栄養士の役割

表3-6　衛生管理以外の教育委員会が作成したマニュアル

	単独調理場 n=10	両調理場 n=6	共同調理場		計 n=90	（％）
			複数 n=9	単一 n=65		
ある	5	5	6	39	55	（61.1）
マニュアルの種類						
食物アレルギー	5	5	6	30	46	（51.1）
食中毒	2	2	1	15	20	（22.2）
異物混入	1	1	1	14	17	（18.9）
窒息	0	1	0	1	2	（2.2）
緊急時対応	0	1	0	1	2	（2.3）
おう吐処理	0	0	0	1	1	（1.1）
予行演習の状況						
実施したことはない	1	2	2	20	25	（27.8）
給食施設にまかせている	1	2	1	5	9	（10.0）
すべての給食施設で実施	1	0	1	2	4	（4.4）
その他	2	1	0	4	7	（7.8）
無回答	0	0	2	8	10	（11.1）
ない	5	1	3	26	35	（38.9）
文部科学省、北海道作成のものを使用	0	1	2	17	30	（33.3）
学校栄養士等関係者や給食施設、保健所等と綿密に連絡を取り合っている	0	0	0	3	3	（3.3）
給食施設ごとに必要に応じて作成している	0	0	0	1	1	（1.1）
その他	4	0	1	11	16	（17.8）
無回答	1	0	0	0	1	（1.1）

注）筆者作成。

物混入は17（18.9％）で、単一共同調理場を有する市町村に多い傾向がみられた。マニュアルを使用した予行演習を実施しているところは4市町村のみであった。マニュアルはないという市町村の多くは、文部科学省や北海道教育委員会が作成したものを使用していると回答した。また食物アレルギー対応のマニュアルを作成中とする単一共同調理場の市町村が9あった。

　表3-7は食物アレルギー対応とマニュアルの有無を整理したものである。通常の給食対応（詳細な献立対応またはかつ弁当対応の回答）は34（37.8％）、食物アレルギー食対応（除去食またはかつ代替食対応を含むと回答）は52（57.8％）、学校栄養士に任せている2（2.2％）、食物アレルギー児はいない2（2.2％）であった。食物アレルギー食を実施している52市町村のうち20市町

表3-7 食物アレルギー児への対応とマニュアルの有無

	計（%） n=90	単独調理場 n=10 マニュアル なし / あり	両調理場 n=6 マニュアル なし / あり	共同調理場 複数 n=9 マニュアル なし / あり	共同調理場 単一 n=65 マニュアル なし / あり	計 マニュアル なし / あり
詳細な献立対応、弁当対応	34 (37.8)	0 / 0	0 / 1	1 / 2	20 / 10	21 / 13
除去食、代替食対応	52 (57.8)	5 / 4	1 / 4	1 / 4	13 / 20	20 / 32
栄養士にまかせている	2 (2.2)	0 / 1	0 / 0	1 / 0	0 / 0	1 / 1
食物アレルギー児はいない	2 (2.2)	0 / 0	0 / 0	0 / 0	2 / 0	2 / 0
計	90 (100.0)	5 / 5	1 / 5	3 / 6	35 / 30	44 / 46

注）筆者作成。

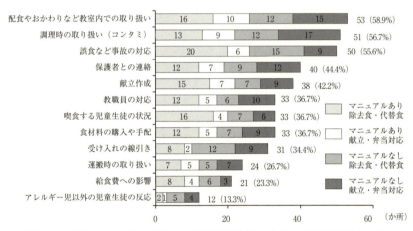

図3-2 食物アレルギーの除去食や代替食実施にあたって気がかりなこと
（市町村・複数回答）

注）筆者作成。

村には、食物アレルギー対応マニュアルがない状況であった。一方、マニュアルがあっても通常の給食対応のみとする市町村が13あったが、このうち9市町村は単品の牛乳、デザート、果物については、たとえば牛乳をお茶にするなど何らかの対応をしていた。

図3-2は、今後食物アレルギー対応をすすめるにあたって気がかりに思っていることをマニュアルの有無と実施状況により分けて表したものである。全体的には「配食やおかわりなどの教室内での取り扱い」との回答が53

（58.9％）あり、2012年12月に調布市学校給食でおきた死亡事故の印象が強く残っているものと考えられる。食物アレルギー対応マニュアルがあり、除去食・代替食の給食を実施しているところでは「誤食などの事故の対応」との回答が32市町村中20（62.5％）、「喫食する児童生徒の状況」との回答が16（50.0％）と他の市町村に比べて多い。マニュアルはあるが献立・弁当対応の13市町村では、「配食やおかわりなどの教室内での取り扱い」10（76.9％）、ついで、「調理時の取り扱い（コンタミネーション）」9（69.2％）となっており、給食の取り扱いを懸念するようすがうかがえる。マニュアルはないものの食物アレルギー対応を行なっている20市町村では、「誤食などの事故の対応」15（75.0％）、「受け入れの線引き」12（60.0％）であり、マニュアルがなく、アレルギー対応も行っていない市町村21では、「調理時の取り扱い（コンタミネーション）」17（80.9％）、「保護者との連絡」12（57.1％）が多くなっていた。

　学校給食の食材料費は保護者負担であり、給食費として納められる。給食費の取り扱いは自治体により、公会計で処理される場合と給食施設ごとに管理する場合の私会計に分けられる（**表3-8**）。90市町村のうち公会計49（54.5％）、私会計39（43.3％）、その他2（2.2％）であった。単独調理場を有する市町村に私会計がやや多い傾向がみられた。その他は給食費を自治体が負担しているため保護者からの納付はないとするものであった。給食事務に関しては、各施設に学校給食専任の事務員を配属しているのは共同調理場のみを有する市町村が46と多い（**表3-9**）。学校給食費の取り扱い・経理に関するマニュアルについては、各自治体のものを使用している市町村が37

表3-8　給食費会計

| | 単独調理場
n=10 | 両調理場
n=6 | 共同調理場 | | 計
n=90 | （％） |
			複数 n=9	単一 n=65		
公会計	3	2	5	39	49	（54.5）
私会計	6	4	4	25	39	（43.3）
その他	1	0	0	1	2	（2.2）

注）筆者作成。

表 3-9　給食事務業務の主担当者とマニュアルの有無

	単独調理場 n=10	両調理場 n=6	共同調理場 複数 n=9	共同調理場 単一 n=65	計 n=90	（％）
事務業務の主担当者						
学校給食専任の事務員	1	0	1	45	47	(52.1)
栄養士職	5	1	2	6	14	(15.6)
他業務と兼任の事務職員	1	0	1	5	7	(7.8)
給食施設により異なる	2	4	0	0	6	(6.7)
その他	1	1	5	9	16	(17.8)
給食費取り扱い・経理マニュアル						
市町村の会計マニュアル等がある	1	1	5	30	37	(41.1)
教育委員会作成のマニュアルがある	2	2	1	7	12	(13.3)
各給食施設に独自のマニュアルがある	0	1	1	8	10	(11.1)
給食施設によって異なる	4	2	0	0	6	(6.7)
ない	0	0	0	6	6	(6.7)
よくわからない	3	0	0	2	5	(5.6)
その他	0	0	2	9	11	(12.2)
無回答	0	0	0	3	3	(3.3)

注）筆者作成。

（41.1％）、市町村作成または給食施設用のものを使用しているところを合わせて、何らかのマニュアルを使用しているところは59（65.5％）であった（**表3-9**）。

　食材料の発注は、栄養士職が担当するのは当然としても、事務職員が関わっている市町村は28であり、複数人が発注業務に携わっているとした市町村は27で、共同調理場を有する市町村に多い傾向がみられた一方、支払業務では事務職員が行っている市町村が76（84.4％）、複数人が携わっている市町村は12（13.3％）であった（**表3-10**）。支払業務は事務員が担当するためか、給食費の取り扱い・会計に関するマニュアルが整備されている市町村は少なかった。

　北海道の学校給食施設の多くの学校栄養士は、北海道教育委員会から職員が配属されて職務にあたっている。給食運営を円滑に行うには、市町村と学校栄養士の連携が不可欠である。そこで打ち合わせの頻度を確認してみた。共同調理場では市町村職員が所長、事務職として配属されていることもあり、ほぼ毎日打ち合わせしていると回答した市町村が42であった（**表3-11**）。その

第3章　学校給食のリスク管理における栄養士の役割

表3-10　食材料発注・支払業務の担当者（複数回答）

	単独調理場 n=10	両調理場 n=6	共同調理場		計 n=90	（％）
			複数 n=9	単一 n=65		
食材料発注						
栄養士職	8	5	8	61	82	（91.1）
給食施設配属の事務職員	2	1	0	19	21	（23.3）
教育委員会配属の事務職員	1	0	1	5	7	（7.8）
給食施設によって異なる	1	2	0	0	3	（3.3）
その他	1	1	2	3	7	（7.8）
再掲：複数人が携わっている	3	2	2	20	27	（30.0）
支払業務						
給食施設配属の事務職員	3	0	3	41	47	（52.2）
教育委員会配属の事務職員	4	2	3	20	29	（32.2）
栄養士職	3	1	1	9	14	（15.6）
給食施設によって異なる	1	2	0	0	3	（3.3）
その他	1	2	3	5	10	（11.1）
再掲：複数人が携わっている	2	0	1	9	12	（13.3）

注）筆者作成。

表3-11　栄養教諭・学校栄養職員との打ち合わせ頻度

	単独調理場 n=10	両調理場 n=6	共同調理場		計 n=90	（％）
			複数 n=9	単一 n=65		
ほぼ毎日	1	0	4	38	43	（47.8）
月1回程度	3	2	2	1	8	（8.9）
週に1回程度	1	0	0	4	5	（5.6）
週に2、3回	0	0	0	4	4	（4.4）
月2、3回程度	0	1	1	1	3	（3.3）
学期ごとに1回程度	1	0	0	2	3	（3.3）
その他	4	3	2	7	16	（17.8）
無回答	0	0	0	8	8	（8.9）

注）筆者作成。

他では、あらたまって打ち合わせという形式ではないが日常業務のなかで情報交換をしている市町村がある一方、必要に応じて行うという市町村もあった。各学校からの給食に対する要求や苦情の対応に関しては、市町村と学校栄養士が協力、分担して行っている市町村が69、全体の76.7％であった（**表3-12**）。

　栄養教諭制度の導入で学校給食運営に変化があったかを聞いてみたところ、「変化はない」が37（41.1％）と回答し、「よくなったと思う」は30（33.3％）

表 3-12　学校からの給食に対する要求・苦情への対応

	単独調理場 n=10	両調理場 n=6	共同調理場		計 n=90	（%）
			複数 n=9	単一 n=65		
教育委員会と栄養教諭・学校栄養職員が協力して行う	6	2	6	36	50	(55.6)
内容によって教育委員会と栄養教諭・学校栄養職員が分担する	1	2	0	16	19	(21.1)
おもに教育委員会が中心になって行う	3	0	1	5	9	(10.0)
おもに栄養教諭または学校栄養職員が中心になって行う	0	0	1	5	6	(6.7)
その他	0	2	1	3	6	(6.7)

注）筆者作成。

表 3-13　栄養教諭制度になってからの学校給食運営

	単独調理場 n=10	両調理場 n=6	共同調理場		計 n=90	（%）
			複数 n=9	単一 n=65		
変化はない	3	1	6	27	37	(41.1)
よくなったと思う	2	3	0	25	30	(33.3)
学校栄養職員のときの方がよかった	0	1	1	5	7	(7.8)
その他	1	0	2	1	4	(4.4)
無回答	4	1	0	7	12	(13.3)

注）筆者作成。

であった（**表3-13**)。「学校栄養職員のときの方がよかった」とした7市町村
の理由は、栄養教諭には学校勤務があり、共同調理場の不在時間増加にとも
なう不都合が生じているというものであった。

③学校栄養士―北海道の場合―

　学校給食においてリスクを回避し、安全性を高めるためには、実質的な管
理者である栄養士の力量が大きく影響する。しかし学校栄養士は従来の給食
管理業務に加えて、食に関する指導や校務分掌を担うようになり、業務の多
様化高度化も進んでいる。学校栄養士のみに給食の安全確保を委ねるには無
理があり、調理員の協力や環境整備の重要性が増している。そこでリスク管
理の実態について、北海道の学校給食に携わる栄養士を対象に2015年3月、調
査を行った[7]。

第3章　学校給食のリスク管理における栄養士の役割

表 3-14　学校栄養士の雇用資格・条件、配属校種

	単独校 n＝78		親　子 n＝59		共　同 n＝86		計 n＝223	
	人数	％	人数	％	人数	％	人数	％
雇用資格								
栄養教諭	48	61.5	53	89.8	76	88.4	177	79.4
学校栄養職員	25	32.1	6	10.2	9	10.4	40	17.9
栄養士・管理栄養士	5	6.4	0	0	1	1.2	6	2.7
雇用条件								
正規職員	68	87.1	55	93.2	70	81.4	193	86.5
期限付き職員	6	7.7	2	3.4	16	18.6	24	10.8
パートタイマー	2	2.6	0	0	0	0	2	0.9
その他	2	2.6	1	1.7	0	0	3	1.3
無回答	0	0	1	1.7	0	0	1	0.5
配属校種								
小学校	40	51.3	37	62.7	71	82.6	148	66.4
中学校	14	17.9	21	35.6	10	11.6	45	20.2
特別支援校	21	26.9	0	0	0	0	21	9.4
決まっていない	0	0	0	0	2	2.3	2	0.9
その他	3	3.9	1	1.7	3	3.5	7	3.1

注）筆者作成。

　回答した学校栄養士223名の調理場別内訳は、単独校調理場（以下単独校）35.0％、親子方式26.5％、共同調理場（以下センター）38.5％であった。雇用資格および条件、配属校種は**表3-14**のとおりである。北海道は大阪府について栄養教諭の多い地域であり、回答者のおよそ79.4％が栄養教諭であった。単独校に学校栄養職員が多いのは、規模の大きな自治体では独自で栄養士を雇用しているところがあることを反映している。正規職員が86.5％ともっとも多いが、期限付きの栄養教諭、自治体が給食業務の補助としてパートタイマーで雇用しているケースもみられた。したがって配属校が決まっていない、その他と回答した者は、給食業務のみに携わっている栄養士と考えられる。

　表3-15は、使用しているマニュアルの種類とその作成元を確認したものである。衛生管理マニュアルはセンター 94.2％、単独校67.9％が北海道教育委員会作成のものを、親子方式の91.5％が市町村教育委員会作成のものを使用していた。その他の３名については、調理業務を委託している給食施設で、受託給食会社が作成した衛生管理マニュアルが使用されていたケースであった。

131

表 3-15　使用しているマニュアル

	単独校 n＝78		親　子 n＝59		共　同 n＝86		計 n＝223	
	人数	％	人数	％	人数	％	人数	％
衛生管理マニュアル								
給食施設独自	1	1.3	1	1.7	19	22.1	21	9.4
市町村教育委員会作成	38	48.7	54	91.5	10	11.6	102	45.7
北海道教育委員会作成	53	67.9	20	33.9	81	94.2	154	69.1
その他	0	0	0	0	3	3.5	3	1.3
安全・危機管理マニュアル								
給食施設独自	11	14.1	2	3.4	23	26.7	36	16.1
市町村教育委員会作成	43	55.1	53	89.8	17	19.8	113	50.7
市町村内給食施設用	2	2.6	4	6.8	5	5.8	11	4.9
その他	14	17.9	1	1.7	21	24.4	36	16.1
とくにない	4	5.1	1	1.7	12	14.0	17	7.6
無回答	9	11.5	1	1.7	19	22.1	29	13.0
会計処理関係マニュアル								
給食施設独自	5	6.4	1	1.7	6	7.0	12	5.4
市町村教育委員会作成	38	48.7	54	91.5	24	27.9	116	52
市町村内給食施設用	2	2.6	4	6.8	5	5.8	11	4.9
その他	9	11.5	1	1.7	8	9.3	18	8.1
とくにない	13	16.7	1	1.7	17	19.8	31	13.9
無回答	9	11.5	1	1.7	19	22.1	29	13.0
物資管理マニュアル								
給食施設独自	6	7.7	1	1.7	20	23.3	27	12.1
市町村教育委員会作成	37	47.4	53	89.8	8	9.3	98	43.9
市町村内給食施設用	2	2.6	4	6.8	4	4.7	10	4.5
その他	7	9	1	1.7	12	14.0	20	9.0
とくにない	14	17.9	1	1.7	21	24.4	36	16.1
無回答	9	11.5	1	1.7	19	22.1	29	13.0

注）筆者作成。

　安全・危機管理マニュアルは、市町村教育委員会作成のものが親子方式89.8％、単独校55.1％に対し、センターは19.8％であり、またマニュアルはないとしたセンターが14.0％であった。会計処理関係及び物資関係のマニュアルについても安全・危機管理マニュアルと同様の傾向がみられた。北海道の学校栄養士が給食運営に使用していたマニュアルでは、親子方式の給食施設、つまり規模の大きな自治体において、独自のマニュアルが作成され、使用している傾向があった。

　単独校の学校栄養士は、給食管理は基本的には所属学校の給食施設だけの

第3章　学校給食のリスク管理における栄養士の役割

表 3-16　学校栄養士 1 人あたりの担当校数および提供食数

	単独校 n = 78	親　子 n = 59	共　同 n = 86
担当校数平均	1 校	2 校	6 校
最小数	—	2 校	2 校
最大数	—	4 校	27 校
提供食数	409 食	901 食	1,724 食
最小数	7 食	105 食	20 食
最大数	1,400 食	1,500 食	14,000 食

注）筆者作成。

表 3-17　調理場と配属校の移動および勤務体制

	親　子　n = 59	共　同　n = 86
移動方法		
回答者数	17 名（28.8%）	64 名（74.4%）
徒歩・自転車	1 名 [2 分]	15 名 [1〜10 分]
自家用車	15 名 [5〜35 分]	43 名 [1〜10 分]
公共交通機関	1 名 [60 分]	0 名
公用車	0 名	6 名 [2〜30 分]
勤務体制		
回答者数	15 名（25.4%）	64 名（74.4%）
1 回往復	1 名	15 名
何度か往復	1 名	34 名
曜日による	1 名	5 名
週ごと	0 名	0 名
その他	12 名	11 名

注）筆者作成。所属校には兼務校を含む。（　）は割合、［　］は
　　移動時間を表す。

業務であるが、しかし親子方式や共同調理場の場合では、複数校を担当する
ことになる。表3-16にみるように、親子方式では最大4校、共同調理場では
27校の学校を担当している学校栄養士がいた。また1回に提供する食数をみ
たところ、平均食数は共同調理場が多いのは当然としても、個別にみてみる
と単独調理場でも1,000食を超える食数を提供している学校栄養士がいる一
方、共同調理場であっても20食程度である栄養士もいた。

　共同調理場は学校に隣接している場合もあれば、学校とは離れた場所にあ
る場合もある。親子方式でも兼務校に出向くこともある。そこで調理場と所
属校との移動方法および時間、勤務体制を聞いてみたところ、親子方式の17
名と共同調理場の64名が回答した（表3-17）。親子方式の兼務校は自家用車

133

表 3-18　調理員の状況

	単独校調理場 n＝78		親子方式 n＝59		共同調理場 n＝86		計 n＝223	
	人数	％	人数	％	人数＊	％＊	人数＊	％＊
雇用条件								
正職員のみ	12	15.4	5	8.4	0	0	17	7.6
正職員と臨時職員	25	32.0	7	11.9	27	31.4	59	26.5
臨時職員のみ	6	7.7	2	3.4	29	33.7	37	16.6
調理業務は委託	22	28.2	43	72.9	23	26.7	88	39.5
その他	12	15.4	2	3.4	12	14	26	11.7
無回答	1	1.3	0	0	0	0	1	0.5
打ち合わせ頻度								
毎日2回以上	11	14.1	5	8.5	14	16.3	30	13.5
毎日1回	42	53.8	22	37.3	46	53.5	110	49.3
週に2、3回	7	9	10	16.9	8	9.3	25	11.2
週1回程度	14	17.9	22	37.3	19	22.1	55	24.7
その他	5	6.4	1	1.7	3	3.5	9	4
無回答	1	1.3	0	0	0	0	1	0.5
調理員との意思疎通								
十分できている	18	23.1	22	37.3	13	15.1	53	23.8
まあまあできている	58	74.4	32	54.2	64	74.4	154	69.1
あまりできていると思えない	0	0	3	5.1	5	5.8	8	3.6
よくわからない	0	0	2	3.4	4	4.7	6	2.7
その他	1	1.3	0	0	1	1.2	2	0.9
無回答	1	1.3	0	0	0	0	1	0.5

注）筆者作成。＊は複数回答あり。

や交通機関の利用が必要な距離にあるが、出向く機会は多くないようであった。一方、共同調理場の多くは配属学校と離れており、移動手段は多様であったが自動車利用が多く、移動時間は1〜10分、なかには30分から1時間もかかるケースもあった。また1日のうちに学校と給食施設を何度も往復している学校栄養士も少なくなく、労働時間の延長や移動時の事故などのリスクが懸念される。

　学校栄養士が給食施設を留守にする時間が少なからずあり、栄養士不在のなかでも調理作業が進められなければならず、調理員に任せる場面が多くなる。それに伴い、調理員の労働密度も高くなると考えられる。そこで調理員の状況について、雇用条件、打ち合わせ頻度を聞いてみた（**表3-18**）。正職員のみがいると回答した栄養士は17名（7.6％）、正職員と臨時職員と回答し

第3章　学校給食のリスク管理における栄養士の役割

表3-19　給食業務に携わる事務職員の状況

	単独校調理場 n=78		親子方式 n=59		共同調理場 n=86		計 n=223	
	人数	%	人数	%	人数	%	人数	%
専任の事務職員がいる	6	7.7	1	1.7	35	40.7	42	18.8
兼務の事務職員がいる	48	61.5	33	55.9	28	32.6	109	48.9
事務職員はいない	21	26.9	22	37.3	12	14	55	24.7
その他	2	2.6	2	3.4	10	11.6	14	6.3
無回答	1	1.3	1	1.7	1	1.2	3	1.3

注）筆者作成。

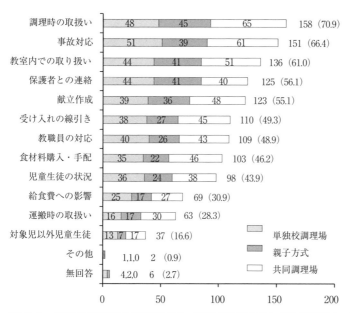

図3-3　除去食や代替食実施にあたって気がかりなこと（学校栄養士・複数回答）

注）筆者作成。

た栄養士は59名（26.5％）で、多くの調理員は非正規雇用または受託給食会社から派遣されている調理員であると回答した栄養士が56.1％と多かった。打ち合わせは毎日1回と答えた栄養士がおよそ5割、調理員と意思の疎通がまあまあできていると感じている栄養士は9割いた。

　給食の運営上に必要な事務処理担当の事務職員は、共同調理場が比較的配

置状況がよいといえる。単独調理場と親子方式では事務職員の配置がないところが3割前後あり、こうした施設では、栄養士への負担が大きいと考えられる（**表3-19**）。

　図3-3は食物アレルギー児への対応について、実施にあたって気がかりに感じていることをまとめたものである。栄養士がもっとも気がかりなことは、調理時の取り扱いであり、教室内での取り扱いとあわせて、アレルゲンの混入（コンタミネーション）が起こりやすい場面をあげていた。

第3節　学校給食における食中毒事故と栄養士の役割

　本節では近年におきた大規模食中毒事故を例に、食中毒のリスク管理と学校栄養士の役割を検討する。

（1）学校給食の食中毒の特徴

　2011年から2016年に給食施設で起きた食中毒状況をみてみると、学校の発生件数は事業所や保育所、老人ホームに比べて少ないが、1事件あたりの患者数は多い（**表3-20**）。その要因は、学校給食では1～2種類の献立を数百人から数千人の児童生徒が一斉に食すことである。また、学校給食の対象は成長途中の小児で、消化器官の発達が未熟であり、感染・発症しやすいのも一因である。

　独立行政法人日本スポーツ振興センターの「学校給食における食中毒の発生状況」によれば、2004年度から2014年度までの発生件数は41件であり、そのうちノロウイルスが28件とおよそ7割を占め、ついでヒスタミン6件、サルモネラ属菌3件、カンピロバクター2件、セレウス菌と病原大腸菌O-44が各1件であった。ノロウイルスは他の食中毒原因物質と比べて不活性温度が高く、空気感染する点において予防が難しく、食中毒発生頻度が高くなってしまうと考えられる。

表3-20　給食施設別食中毒発生状況

			2011年			2012年			2013年		
			事件数（件）	患者数（人）	1事件あたり患者数（人）	事件数（件）	患者数（人）	1事件あたり患者数（人）	事件数（件）	患者数（人）	1事件あたり患者数（人）
総　　数			1,062	21,616	20.4	1,100	26,699	24.3	931	20,802	22.3
学校	単独調理場	幼稚園	0	0	0	1	78	78.0	0	0	0
		小学校	0	0	0	1	73	73.0	1	47	47.0
		中学校	1	12	12.0	0	0	0	0	0	0.0
		その他	0	0	0	0	0	0	2	204	102.0
	共同調理場		2	1,886	943.0	0	0	0	2	299	149.5
	その他		0	0	0.0	0	0	0	1	4	4.0
事業場	事業所等		12	391	32.6	13	336	25.8	14	752	53.7
	保育所		7	231	33.0	7	347	49.6	9	443	49.2
	老人ホーム		11	323	29.4	8	161	20.1	16	358	22.4
病院			2	74	37.0	3	65	21.7	5	291	58.2

			2014年			2015年			2016年		
			事件数（件）	患者数（人）	1事件あたり患者数（人）	事件数（件）	患者数（人）	1事件あたり患者数（人）	事件数（件）	患者数（人）	1事件あたり患者数（人）
総　　数			976	19,355	19.8	1,202	22,718	18.9	1,140	20,253	17.8
学校	単独調理場	幼稚園	1	19	19.0	0	0	-	1	27	27
		小学校	0	0	0	0	0	0	1	7	7
		中学校	0	0	0	1	231	231.0	-	-	-
		その他	0	0	0	0	0	0	3	355	118
	共同調理場		0	0	0	0	0	0	1	145	145
	その他		0	0	0	0	0	0	2	77	39
事業場	事業所等		8	193	24.1	11	362	32.9	15	974	64.9
	保育所		6	202	33.7	14	418	29.9	8	210	26.3
	老人ホーム		18	447	24.8	13	291	22.4	20	618	30.9
病院			5	198	39.6	7	253	36.1	5	340	68.0

注）食中毒統計調査（厚生労働省）より作成。

（2）食中毒事故の原因と栄養士の役割

　1996年のO-157食中毒事件以降、児童生徒の有症者数が1,000人を超えた食中毒は2件起きている。1件は2011年2月、北海道岩見沢市の共同調理場でサルモネラ・エンテリティディウス（以下、サルモネラ属菌）が原因で二次

感染者を含め1,500人以上の有症者を出した事故であり、もう1件は2014年1月に静岡県浜松市の単独調理場19校で一斉におこったノロウイルスが原因の事故であった。これらを事例に学校給食のリスク管理と学校栄養士の役割を検討する。

①共同調理場で起こった大規模食中毒事故

　まずは岩見沢市共同調理場で起きた食中毒事故（以下、岩見沢市学校給食食中毒事故という）の概要を整理しよう。岩見沢市には共同調理場が3か所あり、事故を起こした調理場は、19校に約6,500食を提供していた。のちに確定された事故日2月9日は、19校を2コースに分け、別の献立が提供されていた。

a. 汚染の原因

　岩見沢市学校給食食中毒事故の原因菌のサルモネラ属菌は、調理済みのブロッコリーサラダから検出された。一般にサルモネラ属菌は鶏卵、鶏肉を汚染することで知られる食中毒菌であり、サラダに使用された調理前食材料の冷凍ブロッコリー、コーン、ウインナー、人参やドレッシングの汚染は考えにくい。また同日のメニューには鶏卵や鶏肉は使われていなかった。事後調査でブロッコリーサラダをあえた機器の汚染が判明した。さらにブロッコリーサラダは調理終了後から配送まで約2時間、29℃の室温に放置されていたことも明らかになった。

b. 食中毒発生に至った給食運営の問題点

　食中毒事故の間接的原因は、機器洗浄の不備であった。岩見沢共同調理場のマニュアルでは、グランドケトルは使用後、中性洗剤で洗浄し、薬品消毒することになっていた。しかし実際には調理員たちは52〜53℃の温湯で洗い流して熱湯消毒になったとして、薬剤消毒は日常的にしていなかった（北海道保健福祉部健康安全局 2011：6)。

第3章　学校給食のリスク管理における栄養士の役割

　基本的な衛生管理不足に加えて、機器の使い方も不適切だった。グランド
ケトルは加熱しながら大量の食材料を攪拌する調理に使用する機器であり、
洗浄・消毒が行き届きにくい構造のため、混ぜる作業の後で加熱しないサラ
ダなどへの使用を禁じている。学校給食ではこれまでもグランドケトルと同
様に洗い残しがあったミキサー、泡立て器を原因とするサルモネラ菌食中毒
が発生しており、文部科学省は構造上汚れが残りやすい調理器具の洗浄・消
毒の徹底や取り扱いについて再三注意を促していた（文部科学省 2010b：49-
50）。

　その一方で岩見沢市学校給食施設では、不要なアルコール消毒をするなど
調理員の作業が統一的でなかったことも明らかとなった。この点について「管
理栄養士はマニュアルに沿った作業を行うよう調理担当者に指示しており、
薬剤による消毒が行われているとの認識であったが、実際には行われていな
かったことから、調理担当者が指示内容を十分理解しないまま従事していた
ことがうかがわれた」（北海道保健福祉部健康安全局 2011：6）、「学校給食調
理員への研修が不十分なため、文部科学省が作成したマニュアルを理解して
おらず、調理技術、衛生管理の基本への理解も不十分であった」（独立行政法
人日本スポーツ振興センター 2012：19）と栄養士の調理員への指導および管
理の不備が指摘された。

c.　危機管理上の問題

　万が一、食中毒が発生した場合は、有症者および原因給食を食した人たち
への早急な対応と二次感染防止が必須である。

　岩見沢の食中毒では原因料理が提供された当日9日（水曜日）の18時以降
から症状を呈した児童生徒が5人、翌日（木曜日）には122人となっていたが、
この時点で給食関係者は食中毒を疑わなかった。11日金曜日に発症者数は424
人とピークに達したが、祝日のため状況把握はされなかった。教育委員会が
食中毒発生を認知したのは、月曜日の朝であった。対応の遅れが患児の家庭
で二次感染が起こり、発症者70人以上、このうち未就学児が73％を占めた。

139

教育委員会の対応について独立行政法人日本スポーツ振興センター学校安全部会は、「共同調理場で食中毒が発生した場合は、教育委員会が中心となって保健所と連携し、発生の初期段階から共同調理場、学校に正確な情報の収集・伝達を行わなければならない」（独立行政法人日本スポーツ振興センター 2012：75）と苦言を呈した。しかし、事故給食提供日の翌日の欠席率は、事故給食コースが2.76％と、他コースの4.04％より低く（北海道保健福祉部健康安全局 2011：2）、欠席者数からは食中毒事故の有無が判断しにくい状況ではあった。

②地域一帯の単独調理場で同時に起こった食中毒事故

　2014年1月、浜松市立小学校19校でノロウイルスによる食中毒が発生し、1,271人の有症者が出た。食中毒が発生した小学校の給食はすべて単独調理場であり、各調理場ではノロウイルスを失活させる加熱調理をしていた。ノロウイルスの感染源は、一業者が製造した一括購入の食パンだった。

a. 食品汚染の原因

　ノロウイルス汚染の原因は、不顕性感染の従業員が食パンの異物混入確認作業を1枚1枚念入りに行ったことであった。その工場では使い捨て手袋が適切に交換されず、作業着は自宅に持ち帰っての洗濯、センサー式の手洗い設備は冷水で流水量が少ないなどの衛生管理の不備が指摘された。基本的な衛生管理ができていなかったために、異物混入のリスク回避作業がウイルス汚染を拡大させて、食中毒が起きてしまった。

b. 一括購入の危険性

　浜松市の食中毒事故は、納品後加熱調理せずに食する食パンが原因であり、その責任はいうまでもなく製造業者にある。しかしそのパンは、浜松市教育委員会が静岡県学校給食会と売買契約を結んで一括購入したものであった。大量の一括購入は安価になるメリットがある反面、食品に欠陥があった場合、

140

第3章　学校給食のリスク管理における栄養士の役割

表3-21　学校給食におけるノロウイルスによる食中毒発生要因

発生年月	原因食品	直接要因	間接要因
2006年1月	大根ナムル	素手で調理	–
2006年12月	食パン、背割りコッペパン（業者）	素手で包装	手洗いが不十分（冷水）
2007年1月	不明	調理場内感染	ノロ感染調理員
2007年3月	黒糖パン（業者）	従業員の不顕性感染	
2007年4月	アスパラベーコン	加熱不足	衛生管理や手洗いに不備
2007年11月	肉と野菜の炒め物	調理場内汚染	手洗い消毒不足
2009年3月	不明	–	手洗いが不十分（冷水）
2009年12月	不明	–	手洗いが不十分（冷水）
2012年1月	背割りコッペパン（業者）	素手でパン、包丁を触った（切る作業は使い捨て手袋使用）	手洗いが不十分

注）独立行政法人日本スポーツ振興センター（2007）（2008）（2009）（2010）（2011）（2013）から作成。

被害は広範囲におよぶ。

　特にパンやごはんのように、そのまま食する食品の一括購入では、教育委員会や学校給食会など業者を選定する側の責任は重大である。**表3-21**にみるように、学校給食におけるノロウイルス食中毒の場合、パンが原因の事故が複数回発生しており、業者に対してより慎重な衛生管理の対応を求めなければならない。浜松市教育委員会は静岡県学校給食会に対して食品安全の強化を要請したというが、教育委員会自体も加工・納品業者の状況を把握する必要がある。一括購入の業者だけでなく調理場が個々に利用する業者についても、衛生状態を含めて把握し、適切な業者の情報を学校栄養士に提供することも教育委員会の重要な役割と考える。

c.　調理場の衛生管理に関する示唆

　どんなに注意していても食中毒原因物質は調理場に侵入する可能性がある。調理員をはじめ学校給食関係者が菌を保有している不顕性感染の場合もある。浜松市食中毒事故調査でも、学校給食施設や調理員から事故原因とは別型のノロウイルスが検出された。

　そこから食中毒が起きなかったのは、各調理場がノロウイルス不活性化す

141

るのに十分な加熱調理をするなど、的確な衛生管理が行われていたためと考えられ、食中毒リスクを前提とした日常的な対策としての衛生管理の有効性が示唆された。

③食中毒予防、発生時における学校栄養士の役割

　給食におけるリスク管理の要は衛生管理であり、衛生管理の基本は清潔を保つことである。とくに児童生徒が直接食する料理や食品をつくる調理員、食品業者の従業員にはその重要性を理解し、確実に実施してもらわなければならない。しかしながら岩見沢市では調理機器の洗浄不足が、浜松市では不十分な手洗いが食中毒の原因となった。なぜこうなってしまったのか、岩見沢市の衛生管理を振り返ってみる。

　岩見沢市では、学校栄養士は調理員がマニュアル通りに機器の洗浄、消毒をしているものと思っていた。一方、調理員らは洗浄、消毒の重要性を理解しておらず、マニュアル内容より作業のしやすさを優先して独自の方法で行っていた。問題は栄養士、調理員の双方にあった。調理員の状況を把握して各自が作業内容の意義を理解し、実施できるように指導するのは栄養士の重要な役割である。

　また久保田らは、調理員に研修を実施しても作業スピードを優先させる調理作業は、衛生管理がずさんになり食中毒の原因になるという（久保田ら2015：78）。学校給食では、限られた調理機器、調理員、給食費のなかで、バラエティーに富んだ料理を児童生徒に提供する工夫と努力がされる。しかし調理作業に時間的余裕がない献立であれば、衛生管理に影響をきたしかねず、加えて調理員の作業も危険が増す。「衛生管理者から一方的に指示や指導を行なうだけでなく、従業員の意欲や能力を最大限に活用する管理を推し進めることが求められる」（久保田ら 2015：80）との所見をふまえ、調理員への指導・対応方法を見直すとともに、作業確認を円滑にできるしくみと信頼関係を作り上げるのも栄養士の職務である。

第3章 学校給食のリスク管理における栄養士の役割

第4節 食物アレルギー対応における栄養士の役割

　食中毒は一度に多数の児童生徒に被害を与える一方、食物アレルギーの発症は患児に限られる。しかし食物アレルギー児がアレルゲンを食したり触れたりするとかゆみ、発疹、喘息、腹痛、下痢などの症状が出るほか、ショック状態に陥り生命の危険にさらされることもある。ここでは、学校給食の食物アレルギー対応における栄養士の役割を検討したい。

（1）学校給食における食物アレルギー対応の背景と制度

　いつごろから学校給食で食物アレルギー対応がされはじめたのだろうか。栄養教諭の高雄尚子は「東京などでは1983年頃から給食での除去対応を始めていたようです」（向井ら 2015：17）と回想している。文部省は1992年の『学校給食指導の手引』「第4章　個別指導及び教科等との関連を図った給食指導」のなかで食物アレルギーの児童生徒の指導を示した。当時、食物アレルギーの定義が確立していない[8]ことを前置きしたうえで、学級担任が児童生徒のアレルギーの原因や症状を把握して学校栄養職員や養護教諭、学校医、共同調理場関係者と情報を共有し連携すること、給食の献立を各家庭に事前に周知して保護者の注意を喚起すること、医師の指示により原因食物の除去が必要な場合には可能な範囲で弾力的に対応することが求められると示した（文部省 1992：76-77）。これらはのちの食物アレルギー対応の基礎となった。

　『学校給食』1994年5月号に「特集　食物アレルギーに対応する」が組まれ、調査日は不明であるものの東京都学校給食研究会による食物アレルギー児対応の実態調査結果が掲載された。報告の前文に「私たち研究員のうち大部分は食物アレルギーの児童に対して給食を提供した経験がないが、今後、除去食等を必要とする児童が入学してくるという可能性は誰もが持ち合わせている。そのような場合、私達栄養職員はまず何をすればよいのだろうか。そして、学校という組織の中で専門職としてどのような働きをしていけばよいの

143

だろうか。そんな素朴な疑問と不安からこの研究がスタートした」と記されている（河部 1994：26）。同号には1988年9月から除去食を開始した区立小学校の実践報告が掲載され、その中で、区内の学校栄養士間の共通理解のために「学校給食における食物アレルギーの対応に関する手びき」を作成したことも掲載されている（大川 1994：36）。

2004年、文部科学省はアレルギー疾患の状況把握のため、全国の公立小中学校、高校を対象に実態調査を行った。その結果をもとに財団法人日本学校保健会が「学校のアレルギー疾患に対する取り組みガイドライン」（2008年3月）を作成した。ガイドラインは、アレルギー疾患をもつ児童生徒について、症状や学校生活での留意点など正確な情報を主治医が記載する学校生活管理指導表を示し、特に給食対応が必要な食物アレルギー児の場合は、その提出を求めるよう促した[9]。文部科学省はガイドラインを活用するよう通達したが、食物アレルギー対応の給食の実施に関する具体的内容は示さなかった。

2012年12月に起きた学校給食が原因の食物アレルギー死亡事故をきっかけに、文部科学省は学校および調理場における食物アレルギー事故防止の取り組み推進を目的とした「学校給食における食物アレルギー対応指針」を2015年3月に出した。しかし調理場が実際に食物アレルギー対応をする際に課題となる設備整備、調理員増員、対応食にかかる給食費の助成、中心となって進めていく学校栄養士の業務増加にともなう対応など、制度的整備はされていない。

（2）食物アレルギーに関連した学校給食における事故

①学校の管理下における食物アレルギー災害事例

学校ではどれくらい食物アレルギーが発生しているのだろうか。少し古いが独立行政法人日本スポーツ振興センターの「学校の管理下における食物アレルギーへの対応　調査研究報告書」をみてみよう。2005年度から2008年度の食物アレルギー関連の災害事例が804件あった。12時31分から14時までの時間帯に608件（75.6％）、場所は教室471件（58.6％）、運動場・校庭201件（25.0％）、

144

給食指導、給食時間231件（28.7％）、給食時間につづく昼食時休憩時間中が264件（32.8％）であった。傷病名をみてみると重複発生も含めて、アレルギー 394件（49.0％）、ジンマシン197件（24.5％）、アナフィラキシー 192件（23.9％）、アナフィラキシーショック189件（23.5％）、食事依存性運動誘発アナフィラキシー 100件（12.4％）であった。原因食品は多様であるが、報告がない記載なし442件（55.0％）、内容不明94件（11.7％）というように食品が断定されないケースが多かった（**表3-22**）。

表 3-22　食物アレルギー発症の原因食品

原因食品	発生件数	割合*1 （％）	加工食品の 原材料表示*2
キウイフルーツ	48	6.0	推奨表示
えび	37	4.6	推奨表示
落花生	34	4.2	義務表示
乳	27	3.4	義務表示
小麦	24	3.0	義務表示
卵	19	2.4	義務表示
びわ	19	2.4	なし
くるみ	14	1.7	推奨表示
いか	13	1.6	推奨表示
そば	10	1.2	義務表示
かに	7	0.9	推奨表示
ほたて	7	0.9	なし
ごま	6	0.7	推奨表示
さば	5	0.6	推奨表示
あさり	5	0.6	なし
もも	4	0.5	推奨表示
りんご	4	0.5	推奨表示
さけ	3	0.4	推奨表示
大豆	2	0.2	義務表示
やまいも	2	0.2	推奨表示
さわら	2	0.2	なし
さんま	1	0.1	なし
その他*3	23	2.9	－
内容不明	94	11.7	－
記載なし	442	55.0	－

注）スポーツ振興センター（2011）より作成。
＊1 割合は発生件数804件に対するものである。
＊2 加工食品の原材料表示は2013年10月現在のものである。
＊3 「その他」には、あわび、いくら、オレンジ、牛肉、鶏肉、
　　豚肉、バナナ、まつたけ、パイナップルは含まない

また、アレルギー物質がどのようにして摂取されたのか、罹患児について事前の情報把握がされていたのか、学校や給食施設の食物アレルギー対応の体制はどうであったかは記されていない。

②除去食以外の給食を食した事故（調布市の例）

　食物アレルギーの児童にアレルゲン除去食を提供したにもかかわらず、通常の給食を食してアナフィラキシーとなり、ショックから死に至ったのが2012年12月に東京都調布市の学校給食で起きた事故である。調布市教育委員会は事故を検証し、アレルゲンを含んだ料理を対象児（以下、Aさんという）が食した経緯と対応を明らかにした。ここでは除去食の提供方法を中心にみてみる。

a. 事故当時の学校給食状況

　「調布市立学校児童死亡事故検証結果報告書」（2013）から給食の実施状況と事故の概要を整理しておく。

　調布市立学校給食は小学校に給食施設を置き、2006年度から中学校に給食を配送する親子方式を取り入れ、調理業務などは民間委託であった。アレルギー対応は1995年に市の考え方を統一した経緯があり、事故当時は除去食を原則として、全市で280人以上に実施していた。積み重ねてきた経験とガイドラインをもとに、各学校が対象者を把握し、施設設備等の状況を考慮して可能な範囲できめ細やかな個人対応をしていたが、専用調理スペースがない上に、食物アレルギー対応が必要な児童生徒とアレルゲンの種類が増加して、栄養士や調理員の負担が大きくなっていた。

　事故が起こった小学校には調理施設があり、学校栄養職員が勤務していた。食物アレルギー対応では、ナッツ類がアレルゲンの児童が多いことを考慮して、2012年度から給食全般での使用を控えていた。ところが同校では2012年9月に卵アレルギーの1年生に給食を誤配、誤食してアナフィラキシーを発症する事故があった。その後、この児童持参の代替食の取り扱いや配膳の方

146

第3章　学校給食のリスク管理における栄養士の役割

法などの見直しを行った。

　Aさんは小児喘息と牛乳・乳製品、ピーナッツのアレルギーがあり、保育園時に重篤な食物アレルギー症状が出た経験があった。保護者が調理段階で原因材料の混入を懸念して専用の食器使用を希望したため、Aさんの給食にはほかの児童とは別のトレイと食器が使用されていた。

b.　除去食の提供方法における事故要因

　2012年9月の誤配事故をきっかけにAさんへの給食提供方法も見直されていた。毎月Aさんの除去食内容は保護者、学校栄養職員、調理員が確認して、保護者には栄養士から代替食準備用の献立表が渡されていた。給食時は、調理室で盛り付けたAさん用の給食は専用トレイにのせてチーフ調理員が教室に運び、Aさんにどの料理が除去食を伝えて渡すことにしていた。担任教員には栄養士からAさんの除去食一覧表が渡された（**表3-23**）。Aさんの母親は「あなたが気をつけなさい」（西日本新聞 2013）と注意を促し、念のために食べてはいけない料理に印した表をAさんに持たせていた。

　事故当日の給食時、Aさんはアレルゲンのチーズが入っていないチヂミを含む給食が専用トレイで調理員から手渡されたが、チヂミが除去食であることは伝えられなかった。Aさんは自分の給食を食した後、給食完食に貢献す

表3-23　担任用のAさん除去食一覧

	献立名	Aさん	おかわり
12/18	ミルクパン	パン持参	×
	鮭のハーブ焼き		
	シーザーサラダ	チーズ除去	×
	カレースープ		
12/19	里いもごはん		
	揚げだし豆腐		
	五目汁		
12/20	わかめごはん		
	じゃがいものチヂミ	チーズ除去	×
	ナムル		
	肉団子汁		

注）調布市立学校児童死亡事故検討委員会（2013）資料5から抜粋
　　して作成。

表 3-24　除去食提供ルール、事故要因・背景、指摘事項

除去食提供ルール	事故要因	事故の背景	○指摘事項 ●マニュアル
毎月末、保護者、栄養士、チーフ調理員が面談して除去食品を確認する。栄養士が保護者用（代替食準備）と担任用（おかわりの注意）を作成。保護者、担任はそれをもとに確認。	Aさんがアレルゲンが入っているチヂミのおかわりを申し出た際、担任用の除去食一覧表を確認しなかった。一覧表にはおかわり禁止が記されていた。	担任は給食時間に除去食一覧表を教室に持ってきていなかった。Aさんが母親にもたされた「チェック表」に確認を頼った。	○児童の発達段階にもよるが、保護者、児童、担任が同じ除去食一覧表をもつ。 ●献立名で主な原因食品がわかるように配慮する
Aさんの母親は念のために献立表に食べてはいけない物をマーカーで示した「チェック表」をAさんに持たせていた。	Aさんは「チェック表」のじゃがいもチヂミにマークされていないことを確認して、チーズ入りのチヂミ 1/4 人分を食べた。	Aさんの母親はAさんに「あなたが気をつけなさい」と注意していた。教育していた。じゃがいもチヂミにチーズが入っていることがわかれば、Aさんはおかわりをしなかった可能性が高い。	
Aさんの給食（除去食）は調理場内で専用の食器に盛り付け、チーフ調理員が教室に運ぶ。調理チーフからAさんに手渡す際に、除去食があることを伝える。	チーフ調理員がAさんに給食を渡す際、じゃがいもチヂミが除去食であることを明確に伝えなかった。		○除去食を口頭だけでなく、除去食がわかるカードなどを添える。 ●統一様式の「対応カード」を使用する。

注）調布市立学校児童死亡事故検討委員会（2013）、調布市教育委員会（2014a）、西日本新聞（2013年 10 月 9 日）より作成。

るためにクラスで残っていたチヂミのおかわりを申し出た。この時、Aさんは母親が用意したチェック表を確認したが、チヂミに食べられない印はなく、Aさんは、通常のチヂミがチーズ入りとわからず、食べられると判断した。担任教員は栄養士から渡されていた除去食一覧を確認せず、Aさんの判断に任せた。Aさんはおかわりのチヂミを食しておよそ30分後にアナフィラキシーを発症した。しかしアレルゲンのチーズを食べてしまった認識のないAさんは、アナフィラキシーの症状を喘息の発作と思い、担任教員が用意したエピペンの使用を断った。その後の対応が遅れて、Aさんは亡くなった。

　調布市立学校児童死亡事故検証委員会（以下、事故検証委員会という）は、Aさんの事故要因を次の 3 点とした。1 点めは、その料理が一目で除去食とわかる配膳でなかった点である。Aさんはいつも他の児童と別の専用トレイ

第3章　学校給食のリスク管理における栄養士の役割

と食器を利用して、それがAさんの食事と判別できてもどの料理が除去食なのか視覚で判断できなかったことが事故につながったと推察した。2点めに担任教員と調理場が給食ごとに除去食を確認し合う体制がなく、学校栄養職員との連携がなかったこと、3点めに担任教員の教育的配慮の欠如をあげ、給食完食の目標達成を優先した結果、Aさんの「おかわり」がもたらす影響への注意を怠ったと指摘した。Aさんの事故は、ミスが重なり、いくつも設けてあった確認事項をすべてすり抜けてしまったために起きた事故であった[10]。

c. 調布市の食物アレルギー対策改善：除去食配膳を中心に

　Aさんの事故をきっかけに調布市教育委員会と調布市は、調布市立学校、子ども関連施設、福祉施設など市内の給食施設における食物アレルギー事故防止を目的に、調布市食物アレルギー事故再発防止検討委員会（以下、再発防止検討委員会という）を設置した。再発防止検討委員会の報告をもとに、2013年11月、学校給食の食物アレルギーに関する基本的な考え方と方針および具体的な重点的取組を示した。重点取組の1つである除去食等の提供において2014年4月にマニュアルと様式・資料集を提示した。

　Aさんの事故では、除去食の料理がわかるように届ける方法が課題であった。マニュアルでは「食物アレルギー対応カード」（**図3-4**）を除去対応の料

食物アレルギー対応カード

		月　　　　日
年　　組	名前	
アレルゲン		
料理名		
対応		

調理	盛付	対応確認	学級

図3-4　除去食の調理・配膳に用いるカード

注）調布市教育委員会（2014b）より引用。

149

理ごとに用意して、調理から盛りつけ、学級での引き渡しまで工程ごとに確認する仕組みにした。教室内の除去食配膳は教員が確認して、給食後にカードを回収して最終確認する流れも整備した。

（3）食物アレルギー対応における栄養士の課題

　食物アレルギーは、アレルゲンの量や調理方法、体調によって症状が出たり出なかったりと、実に対応が難しい疾患である。数百、数千食を作る給食施設において、アレルギー食専用の設備も人手も確保できない状況での食物アレルギー対応は、リスクが高い。そうしたなか、社会的要請もさることながら、患児が他の児童生徒と一緒に給食時間を過ごせるように学校栄養士、調理員たちは努力を重ねて食物アレルギー食を提供してきた。文部科学省が示した「学校給食における食物アレルギー対応方針」を機に、今後は食物アレルギー対応の困難さも含めて学校給食関係者の理解が進み、堅実な取り組みがされていくものと考える。

　食物アレルギー対応における学校栄養士の当面の課題を３つあげる。第１に、これまでの業務内容を食物アレルギー対応の視点から見直してみることである。例えば家庭配布用の献立表の記入方法である。比較的多くみられる献立表は料理と食品が別々に記入してある（表3-25、上）。これを料理ごとに使用食品を区別すればそれだけ詳細な献立対応になりえる（表3-25、下）。献立名の工夫も重要である。Aさんの事故では、献立名に「チーズ入りじゃがいものチヂミ」のようにチーズと記載があれば誰かが気づき、誤食を避けられた可能性があった。こうした工夫は経費負担が少ない上に、健児児とアレルギー児に限らず保護者、調理員、教員にもわかりやすい献立表になり、学校栄養士の負担も少ない。

　第２は、児童生徒のニーズを適切に捉え、給食施設の設備状況、調理員等の量的質的能力をふまえて、どのような対応アレルギー食であれば安全に実施できるかを確実に判断することである。同じアレルゲンでも患者によって除去の加減は異なる。しかし、毎日献立がかわり、ただでさえ複雑な調理工

第3章　学校給食のリスク管理における栄養士の役割

表 3-25　配布用献立表の工夫

【2012 年 12 月献立表の形式】

日	曜日	献立名	赤の食品	黄色の食品	緑の食品	栄養価
			血や肉になる	働く力になる	体の調子を整える	
20	木	わかめごはん　牛乳　肉団子汁　じゃがいものチヂミ　ナムル	牛乳　ベーコン　豚肉　鶏肉　豆腐　わかめ　チーズ	米　じゃがいも　さとう　ごま　でんぷん	にら　にんじん　小松菜　コーン　きゃべつ　ねぎ　しょうが　にんにく　もやし　玉ねぎ	

【料理に使用されている食材料がわかる記入例】

日	曜日	献立名	赤の食品	黄色の食品	緑の食品	調味料	栄養価
			血や肉になる	働く力になる	体の調子を整える		
20	木	わかめごはん	わかめ	米	—		エネルギー 614kcal たんぱく質 20.8g
		牛乳	牛乳	—	—		
		じゃがいもの<u>チーズ入り</u>チヂミ	ベーコン、**粉**チーズ	じゃがいも、砂糖、でんぷん、**ごま油**	にら、コーン、にんじん	しょうゆ、酢	
		肉団子汁	豚肉、鶏肉、**卵**、豆腐	でんぷん	玉ねぎ、しょうが、もやし、ねぎ、にんじん、小松菜	塩、こしょう、しょうゆ、チキンがら	
		ナムル	—	ごま油、砂糖、いりごま	キャベツ、小松菜、にんにく、しょうが、にんにく	からし	

注）調布市立学校児童死亡事故検討委員会（2013）資料 3、6 から抜粋して作成。ゴシック体は
　　献立表に掲載がない食品。

程の給食づくりのなかで多種類の除去食をつくると、アレルゲンが混ざってしまうコンタミネーションになりやすく危険である[11]。

　第 3 には、栄養士職としての専門的能力を高め、給食関係者全体に食物アレルギー対応食の可能性とリスクを周知し、理解を得ることである。学校栄養士は学校組織の中で唯一、治療食に関する専門性を有する職種である。調理の知識も食物アレルギー対応には欠かせない[12]。食物アレルギー食対応の児童生徒、保護者への個別指導も期待されている。さらに調布市が取り組み始めたように、患児のみならず全児童生徒への食物アレルギーに関する指導

151

も求められる。特に教職員が食物アレルギーの理解を深める取り組みは重要である。調布市事故以外にも「栄養士の確認もれで、卵・乳入りのハンバークを食べてしまい、児童が口腔内の違和感を訴えたにも関わらず、「大丈夫だから」と言って食べさせてしまったり、除去すべきカニかまぼこが入っているのではないか、と児童が気づいたにもかかわらず「とりあえず少しだけ食べてみようか」と言って食べさせて重篤な症状が出てしまった事例もあり、教職員の理解不足により誤食事故が起きている」（中西ら 2014：17）。給食指導を担う教員の食物アレルギー食に関する認識と対応は、事故に至るか防ぐことができるかの分かれ目となる。

　市区町村教育委員会にも積極的な取り組みが望まれる。第1には、アレルギー食申請の手続きを整えることである。加えて、適切なアレルギー診断ができる医師の確保も重要である。第2に食物アレルギー食対応の環境整備である。給食施設の改修、調理員の増強などにかかる費用の捻出である。アレルギー食には特別な食品を用意する場合があり、通常のものより高値のこともあるが、限られた給食費のなかで工面している。こうした状況も含めた措置が求められる。第3に、栄養士・調理員の労働の軽減につながる取り組みである。例えばパソコンで献立表（**表3-25**）を入力すれば、配食用カード（**図3-4**）などが自動的に作成するシステム開発を近隣や都道府県の教育委員会と協力して、業者にソフト開発を働きかけるなどである。また学校や給食施設によって施設設備の違い、教職員の取り組み意欲が一様ではないことをふまえて対応する必要がある[13]。

第5節　学校給食における金銭トラブル

　2013年8月、学校栄養士による給食費の不正経理が発覚した。金銭トラブルは学校給食の運営に支障をきたし、児童生徒、保護者の信頼を失う。

第3章　学校給食のリスク管理における栄養士の役割

（1）学校給食費の管理

　「学校給食費の徴収状況に関する調査」（平成24年度、文部科学省）によれば、給食費を市町村の歳入歳出予算として徴収管理する公会計で取り扱っている学校は3割、校長または共同調理場の長の責任で取り扱う私会計が7割であった。

　給食費の総額は結構大きい。学校給食実施状況調査平成27年度のデータから試算すると、公立小学校1校あたり平均児童数は321人、1か月学校給食費約4,301円とすれば、1か月の学校給食費総額は約138万円、年間では1,500万円となる。川は、私会計について収入、保管の問題点に加えて、「支出に関しては、往々にして一人の栄養士が予算編成、材料の発注・受領並びに支払を行っていることが多く、不正行為がなされた場合の発見が困難な状態にある」と警告している（川 2010：218）。

（2）不正経理事件と学校栄養士の問題

①経緯と不正の背景

　給食費の不正経理発覚した給食施設は、北海道の江差町、厚沢部町、上ノ国町が一部事務組合で運営する江差町ほか2町学校給食組合（以下、給食組合という）で、江差町に設置されていた。学校栄養職員（以下、B栄養士という）は1990年代後半から給食組合に勤務していた。

　およそ8年にわたってB栄養士は発注書類などを操作して、自身と調理員たちの私的な食材料購入代金を学校給食費から支払った。不正の総額は約2,800万円になっていた。明らかに給食材料ではない品物が発注、請求されていたにもかかわらず、上司、事務職員は見過ごしていた。

　事件発覚後の2013年11月、給食組合には新たに栄養教諭が配属され、調理業務は受託給食会社に委託された。B栄養士は2014年3月で懲戒免職になった。

　不正の原因には、B栄養士が行っていた献立作成、食材及び数量の決定な

153

どの栄養士業務を確認する体制がなかったことに加えて、見積り合わせ、発注業者の決定、発注、請求書の保管など経理業務の多くもB栄養士が一人で行っていたことがあげられる。

②給食内容への影響

給食組合では、結果的に年間およそ400万円、全体の７％の給食費が紛失したことになり、給食内容は栄養量や質に影響したと考えられる。

江差町ほか２町学校給食組合不正経理事故第三者委員会（以下、第三者委員会）は、「育ちざかりの児童らの給食に影響が出ていた」（江差町ほか 2014：3）としながらも、事故調査において給食内容が家庭配布の献立表どおりに提供され、書類上の栄養価計算と合っていたことから、具体的な被害は明らかにできなかった。その一方、2008年度に食材料費の高騰を理由に給食費を値上げした上に、パンの回数を減らして米飯持参回数を増やしたにもかかわらず、パン給食にはジャムもバターも添えられなくなり、果物などの提供もなかったという実態があった（江差町議会 2013）。潤沢とはいえない給食費から約７％削減された給食が、充実した内容とは考えにくい。

③問題の所在と課題

不正の根本的な原因は、B栄養士のモラル欠如だが、組織員の職務怠慢が不正の長期化を招き、被害を拡大させた。給食組合は私会計で、B栄養士が発注から請求書の保管まで支払以外の業務をほぼ一人で担当しており、不正が起きやすい環境ではあった。

しかし多くの学校給食も、栄養士が一人配置で、会計業務を担っている場合も少なくないが、不正は滅多にない。それは学校栄養士が職業倫理に基づいて誠実に業務を遂行しているからであり、食材料費などの支払は事務員が厳重に取り扱うからである。「栄養士が不正をしないことを前提とした体制」（江差町他 2014：8）であっても、発注から支出の工程では複数人が確認するのが通常である。給食組合では支払い時に臨時事務員が起票し、係長、所長

が決裁していたが、十分な確認はなかった。「不自然な体制についてはセンター内における一種の慣習になっており、人事異動によって赴任した事務職員も改善しようとしなかった」（江差町他 2014：8）ことを第三者委員会は、「請求明細書にはほとんど目を通していなかったことは、通常およそありえない職務怠慢である」と問責した（江差町他 2014：22）。

　給食組合と取引業者らのリスクコミュニケーションがなかったことも問題であった。取引業者は納品内容について疑問を感じたものの、発注や支払いが給食組合名で正規の手続きが行われていたため、聞きただすことなくB栄養士らの私的物品を納品し続けた（江差町他 2014：9）。取引業者の懸念をくみ上げる仕組みは、不正対策の一環として重要と考える。

小括

　学校給食事故は、食中毒、食物アレルギー、給食費の不正のいずれも、もっとも基本的な作業や確認をおろそかにした結果として起きている。
　その背景には、通常作業のリスクの見落とし、事故が起きやすい組織、調理員や学校栄養士の過重労働が関係していると考える。

①日常的作業の見直し
　食中毒予防に見落とされやすい点は、作業中の動作で不適切になりがちなのが手洗いや使い捨て手袋の交換のタイミングである。
　集団給食では、衛生管理を含めた生産管理のために作業工程表と作業動線図が作成される[14]。作業工程表には調理作業がかわるごとに「手洗い」や「使い捨て手袋の着脱・廃棄」の指示がある。作業工程表と連動する作業動線図は、食品や料理の移動経路が示されているが、手洗い場に向かう動線や使用後の汚染された手袋を捨てる動線がなく（独立行政法人日本スポーツ振興センター 2014：96-97、北海道教育庁学校教育局健康・体育課 2011a：資料16、17）、調理員の動きがあいまいになる。また作業の切り換え時に動線上に手洗

い場やごみ箱がないこともある。

　一人の調理員が複数の料理を担当すると二次感染のリスクが高くなる（鈴木 2000：78）というが、限られた調理人数で、献立作成では調理員数、作業動線もふまえなければならない。

②学校給食に関する組織の改善

　畑村洋太郎は、失敗の原因は、うっかりミスをする特性をもつ個人あるいは組織（「培地」）から発生して、放置するとエネルギーを蓄えて大きくなり「破裂」して、周囲に影響を及ぼす事故になるという（畑村 2007：22）。

　事故のもとを作り出す個人、組織自体の改善がなければ、事故は再び起きる。食物アレルギー死亡事故では1年前にも同様の事故があった。また岩見沢市では2017年6月に委託炊飯の米飯から細菌やカビを含む異物がみつかり、米飯提供を中止した。事故原因の追求だけではなく分析して、徹底した改善がなければ、事故は繰り返される。

　調布市は調理業務を岩見沢市は炊飯を委託していた。だから業務委託はよくないという批判は意味がない。事故に関しては受託業者に問題があるのは明らかだが、その業者を選んだのは学校給食側であり、管理やフォローも含めての業務委託である[15]。

③調理員及び栄養士の労働環境

　学校給食には多くの職種がかかわっているが、「特定給食施設における作業の主体は、調理従事者が食材料を料理に変換する調理作業」（市川 2013：49）であり、調理員の労働なしには成り立たない。また学校給食は「献立を構成する料理の組み合わせによって調理作業の手順と作業に要する時間および作業分担が変化」（鈴木 2000：78）するため、ただでさえ調理員の肉体的精神的な負担は大きい。調理や衛生管理の知識、技術の習得も求められる。調理員の作業が事故なくできる内容になっているか、体力的に無理のない勤務体制であるかの見直しなども事故防止の要因になると考える。

第3章　学校給食のリスク管理における栄養士の役割

　繰り返しになるが、実質的な給食運営は栄養士が担っている。学校栄養士は給食を安全に円滑に運営できる能力を有するのは当然ながら、給食システムの進歩や変化する社会的要請などに機敏に対応できる柔軟性と判断力も培っていかなければならない。しかし第1、2章でみたように、近年の学校栄養士には給食管理の他に、学校教育・運営に関する業務も多く、長時間労働、労働の過密化が懸念され、こうした厳しい状況が給食事故の間接的要因になる可能性は否定できない。余裕のなさから起こる栄養士自身の失敗[16]が事故につながることも考えられる。

注

1）北海道では2016年10月に札幌市、11月には函館市の学校の煙突から石綿を含む断熱材がはがれ落ち、ボイラーが使えなくなったことから給食が中止となり、簡易給食での対応を余儀なくされた。修繕期間が長期化する学校には、別の学校から給食を配送する対応がなされた。

2）学校給食運営の執行状況をふまえれば、学校給食法の「国または文部科学大臣」は文部科学省、「地方公共団体」は都道府県教育委員会、「義務教育諸学校の設置者」は市区町村教育委員会、「給食施設長」は校長および共同調理場の長となる。なお市区町村教育委員会と学校給食の関係については、教育委員会の設置、運営の基本などを定めた地方教育行政の組織及び運営に関する法律第21条（教育委員会の職務権限）第11項に「学校給食に関すること」とある。

3）ここでは、佐賀県教育委員会（2012年12月改定）、長崎県教育委員会（2011年3月）、宮城県教育委員会他（2014年3月改定）の「学校給食の手引き」を用いた。この3部の「学校給食の運営」を比べてみたところ、内容に大きな違いはみられなかった。元栄養教諭によれば、「学校給食の手引き」に類するものは各都道府県教育委員会のオリジナルだが、関係法令などをもとに作成しているため、内容はほぼ同じになっているとのことである。

4）中西は、ペルーで発がん性物質トリハロメタンを警戒して水道水の塩素消毒を中止したところ、コレラが蔓延して罹患者、死亡者が多数出た例をあげている。1996年のO-157食中毒事件もトリハロメタンを減らすためにリスクを考えず、野菜などの次亜塩酸ナトリウム消毒を取りやめたことが要因と示唆した（中西2010：15-16）。

5）中村は病院給食のリスクとして、食中毒、院内感染、給食ミス（栄養量の設定ミス、情報管理ミス、献立作成ミス、食材の購入・保管・仕込みミス、調理・盛りつけ・配食ミス、配膳・食事介助ミス、異物混入）、事故発生時や災害時

157

の対応の 4 点をあげ、「なかでも、日常的に起こりやすいのが給食ミスであり、栄養量の設定ミスから始まり、入力ミス、配食における患者氏名の見間違いや内容確認不足から発生するミス、また各作業工程で発生するミスなど、多彩である」（中村 2006：5）と 1 回の食事提供で多種類を扱うリスクの特徴を示している。

6 ）2013年度に学校給食を実施している北海道171市町村の教育委員会を対象に、2015年 3 月、アンケート用紙を郵送した。調査項目は、給食施設の点検、給食時間の見学、管理マニュアルおよび地場産物の調達に関することなどである（資料編参照）。

7 ）調査対象は北海道内の国公私立の学校給食施設に所属する栄養士を対象とした。調査は所属施設591にアンケート用紙を郵送した。おもな調査項目は衛生管理、安全・危機管理、会計処理関係、物資関係のマニュアルに関すること、調理員・事務員に関することであった。回収数223、回収率37.7％であった。

8 ）小倉は1997年の時点で、食物アレルギーにおける除去食治療は1928年にアルバート・ロウにより発表されたが、一般の医師には普及しないまま現在に至っていると記している。また「近年の食物アレルギーの増加に伴い、本症の臨床に対する社会の要望はきわめて強いものがある。しかし、われわれ医師がその要望に十分、答えているとはいい難いのが実情である。（中略）また、学会自体が食物アレルギーの専門医を育てるだけの土壌を生み出すまでに至っていないので、的確なアレルゲン診断に基づいた除去食療法を指導できる医師がきわめて少ないという点も指摘されなければならない」という状況を説明している。さらに「正しいアレルゲン診断がなされないまま、漫然と除去食が行われているケースも、決して少なくなく、このようなケースでは低栄養の危険性も皆無とはいえないであろう。（中略）除去食療法は、基本的には医療行為と考えるべきであり、今後、正しい認識をもった食物アレルギー専門医とコメディカルとしての栄養士の果たすべき役割は大きいことを強調したい」と述べている（小倉 1997：787、792）。なお、日本小児アレルギー学会が食物アレルギー診断ガイドラインを出版したのは2005年である。

9 ）日本小児アレルギー学会は、「学校のアレルギー疾患に対する取り組みガイドライン」により、学校における食物アレルギーおよびアナフィラキシー対応の充実が図られたといい、ガイドラインが学校生活管理指導表に原因物質の診断根拠を求めたこと、緊急時処方薬のアドレナリン自己注射器の学校における受け入れが進んだ点を画期的と評価した（日本小児アレルギー学会 2011：109）。

10）Aさんは応急処置など他の要因もあって死に至った。詳細は調布市立学校児童死亡事故検証委員会（2013）を参考にされたい。

11）「今後の学校給食における食物アレルギー対応について　最終報告」（学校給食における食物アレルギー対応に関する調査研究協議会、2014年 3 月）では、「献

第3章　学校給食のリスク管理における栄養士の役割

立作り、調理、配送、配膳など、各プロセスの単純化が重要であり、個々のプロセスにおける留意事項を具体的に明示することが必要である。例えば、一つのアレルゲンに対して複数の除去パターンを用意するなど（卵の場合、卵全部除去、卵黄のみ除去、ゆで卵以外を除去など）、複雑な対応をしている学校も多い。現場の対応能力も含めて、安全に給食を提供するという観点から考えると、現在の対応で事故防止の徹底が図られるのか、疑問のある対応も多いことが現状である」と警告している。

12) 食物アレルギーのアレルゲンに似た花粉やあく成分などの仮性アレルゲンは、一見するとアレルギー反応と誤解する症状を誘発する。あくの強い野菜は、あく抜きをすることで症状の誘発を防ぐことができる（林他 2012：39）。

13) 例えば「市の方針としては、「卵と乳の除去対応、デザートの代替食提供、牛乳代の返金、詳細な原材料表を提供する」となっているにもかかわらず、校長と栄養士の裁量で「アレルギー対応はしない」、市の方針と不一致の学校が実際に存在している。特に自校方式の場合は、学校により対応に差が出る事例も少なからずあり、市の方針を超えて栄養士や調理員が頑張って対応をすると、対応をしてくれる学校と対応をしてくれない学校の差が出てしまい、市としては、最低レベルの対応に統一してしまうこともある。栄養士や調理員の行為も加減が難しい点もある」（中西 2014：16）という。学校や栄養士・調理員の取り組みに対する意欲に温度差があることを示唆している。

　　福井市小中学校の栄養士、調理員を対象調査した村井らは、「対応食の担当調理師数は施設規模にかかわらず1人から2人であり、調理師1人あたりが担当する対応食は、大多数の施設で1人あたり2～3食程度であるが、なかには20食分提供する施設も存在した」といい、同じ市内の学校給食であっても食物アレルギー児の人数にはかなりの違いがみられることを明らかにした（村井他 2015:302）。

14) 給食における「作業工程は、調理従事者に視点を当て、食品を料理に仕上げ食事として提供するための調理工程に合わせて作業を組み立てること」であり、作業動線は調理従事者の動きで、交差汚染を防ぐために示す（日本給食経営管理学会 2015：70、76）。

15) 岩見沢市学校給食の米飯の異物混入は、受託業者の衛生管理が問題なのは明らかであるが、2011年以降同様の異物混入が5件あったにも関わらず市教育委員会は公表せず、業者への指導も不十分だったと述べている（北海道新聞 2017年7月21日）。

16) 雑誌『学校給食』2012年4月号には「日常トラブルにどう対応するか」という特集が組まれ、発注ミスをはじめ、調理器具やエレベーターの故障、けが、異物混入をどう乗り切ったか、学校栄養士たちの体験が掲載されている。

159

第4章

地場産物活用にみる学校栄養士業務の特質

　栄養士業務の1つに食料調達がある。学校給食の食材料購入ルートは、業者と直接取引するほかにいくつかあるが、近年では米や牛乳などの助成廃止に伴い、政策的に構築してきた学校給食研究改善協会や都道府県学校給食会ルートでの購入が減少し、市町村等での共同購入が増えている（内藤 2010a：24-25）。とくに学校の近隣地域で生産された食品の使用は、給食の安全確保に加えて、食教育においても期待が高まっている。地場産物活用に伴い学校栄養士には、収穫時期の把握と入手方法の検討、給食用料理の開発、大量調理への対応といった能力が求められる。第4章では、北海道置戸町学校給食センターを先進事例に、地場産物活用における栄養士業務の特質を明らかにする。

　さきに地場産物の用語を整理しておく。「地場」は、地元の意味であり（広辞苑）、一定の地域を指す（有斐閣経済辞典 2013：541）が、その地域範囲は状況により変化する。学校給食にあって地場産範囲は、給食施設が所在する市町村内のみの場合もあれば、近隣市町村を含む場合や給食施設所在の都道府県内を範囲とすることもある。また地場産物と同意語には地場食材（山田2014）、地場産農産物（片岡 2005、森内ら 2014）などもあるが、本文では学校給食分野で一般的に使用されている地場産物を用いる。

第1節　学校給食における地場産物活用の推移

（1）地場産物活用に関する文部科学省の方針と活用状況

　文部科学省が学校給食の地場産物活用を明示したのは、1992年発刊の『学校給食指導の手引』と思われる。手引では学校栄養職員の役割の1つとして「地域に根差した献立の工夫」をあげ、地場産物の活用は児童生徒への地場産

表4-1　地場産物活用による効果

学校給食に地場産物を活用することにより、次のようなさまざまな効果が期待できます。 ア　児童生徒が、より身近に、実感をもって地域の自然、食文化、産業等についての理解を深めることができる。 イ　食料の生産、流通等に当たる人々の努力をより身近に理解することができる。 ウ　地場産物の生産者や生産過程等を理解することにより、食べ物への感謝の気持ちを抱くことができる。 エ　「顔が見え、話ができる」生産者等により生産された新鮮で安全な食材を確保することができる。 オ　流通に要するエネルギーや経費の節減、包装の簡素化等により安価に食材を購入することができる場合があるとともに、環境保護に貢献することができる。 カ　生産者等の側で学校給食をはじめとする学校教育に理解が深まり、学校と地域との連携・協力関係を構築することができる。

注）『食に関する指導の手引』（2007：168-169）より引用。

業の果たす役割や地域の農業、流通に関わる人々の努力を理解するきっかけになるとした。また学校栄養職員に対しては、「地域の産物を生かした料理の工夫や、地域の食生活、地域の産業に関し、日頃の理解を深めることが必要です」（文部省 1994：85）と促した。1995年3月通知「学校給食における食事内容について」において「郷土食、地場産物の導入についても十分に工夫し、魅力あるものとなるよう絶えず改善に努めること」、2003年通知では「地域の実情に応じた活用について十分に工夫」することを求めた。栄養教諭制度創設後に刊行した『食に関する指導の手引』（2007）では、「第4章　学校給食を生きた教材として活用した食育の推進」のなかで地場産物の教育効果を示して活用を促し、2009年改正の学校給食法に「地域の産物を学校給食に活用すること」（第10条2）が盛り込まれた（**表4-1**）。このように、学校給食における地場産物活用の制度は整えられてきた。

　実際に学校給食ではどれくらい地場産物が使われているだろうか。文部科学省は2004年から学校給食が所在する都道府県産を地場産物として年2回調査し、品目ベース[1]で結果を発表している（**表4-2**）。2015年度の全国平均は26.9％と食育推進基本計画（第2次）目標の30％には及ばないものの、調査開始以降徐々に増加している。地場産物利用状況を独自に把握している都道

第4章　地場産物活用にみる学校栄養士業務の特質

表4-2　地場産物の活用状況

年　度	全国平均	北海道	
	品目ベース	品目ベース	金額ベース
1997	—	—	35.9%
2001	—	—	45.1%
2004	21.2%	—	—
2005	23.7%	—	65.2%
2006	22.4%	—	—
2007	23.3%	40.8%	70.9%
2008	23.4%	40.0%	—
2009	26.1%	39.3%	71.3%
2010	25.0%	39.1%	—
2011	25.7%	41.3%	70.4%
2012	25.1%	44.7%	—
2013	25.8%	—	—
2014	26.9%	—	—
2015	26.9%	—	—

注）文部科学省「学校給食における地場産物の活用状況調査」
各年、北海道教育庁「平成23年度学校給食における地場
産物の使用状況等調査の結果について」より作成。

府県もある。北海道は品目ベースでは40％程度だが、金額ベースでは70％程
度となり（**表4-2**）、さらに市町村産物の割合でみた場合は1割程度であっ
た[2]。地場産物活用の評価は、品目数か金額かあるいは重量か、また地場を
どの範囲にするかによって結果が異なってくる点に注意が必要である。

（2）学校給食現場の取り組み

　学校給食の現場では、1980年代あたりから地場産物を取り入れた記録があ
る。長野県の学校栄養士だった金井志げ子は、郷土料理や無農薬野菜の利用
など給食の取り組みを学校給食懇談会で話したことをきっかけに、金井の活
動に賛同したPTAの母親グループが1981年頃から無農薬のじゃがいもを栽
培、納品してくれるようになった。のちにその活動は、地域の病院給食や農
協青年部などへ広がったと記している（金井 1990：48-53）。

　学校給食の地場産物に関する調査、研究は、1990年前後から行われている。

163

根岸久子は1989年に学校栄養士を対象に給食で使用する農畜産物が給食施設の所在地内（同一市町村）でどの程度自給可能かを調査した。その結果、栄養士の7割が品目・量はともかくなんらかの地場産物が「ある」と答え、その割合は農業的色彩のつよい地域ほど高いが、大都市でも地場産物を使用している地域が半数を超えた（根岸 1993：193）。また「年間を通じてほとんどの給食用食材を自給できる」という答えは少なかったが、「季節的に、あるいは品目によっては自給できる」との回答は7割近くを占めた（根岸 1993：194）。根岸は、「栄養士たちの地元産品志向はかなりつよいが、これは学校給食へのさまざまな批判に対応するうえでも、「地域に根ざした安全な学校給食」を追求する必要性が増大していることも一因」と分析し、しかし「一方では、供給能力のある地域の栄養士の中にも「特に地元産を優先しない」との考え方が根づよく存在しているのも現実で、これは地元産食材の使用を躊躇させる問題点の所在を意味していよう」と、地場産物活用を抑止する要因があることを示唆した（根岸 1993：195-196）。

　飯澤理一郎らは北海道学校給食の「地元産」「北海道産」食材料使用の特徴として、じゃがいも、玉ねぎ、にんじんなど貯蔵性に富むものが多いこと、グリーンアスパラガスの使用時期は収穫時期に集中していること、きゅうりやミニトマトなど生食野菜の使用割合が低いこと、海岸地域においても北海道で水揚げの多いいかやさんまの使用は少ない、といった活用実態を明らかにした（飯澤ら 1999：6、2001：6）。また学校給食現場では「地元産」「北海道産」食材料に対して、価格や供給の安定、明確な品質保証などの要望・意見があることをふまえ、食材料の規格、梱包などを含めた供給の工夫、国や自治体の支援、学校給食側と納入業者・JA・農家などとの信頼関係の構築、学校栄養士や調理員の配置を課題とした（飯澤ら 1999：18、2001：26-27）。

　中村修らは、長崎県において学校給食5日間の市町村産の地場産自給率（重量ベース）を調査した。9割近くの自治体の地場産自給率が10％以下であったこと、各日の使用状況では地場産自給率の高い自治体はばらつきはあまりなく、低い自治体ではばらつきがみられたこと、栄養士の給食に対する活動

第4章　地場産物活用にみる学校栄養士業務の特質

の頻度が高くても直接地場産自給率の向上につながっていないことを明らかにした。中村らは市町村産自給率の引き上げが購入費の地元への還元や、教育への展開につながるとした。加えて、栄養士には地場産物利用の工夫、努力と、農漁民、農漁協、行政との協力を促した（中村ら 2001：23-24）。

　学校給食の食材料と献立の変化を年代別に分析した河合知子は、1990年度では、地場産物を利用し、郷土料理を献立に取り入れようとする意向がみられ、2000年度になると地域の特産物・郷土料理路線がさらに発展し、何らかの食教育ねらいがあったと推察した（河合 2006：65-66）。こうした変化は、1990年度の全国どこでも同じものを食べるという食の画一化傾向の反省であり、2000年度には、食の伝承や正しい食習慣を培う場として学校給食が見直された背景があったと分析した（河合 2006：67）。

　2001年ごろから地産地消の一環として、地場産物を学校給食に取り入れる学校が増えた（飯塚他 2013：33）のは、文部科学省が方針を打ち出したことが契機になったと考えられ、研究も盛んに行われた[3]。しかし実際には文部科学省の方針や学校給食法での整備に先行する形で、学校栄養士らにより意識的に取り組まれてきた。

第2節　置戸町学校給食センターにおける地場産物活用と栄養士業務の特質

　地域内で生産される農水産物の種類が少なく年中収穫できなくても、地元に加工業者がなくても、地場産物を有効に活用して独自の学校給食を展開しているところがある。代表的事例は北海道置戸町学校給食センターであり、学校栄養士の活動とともにその取り組みは全国的に注目されている[4]。

（1）置戸町学校給食センターの概要

①学校給食の変遷と2011年度の状況

　置戸町が最初に給食を実施したのは1957年、農業地区の秋田小学校からで

165

あった。1961年にはへき地給食費補助対象となった拓実小学校でもはじまった。1960年代半ばに市街地保護者の給食実施への要望が高まり、置戸小学校の隣に2,800食規模の学校給食センターを設置し、1969年1月から町内小中学校全校児童生徒に完全給食を実施した（置戸町史編纂委員会 1987：708）。1979年から委託炊飯による米飯給食を週1回取り入れ、1987年にはセンター内で炊飯する自校炊飯になった。2008年には給食施設を新築し、2009年1月から稼動している。

　給食センター開設当時の児童生徒数は1,797人、学校数は小学校6校、中学校4校であったが、町の人口減少に伴って2011年度には児童生徒数は217人に、学校も小中学校各1校となった（**表4-3**）。共同調理場としては小規模だが、北海道では児童生徒数300人以下の共同調理場は約25％あり、置戸町学校給食センターが特殊なわけではない（**表4-4**）。

　2011年8月現在の置戸町学校給食センターには、栄養教諭1名が北海道教育委員会から配属され、調理員は置戸町の非正規職員で常勤4名、非常勤4名が従事していた。非常勤調理員は米飯給食日に2名、その他の給食日は1名が交代の勤務体制であった。北海道における300人規模の共同調理場の調理

表4-3　置戸町児童生徒・学校数の推移

年度	小学校		中学校		計	
	児童数	学校数	生徒数	学校数	児童生徒数	学校数
1969		6		4	1,797	10
1970	1,113	5	566	4	1,679	9
1972	960	5	552	4	1,512	9
1975	745	5	488	4	1,233	9
1980	561	4	311	1	872	5
1985	425	4	264	1	689	5
1990	393	4	202	1	595	5
1995	247	4	193	1	440	5
2000	196	4	104	1	300	5
2005	173	4	95	1	268	5
2010	146	2	88	1	234	3
2011	141	1	76	1	217	2

資料：学校基本調査より作成。

第 4 章　地場産物活用にみる学校栄養士業務の特質

表 4-4　北海道における共同調理場の規模

児童生徒数	施設数	割合（％）
100 人以下	7	3.6
101〜200 人	22	11.4
201〜300 人	22	11.4
301〜400 人	25	13.0
401〜500 人	20	10.4
501〜1,000 人	48	24.9
1,001〜1,500 人	12	6.2
1,501〜2,000 人	11	5.7
2,001〜2,500 人	6	3.1
2,501〜3,000 人	5	2.6
3,001〜4,000 人	4	2.1
4,001〜5,000 人	3	1.5
5,001〜7,000 人	4	2.1
7,001〜10,000 人	2	1.0
10,001〜20,000 人	2	1.0
計	193	100.0

資料：北海道教育庁学校教育局健康・体育課「北海道
　　　の学校給食（平成 23 年度）」より作成。

員は常勤3.6名、非常勤2.1名であり（北海道教育庁学校教育局健康・体育課
2012：37-46）、置戸町学校給食センターは同規模調理場に比べて調理員数が
多いといえる。

　表4-5に週あたりの米飯給食回数と１人１食あたりの給食費を整理した。
置戸町の米飯給食週3.0回は全国平均よりやや少ないが、オホーツク管内[5)]小
学校2.6回よりわずかに多い。給食費は、オホーツク管内、つまり置戸町の給
食費は近隣の給食費に比べて５％程度高い金額ではあるが、北海道平均と比
較してみると小学校はやや高いものの、中学校では２％ほど低い。

　置戸町学校給食センターの2011年度における食材料費はおよそ1,300万円
であり、購入先は町内が36％、町外が64％であった（**表4-6**）。仕入れ先をみ
てみると、野菜、肉、魚といった生鮮食品は町内の業者から購入し、パンや
米は北海道学校給食会を通して購入している。缶詰、乾物、調味料などは、北
見地方町村学校給食物資共同購入会の設定価格にもとづいて町外の業者から
購入している。

167

表 4-5　米飯給食回数および給食費の比較（2011 年度）

	学校別	置戸町	オホーツク管内	北海道	全国
週あたりの 米飯給食回数	小学校	3.0 回	2.6 回	3.0 回	3.3 回
	中学校	3.0 回	3.0 回	3.1 回	
1 食あたりの 給食費	小学校	238.00 円	225.80 円[*1]	230.56 円[*1]	239.01 円[*2]
	中学校	272.00 円	259.83 円	277.23 円	276.88 円[*3]

注）置戸町教育委員会「学校給食センター視察資料」、北海道教育長学校教育局健康・体育課「北
海道の学校給食（平成 23 年度）」、文部科学省「学校給食費調査」および「米飯給食実施状
況調査」より作成。
＊1 は小学校低学年、中学年、高学年の給食費の平均値である。
＊2 は小学校低学年、中学年、高学年の月額給食費平均値を年間給食費に換算し、年間給食回
数で除した値。
＊3 は月額給食費を年間給食費に換算し、年間実施回数で除した値。

表 4-6　置戸町学校給食食材料費の購入割合（2011 年度）

	町内（%）	町外（%）	仕入先
パン	1	7	学校給食会
米	–	6	学校給食会
牛乳	–	14	乳業メーカー
おかず	35	37	町内：野菜、肉、魚など 町外：缶詰、乾物、調味料など
小計	36	64	
計	100		

注）置戸町教育委員会「学校給食センター視察資料」より作成。

　置戸町学校給食センターは、共同調理場としては小規模であり、同規模の
なかでは職員数とくに非常勤職員数が多かった。給食運営におけるこうした
環境は、地場産物活用の取り組みと相互に影響し合っていると考えられる。

②佐々木十美氏の学校栄養士歴

　置戸町学校給食センターに地場産物が導入、定着したのは、学校栄養士と
して約40年勤務した佐々木十美氏の活動によるものである。ここでは佐々木
氏の経歴と地場産物導入の経緯を概観する。

　佐々木氏は置戸町の出身であり、短期大学で栄養士と家庭科教員免許の資
格を得て、1972年 4 月に置戸町役場に入職し、学校給食センター 3 代目の栄
養士となった。1974年には学校給食法などの改正に伴い、置戸町職員から北

第4章　地場産物活用にみる学校栄養士業務の特質

海道職員の学校栄養職員へ、さらに栄養教諭制度の創設に伴い免許状を取得し、2007年には栄養教諭へ任用替えとなった。この間、管理栄養士資格も取得した。

　佐々木氏自身は、小中学校時代の給食経験がなく、学校栄養士になりたてのころの給食業務は、前任者の書類だけが頼りだった。置戸町の学校給食も、当時普及しはじめた冷凍食品、加工食品やだしの素など複合調味料を使っていたが、それらで作った給食をおいしいと思えなかった。学校給食はこういうものなのだと思う一方で、なんとかしておいしい給食を提供できないものかと考えるようになっていった。

　佐々木氏が本格的に給食内容を見直しはじめたのは、1982年からはじまった近隣の学校栄養士たちとの研究会だった。研究会で食品添加物の知識を深めた佐々木氏は、給食に使っている複合調味料の食品添加物が児童生徒の味覚形成や安全面にも影響しかねないと思い至った。佐々木氏はまずだしの素使用をやめて、煮干しや削り節からだしをとることにした。複合調味料の見直しは、置戸町学校給食の代名詞となったカレーの手作りルーに至った（佐々木 2013：75-77）。

　佐々木氏の安全でおいしい給食を提供したいという思いは、のちにトマトピューレ作りや手作りみそにつながっていく。町内産トマトの活用は、町主催のトマト加工講習会への参加がきっかけとなった。受講後、佐々木氏は農家の児童たちに呼びかけて、家で残っている完熟トマトをわけてもらい給食に利用した。その後は、講習会で知り合った農家からトマトを購入して、ピューレに加工して、保存、活用するようになった。これが農家から直接食材料を仕入れたはじまりでもあった（片山 2007：217）。

　置戸町は社会教育、生涯教育に積極的に取り組んでいる町であり、1983年には町内産木材を利用した食器オケクラフトの開発、生産を手がけた[6]。オケクラフト普及活動の1つに調理学専門の大学教員を招いた料理講習会があり、佐々木氏は受講者として参加した。料理講習会では、地元の食材料とさまざまな香辛料を使い、世界のいろいろな料理を学んだ。佐々木氏は1984年

169

に他の受講者たちと料理研究会「とれびあん」を結成し、郷土料理、香辛料や豆を使った料理などの研究活動を週1回行った。佐々木氏は「とれびあん」の活動を通して、地場産物を活かしたメニューやハーブの使い方を研究し、みそ作りの基礎を修得し、学校給食に取り入れていった。置戸町学校給食の特徴の1つである年3回の焼きたてパンの提供には、「とれびあん」の協力があった（佐々木 2013：90）。

　佐々木氏は、学校栄養士になってまもなく加工食品を中心とした給食のあり方に疑問を抱いた。そして、「おいしさを優先する給食をめざすうち、食材選びや調理法が自ずと変わっていった」（北海道新聞 2010：11）。おいしい給食の実践にもっとも適した食材料が町内産のものであった。さらに佐々木氏は、町内産食材料の鮮度や品質のよさだけに頼ることなく、研修会や自主的な活動を通して修得した知識、技術を活かして、給食の工夫を重ねていった。

（2）置戸町学校給食センターの地場産物活用の特徴

　次に佐々木氏が勤務していた2010年度までの置戸町学校給食センターの地場産物活用状況を整理する。置戸町内で生産される食材料は野菜類としいたけであり、収穫時期に集中して使用するもの、生鮮食料品でも比較的保存期間が長いもの、町内産品の加工品、そして給食施設内で加工保存して年中使用するものがあった。

①置戸産の生鮮食品、加工食品

　収穫時期に集中して使用する食品はきゅうり、とうもろこし、ヤーコンなどがあった。きゅうりの使用は旬のおいしい時期限定である。

　とうもろこしの活用方法はユニークであった。とうもろこしは、収穫から加熱調理までの時間が短ければ短いほど甘くおいしい。そこで置戸町学校給食センターでは、生産者からおいしい時期になる1週間前に連絡をもらってから給食で提供する日を検討した。そのため学校や家庭に配布する献立表のメニューには掲載せず、提供日が決まった時点で受配校にとうもろこしの生

第4章　地場産物活用にみる学校栄養士業務の特質

表 4-7　ヤーコンの使用時期と料理（2005〜2010 年度）

給食時期		料理名
2005 年	11 月	ヤーコンとささみのサラダ
	12 月	ヤーコンのピリ辛炒め
2007 年	1 月	ヤーコンと人参のかき揚げ
	12 月	鶏肉とヤーコンのさっと煮
2008 年	1 月	ヤーコンとウインナーのソティー
	12 月	ヤーコンと人参のかき揚げ
2009 年	12 月	ヤーコンみそ炒め
		ヤーコンとささみの甘酢和え
2010 年	1 月	ヤーコンのピリ辛炒め
	12 月	いかとヤーコンのザーサイ炒め
2011 年	1 月	ヤーコンとウインナー炒め

注）置戸町学校給食センター給食だよりから作成。

産者名と品種を連絡する方法をとっていた。

　ヤーコンは1980年代後半から生産しはじめた置戸町の特産物である。給食センターではJAから規格外品を購入して使った。ヤーコンの保存期間は短く、熟成度合いによって糖の成分や味が変化するため、そのときの状態にあわせて料理を工夫した（**表4-7**）。

　にんじん、じゃがいも、玉ねぎなどは比較的保存期間が長く、年間を通じて利用頻度の高い食品である。置戸町学校給食センターはにんじん、白菜、キャベツ、大根、長ねぎなど生産者が保管できる期間までは置戸産を活用して、置戸産が品切れになったら近隣産、近隣産を入手できない場合は道内産、道内産がなければ国内産のものへと、できるだけ置戸町に近い地域のものから活用した。越冬保管できるじゃがいもや玉ねぎは、春先まで置戸産を活用できた。じゃがいもは置戸産がなくなると十勝産の雪中貯蔵のものに切り替えた。

　置戸町ではしいたけが菌床栽培されている。給食には生しいたけも使用するが、乾燥粉末状に加工された粉末しいたけをみそ汁や和風だし、めんのつけだれなどに使った。置戸産ぶどうで製造されたおけとワインは、料理の下味つけや隠し味に活用した。

171

②給食センターでの加工保存品

　佐々木氏が取り組んだ地場産物活用でもっとも特徴的なのは、置戸・近隣産の食品を給食センターで保存できる状態に加工して、年間を通して給食メニューに取り入れた点である。これらには、置戸産完熟トマトから作るトマトピューレ、町内山林の自生ふきを収穫し、塩漬けにしたもの、置戸産あるいは近隣産の大豆を材料にした手作りみそがあった。

a. トマトピューレ

　トマトピューレ用のトマトは生産者[7]に依頼して、学校給食専用にハウス1棟分を栽培してもらい、市場価格より高値で購入した。畑で完熟したトマトの収穫からピューレへの加工、びん詰までを給食センター職員が担った。置戸のトマト最盛期は8月中旬から9月までと2学期の開始時期に重なったが、この間トマトの完熟度に合わせて3～4回のピューレ作りは通常の給食づくりと並行して行った。給食センターには給食配送車のほかに、トマトの収穫を含め日常的に利用できる軽乗用車1台が配備されていた。2009年度はトマト450kgから約140kg、2010年度は300kgのトマトから約100kgのトマトピューレができた（置戸町給食センター 2009、2010）。

　トマトピューレはパスタソース、野菜煮、カレー、ハヤシライスなどの料理に使用した。ハヤシライスはトマトピューレを作りはじめてから給食メニューに取り入れた料理である（佐々木 2007：31）。

b. ふきの塩漬け

　置戸町内および近隣の山林には季節ごとに山菜が自生する。置戸町学校給食センターではふきを収穫して、ゆでて皮を取り除いてから塩漬けにして年中用いた。

　ふきの収穫、皮むきには運搬車両や多くの人手が必要となる。置戸町では、給食センターを所管する教育委員会が車両や人手を手配し、老人大学などの協力を得て実施してきた（表4-8）。

第4章　地場産物活用にみる学校栄養士業務の特質

表4-8　ふきの収穫量および協力者数

年度	作業日	収穫量(kg)	協力者（人）		
			収穫	皮むき	のべ数
2000	6月24日・25日	208.8	8	37	45
2001	6月23日・24日	113.8	21	44	65
2002	6月28日・29日	290.5	12	33	45
2003	6月27日・28日	334.4	10	39	49
2004	6月25日・26日	274.1	11	24	35
2005	6月24日・25日	522.8	10	39	49
2006	6月23日・24日	470.6	14	37	51
2007	6月22日・23日	412.4	12	60	72
2008	6月20日・21日	375.5	15	26	41
2009	7月3日・4日	159.6	17	24	41
2010	7月2日・3日	274.4	12	20	32

注) 佐々木十美氏の記録「蕗採り・塩漬け」より作成。

　ふきの塩漬け作業は毎年6月下旬ごろ、週末の2日間にわたって行われた。1日目は協力者が中心となってふきの収穫と皮むきを行い、2日目の土曜日には給食センター職員が1日がかりで塩漬け作業を行う。

　塩漬けしたふきは、年間を通してみそ汁、炒め物、麺類の具、佃煮、混ぜご飯などに使う。一般的にふきは、子どもが好む食品ではない。しかし佐々木氏は「採れたての青々とした生のふきを使い、鶏肉と油揚げを入れ、せっかくの青さをけさないように少しのしょうゆと、塩、本みりんで味つけして、混ぜご飯にして出した。シャキシャキ感と独特のふき風味や味が感じられ、心配していた子どもたちの反応も上々だった」（佐々木 2007：31）というように、料理の工夫を重ねた。

c.　手作りみそ

　みその主原料の大豆は、置戸産か近隣産を使ってきた（**表4-9**）。1991・1992・1994・1996・1997年度は、地元農業グループ勝山を考える会[8]が生産した無農薬大豆を使った。2005年度は町が運営管理する「ふれあい農園」で、役場職員とともに生産者の指導を受けながら大豆作りから行った。この年の大豆は豊作でみそ作りに必要な量以上の収穫が見込まれたため、9月に枝豆

173

表4-9　手作りみそに使用する大豆の産地

年度	大豆の産地（品種など）、購入先	大豆使用量(kg)
1991	—	60
	置戸産（無農薬）・勝山を考える会	60
1992	置戸産（無農薬）・勝山を考える会	25
	十勝産・置戸町農協	30
1993	帯広産・置戸町農協	80
1994	置戸産（無農薬）・勝山を考える会	55
1995	—	—
1996	置戸産（無農薬）・勝山を考える会	25
	十勝産・置戸町農協	60
1997	置戸産（無農薬）・勝山を考える会	16
	十勝産・置戸町農協	60
1998	置戸産・置戸町農協	60
1999	帯広産（とよまさり）・置戸町農協	60
2000	—	—
2001	置戸産青大豆	60
2002	置戸産	60
2003	美幌産（有機栽培黄大豆）	60
2004	—	—
2005	置戸産（ユキホマレ）・ふれあい農園	60
2006	置戸産（ユキホマレ）・ふれあい農園	60
2007	温根湯産・JAきたみらい	60
2008	白目大豆・JAきたみらい	30
2009	美幌農業高校・美幌町業者	30
2010	温根湯産・JAきたみらい	30

注) 佐々木十美氏の記録「手作りみそ」より作成。—は記録なし。1991
　　年度は４月と１月の２回実施。

として給食に出した。2009年度は市場価格が高値であったため、近隣の農業
高校で作られた大豆を使用した。

　みそ作りに必要な米麹は、近年では近隣の醸造会社から購入していた。塩
は再製塩を使った。大豆や塩の購入には給食費をあてるほか、町が一部を負
担した。

　みそ作りは毎年、給食がない冬休み期間に行った。みそ作りも２日がかり
の作業で、調理員が前日に大豆を洗って水につけ、翌日は大豆を軟らかくな
るまで煮てからすりつぶし、米麹と塩をあわせたものとまぜ合わせてから樽
に仕込み、３年間熟成させる。

第4章　地場産物活用にみる学校栄養士業務の特質

手作りみそと煮干しでとっただしを使ったみそ汁であっても、うま味調味料の味に慣れていた舌には物足りなく感じたようで、子どもたちはあまり食べなかった。佐々木氏は「どうしても和食には欠かせない「みそ汁」を美味しく飲んでもらいたい」（佐々木 2005：25-26）との思いから、だしの種類や具となる食品の組み合わせを工夫した。

（3）献立の工夫と地場産物の利用方法

佐々木氏の学校栄養士としての力量がもっとも発揮されたのは献立作成であった。佐々木氏の献立作成の信条は、同じ献立を繰り返さず、同じ食材料でも調理法や切り方をかえて、食べたときに感じる味や食感の変化を楽しむことができる給食であった。そこには、「子どもたちの味覚を育てたい」、「甘い、辛い、しょっぱい、酸っぱい、苦い。「おいしい」にはいろんな味わいがあることを、舌で体験してほしい。」（北海道新聞社 2010：12）、「本物の味」つまり素材の味、旬の味をおいしく感じてもらいたい（佐々木 2013：14）という佐々木氏の学校給食への思いがあった。次に2009年度の献立から代表的な置戸産物の１つであるじゃがいもを例に使用の工夫をみてみる（北海道新聞社 2010：115-126）。

2009年度の学校給食回数は206回、このうちじゃがいもの使用回数は84回、平均すると週２回の使用頻度であった。じゃがいもの料理数は67種類[9]、主食は８種類、おかずは煮物11種類、サラダ11種類、炒め物・揚げ物など14種類、汁物17種類が提供された（**表4-10**）。

主食でじゃがいもを使う定番料理はカレーライスだが、佐々木氏はうどんやピラフの具にも使った[10]。煮物の肉じゃがは複数回登場しているが、カレー味、塩味と味つけを変え、組み合わせる肉類も豚肉、鶏肉、ベーコンと変化をつけている。「じゃがいものみそバター煮」もその１つで「じゃがいもをいろんな味で楽しんでもらおうと、ちょっと変わった洋風肉じゃがのイメージ」（北海道新聞 2010：80）で考え出した料理である。

ポテトサラダは５月、９月、10月と年３回提供しているが、この他にもじゃ

175

表 4-10　じゃがいも料理一覧（2009 年度）

主食 8 種類	煮物 11 種類	おかず		汁物 17 種類
		サラダ 11 種類	炒め物、揚げ物など 14 種類	
シーフードカレー (2)	カレー味中華風肉じゃが	じゃがいものマリネ (2)	麻婆じゃがいも	みそバター豚汁
ポークカレー (2)	塩肉じゃが	千切りポテトのカレーサラダ	ほたてとじゃがいものチリソース	ごま風味豚汁 (2)
夏野菜カレー	ベーじゃが (2)	いもとウインナーのサラダ	豚チリ大根	じゃがいものみそ汁
えびフライカレー (2)	鶏肉といものカレー煮	ベーコンといものサラダ (3)	鮭のポテトサラダ焼き	けんちん汁 (2)
チキンきのこカレー	いもとソーセージのカレークリーム煮	ポテトサラダ焼き	肉じゃがコロッケ	じゃがすまし
かき揚げうどん	カレーポトフ	シャキンシャキいもサラダ	男爵コロッケ	大根と鮭のバター風味汁
ほたてラーメン	ビーフシチュー	いもとチーズのサラダ	焼きポテト	ポテトとマッシュルームのスープ
いもときのこのピラフ	じゃがいものみそバター煮 (2)	マカロニサラダ	ジャーマンポテト	しのじみそ汁 (2)
	じゃがいもとひじきの炒め煮	スタミナサラダ	カレーミックスポテト	あげのみそ汁
	マカロニの中華風煮	ハムサラダ	フライドポテト (2)	わかめのみそ汁
	いんげんとツナの炒め煮	鶏肉とキャベツのサラダ	茎にんにくとウインナーのソテー	すりみ汁
			ひき肉と切干大根のみそ炒め	なめこみそ汁
			洋風おから	麩とえのきのみそ汁
			ゴーヤーチャンプルー	玉葱のみそ汁
				具だくさんスープ
				コーンスープ
				キムチスープ

注）北海道新聞社（2010：115-126）より作成。（　）は出現回数が複数の場合。ただし 6 回分は料理名判別不能。

第4章　地場産物活用にみる学校栄養士業務の特質

表4-11　じゃがいものメニュー（2009年7月）

日にち	料　理　名	料理区分	調理法
1日	スパニッシュオムレツ	主菜	焼く
3日	男爵コロッケ	主菜	揚げる
6日	洋風おから	副菜	炒める
9日	じゃがいものみそバター煮	副菜	炒める
10日	茎にんにくとウインナーのソテー	副菜	炒める
14日	けんちん汁	汁物	煮る
15日	焼きポテト	副菜	焼く
16日	夏野菜カレー	主食	煮る
17日	いんげんとツナの炒めもの	副菜	炒める
21日	ゴーヤーチャンプルー	副菜	炒める
22日	ほたてラーメン	主食	煮る
23日	コーンスープ	汁物	煮る
24日	じゃがいものマリネ	副菜	あえる

注）北海道新聞社編（2010：118）より作成。

がいもを主材料としたサラダの種類は豊富である。「シャキシャキいもの梅サ
ラダ」は、細切りじゃがいもをゆでて梅干し入りドレッシングであえたもの
で、じゃがいもサラダをマヨネーズ以外の味つけにして、食感にも趣向を凝
らした。

　7月の給食は17回中13回と高い頻度でじゃがいもを使用しているが、料理
の重複はない（**表4-11**）。主食、主菜、副菜、汁物と料理区分に偏りはなく、
調理法も焼く、揚げる、炒める、煮る、あえると変化に富む。

第3節　地場産物活用にみる学校栄養士の力量形成

（1）地場産物活用における栄養士の力量

　置戸町学校給食センターの地場産物活用は、町教育委員会、町内生産者や
町民の協力と理解を得ながら定着してきた。学校給食における地場産物活用
促進検討会[11]が掲げる4つの方策「話し合いの場づくり」「学校給食のニー
ズに応じた生産・供給」「地場産物を活用するための工夫」「地産地消として
の取組」のすべてに置戸町学校給食センターの取り組みはあてはまる（**表**

表4-12　地場産物活用の方策と置戸町学校給食センターの取り組み

学校給食における地場産物活用促進検討会の方策＊		置戸町学校給食センターの取り組み
(1) 話し合いの場づくり	⇒	1980年代から地場産物の購入は生産者、地元業者から購入するシステムと信頼関係ができている
(2) 学校給食のニーズに応じた生産・供給		
①生産の拡大、安定供給	⇒	町内のJAや生産者が保管できるものはその期間利用する
②適正な価格設定	⇒	食材料によって対応をかえる　トマトは無農薬栽培なので市場価格より高値　ヤーコンは規格外品を購入　など
③加工品の開発	⇒	既製のものを活用（粉末しいたけ、ワイン）センター内で作れるものは作る（トマトピューレ、みそ）
(3) 地場産物を活用するための工夫		
・地場産物の旬に合わせた献立	⇒	ヤーコンなど特産物をはじめ、日々献立を工夫している
・ふるさと給食の定期的な実践	⇒	日ごろから置戸産、北海道産の旬の食材を利用しているので特別な期間を設けていないと考えられる
・教職員、保護者、地域住民の理解の向上と地産地消意識の醸成	⇒	給食センター内で加工するトマトピューレやみその使用、ふきの塩漬けへの協力などからみて、教職員や保護者、地域住民の給食に対する理解と信頼を得ていると考えられる
・衛生上のルールを順守しつつも、生産者側、学校給食側の作業分担の軽減などの対応	⇒	予定にない朝どりとうきび、通常業務の合間に行われるトマトピューレづくり、ふきの塩漬け作業は職員に負担がかかる
(4) 地産地消としての取組	⇒	「おいしい学校給食」が町民に定着し、信頼を得ている
①地産池消運動としての情報発信		
②地域の「食」の取組との連携		

注）＊は学校給食における地場産物活用促進検討会（2011：9-11）より引用。

4-12）。しかし最大の要因は、学校栄養士であった佐々木氏の安全でおいしい給食にしたいという考えを基盤にした取り組みにあったと考える。佐々木氏はその実現のために食材料調達に奔走し、食材料の特性と児童生徒の発達を熟慮しながら献立の工夫、改良に尽力した。こうして作られた給食（食事）を通して児童生徒をはじめ保護者や町民全体が学校給食に関心をよせ、理解を深めていったと考える。町民の理解を得たことで、行政は給食センターに対して、たとえば手作りみその材料費などの一部負担、センター専用の軽自

第4章　地場産物活用にみる学校栄養士業務の特質

動車の配備、調理員数の維持などができたのであろう。

　次に佐々木氏の取り組みを栄養士労働の視点から整理してみる。地場産物を含めた食料調達は学校栄養士の労働（**図1-2**）における日常的な業務の給食管理であり、佐々木氏の地場産物調達の活動もこの一環であった。しかし中村らは、栄養士が農家や直売所をまわって地場産物をみつけるのは本来の業務ではなく、「地産地消は農政サイドの課題であり、地場の生産者の掘り起こしと流通の確立は農政の仕事である。それを活用し、さらに食農教育として、きちんと子どもたちを教育するのが教育行政の仕事である」と指摘する（中村他 2003：102-103）。

　確かに、学校給食現場では学校栄養職員から栄養教諭への転換がすすみ、食に関する指導の実施とその成果を求められる状況にあって、地場産物の調達にも事務員らが加わり、能率的に行う必要がある。ただし、どのような学校給食を目指すのか、そのためにどんな地場産物が必要なのかという明確な目的が欠かせない。

　佐々木氏の栄養士労働で突出していた点は、近隣の学校栄養士との研究会などの「特殊な業務」や特に「とれびあん」での活動に代表される「自主的な活動」を継続することで、栄養士職としての能力を向上させていったことである。

　1996年のO-157食中毒事件以降、厳重な衛生管理が求められるなかで、多くの学校給食施設は、それまで行っていた山菜など施設内での加工・保管を取りやめた（飯澤他 1999：22-23）が、置戸町学校給食センターはみそ作りを継続し[12]、ふきの塩漬けやトマトピューレの加工も行った。自家加工品の取り扱いについて佐々木氏は、保健所の確認を得たうえで、さらに使用時は必ず加熱するルールを設け、安全対策を欠かさなかった。

　自家加工は、地場産物の活用のみならず、調理員数確保にもつながっている。通常、町が雇用する学校給食の調理員数は必要最低限に抑えられる。しかし調理員数に余裕があれば、通常の給食にも手間をかけることができる。置戸町学校給食センターで他の素材の食品に比べて取り扱いが難しいオケクラ

179

フトを利用できるのも調理員数が確保されているからである。佐々木氏は調理員の調理・衛生指導にも力を注ぐ一方、仕事の重要性を認識し、確実に作業する調理員に敬意を払った（佐々木 2013：82-83）

　佐々木氏は、置戸町学校給食センターでの地場産物活用の取り組みについて、「特別な事をしているつもりは何ひとつありませんが、当たり前であり、自分の納得のいく給食を出したいと言う思いが強い事は確かです。ただ思いだけが強くても、まわりの理解と協力がなくては何も出来ません。幸いな事に、上司や職場の仲間、地域の方々の御協力のもと、同じ思いで少しずつではありますが、地道に確実に自分達のものとして、根強く継続することが出来ました」と述べている（佐々木 2006：62）。

（2）地場産物活用と栄養士業務に関する課題

　学校給食における地場産物の活用と栄養士業務に関して、当面の課題をつぎの3つと考える。

　1つは、栄養士業務の継承に関することである。置戸町学校給食センターの地場産物を活用した学校給食は、力量ある栄養士が中心となり40年近くの歳月をかけて築き上げられた。佐々木氏の退職に伴い、2011年4月から新卒の栄養教諭が業務を引き継いだ。学校栄養士の異動に伴う業務の引き継ぎ期間は通常数日程度のだが、置戸町教育委員会は佐々木氏を学校給食アドバイザーとして1年間給食センターに派遣して、新人栄養士が置戸町学校給食センターの栄養士職務を継承できる体制を整えた。この間、佐々木氏はほぼ毎日新人栄養士と接しながら、献立作成などの給食業務を1つずつ実地で引き継ぐとともに、自らが行ってきた自主的な活動や管理業務などの熟練を要する仕事も指南した。こうした体制にはアドバイザーの確保と人件費が必要となり、他の自治体がただちに取り組むのは難しいが、学校給食業務の継承の有効な方法の一つと考える。今後の置戸町学校給食センターの経過を検証するとともに、他の事例にもあたる必要がある。

　2つめは、地場産物を原材料とした加工食品の開発・導入である。置戸町

第4章　地場産物活用にみる学校栄養士業務の特質

学校給食センターは自家加工品のほかに、置戸産ぶどうやしいたけの加工品も使用していた。地場産物の加工品があれば、使用時期に制限がなく、量も確保しやすい。石川県では遡上サケを有効利用するために、県水産課が呼びかけ、加工業者と石川県学校給食会が協力して商品開発し、県教育委員会が連携して「サケ団子」を提供した（林 2005：103）。神奈川県水産技術センターは学校栄養士とともに魚種を選択し、調理方法の検討、試作などを行い、県産魚の加工品を開発した（臼井他 2012：63）。地場産物の加工・冷凍食品を取り扱う都道府県学校給食会は増えているものの（内藤 2010b：45）、納入業者にとっては入札時期の制約、在庫管理の負担、調達価格の変動などの課題から、一次加工が海外や産地外になることもあるという（脇谷ら 2015：27-28）。加工品であってもいつでも安定した価格で利用できるとは限らないが、生鮮品だけよりも献立の幅は広がる。また、地域内の他の給食施設や他地域の学校給食で利用されれば、さらなる地域資源の活用につながる。加工食品の開発にあたっては、直接利用する栄養士も積極的に関わる必要がある。

　3つめとして、地場産物活用の評価である。食育推進基本計画や学校給食法が地場産物活用の方向性を示していることもあり、各学校給食では使用するための努力がされている。しかしながら地域や季節によって地場産が入手しにくい場合がある。北海道の地場産物利用率は9月10月が高く、積雪する11月から翌年5月までは他県産の野菜利用が増える。台風や冷害で収穫量が減って利用できないこともある。

　福島県では原発事故後の2012年度地場産物活用割合は、2010年度の半分に減少した。安全が確認され、保護者の不安感が軽減されて、2016年度には事故前の9割に回復した（福島県教育庁 2016）。このように食品の安全性が危ぶまれる環境で生産された食物は地場産であっても、学校給食に使うわけにはいかないのである。

　地場産物活用の評価は、量や金額などの評価に止めず、給食内容の充実および食に関する指導や他教科における効果、児童生徒の反応や変化などの質的な評価も重要であり、その方法の開発が急がれる。

181

学校給食に何をもとめるか、何を優先するのか、学校栄養士はもちろんそれぞれの学校および自治体が児童生徒の実情を把握したうえで、地場産物活用の意義を再考する必要があると考える。

注

1）品目ベースは、給食に使用した全食品数に対する地場産物品数で求める方法であり、文部科学省調査に用いられている。品目ベースは、調査期間中に同じ種類の食材料は何度使用しても1種類となる。給食全体の品数が多く、地場産物の種類が数品しかなかった場合は、地場産物活用率は低くなってしまう。

2）金額ベースは、年度を通じての購入金額に対する割合である。この場合、米や牛乳など頻繁に使用する食品が地場産物であれば購入金額が大きくなり、地場産割合は高くなる。また高価な地場産品を使用すれば使用回数が少なくても購入金額に影響して、やはり地場産割合は高くなる。北海道の学校給食では、頻繁にしかも1回の使用量が比較的多い米粉パン、米粉めんを含む米の99.8％、主食用パン・めんの89.1％、飲用及び調理用牛乳は100.0％、年間を通して生産される畜産物とその加工品の58.9％が北海道産であったため金額に反映されたものと考えられる。一方、市町村産物の利用が少ない理由には、仕入価格が高い、数量の確保が難しい、規格が合わない、種類が少ないことがあげられた（学校給食における地場産活用推進検討会 2011：6）。

3）都市部の学校給食における食材調達方式および地場産物活用に関する研究（内藤他 2010ab、山際他 2015）、学校給食への地場産物供給流通経路に事例分析（山田 2014、三須田 2009）、地場産物の配送業務支援、代行に関する研究（森内他 2014）、地場産野菜の使用傾向と地域性に関する研究（田中他 2013）、地場産物活用の先進学校給食における取組効果と課題に関する研究（片岡 2005）などがある。

4）置戸町は北海道東部に位置する。面積の8割以上を山林が占め、農業と林業が主産業である。農業はビート、小麦、じゃがいも、玉ねぎ、白花豆などの豆類、ヤーコンなど畑作と、乳・肉用牛飼育である。

　なお、置戸町学校給食センターの地場産物活用については、2012年8月21・22日に実施した元学校栄養士の佐々木氏、置戸町学校給食センター、置戸町教育委員会職員へのヒアリング調査と提供資料などを参考とした。

5）オホーツク管内は北海道の行政区分の1つである。農業は畑作と酪農が盛んで、たまねぎ、麦、砂糖原料のてん菜（ビート）、じゃがいもなどの収穫量が多く、オホーツク海側ではほたてや鮭などが水揚げされる。

6）オケクラフトについては、澤田（1992：107-154）、千田（2001）を参照されたい。

第4章　地場産物活用にみる学校栄養士業務の特質

7）長年のトマトピューレ作りの間には、生産者側の都合などにより、納入生産者
　は何度か入れ替わった。

8）勝山を考える会は、置戸町勝山地区の活性化をめざした農家により1989年に結
　成されたグループである。

9）じゃがいも使用84回のうち6回分はどの料理に使用されたか判別不能であっ
　た。

10）2009年度の献立メニューではないが、「じゃがいもを使ったパスタ料理ってあ
　んまりないな」と考案した「じゃがいもと豚肉のペペロンチーノもある（北海
　道新聞 2010：38）。

11）学校給食における地場産物活用促進検討会は、学校給食での地場産物の活用状
　況や円滑な供給方策などについて調査、検討を進めることを目的に北海道教育
　庁が2010（平成22）年6月に設置した。検討会は、北海道の学校給食にあって
　は今後、需要が多く購入金額の大きな食品群の使用、とくに水産物や農水産物
　及びその加工品の使用割合を高めることが重要と4つの事項を提言した。なお
　検討会は、北海道農業協同組合中央会、ホクレン農業協同組合連合会、北海道
　漁業組合連合会、（財）北海道学校給食会、（社）全国学校栄養士協議会北海道
　支部などで構成され、オブザーバーに北海道市長会、北海道町村会、北海道都
　市教育委員会連絡協議会、北海道町村教育委員会連合会が置かれている。

12）2011年4月に新人の栄養教諭が着任した際、佐々木氏は1年間学校給食アドバ
　イザーとして支援した。

終章

学校給食における栄養士職の労働に関する課題と展望

第1節　各章のまとめ

　戦後の学校教育再開にともない教育の継続と子どもたちの健康のために、保護者や地域の協力を得ながら、代用食や山菜などを活用してはじまった学校給食は、その後、制度化と社会的要請を背景に、全国各地に普及するとともに目的や実施方法などが変化していった。そこで第1章は、学校給食の戦後の変遷を4期（第1期1945～1960年、第2期1961～1980年、第3期1981～2000年、第4期2001年以降）に整理するとともに、各期の栄養士労働を明らかにすることを課題とした。

　戦後直後の学校給食においては、食料調達が最大の課題であった。学校給食に職を得ることができた栄養士はわずかであったが、食料調達に奔走し、劣悪な施設環境のなか苦慮しながら栄養面、衛生面に配慮した給食の提供を行った。1954年制定の学校給食法により給食を実施しやすくなった反面、その内容は学校・地域独自の取り組みから、文部省の意向を反映するものへと変化していった。学校給食法には栄養士の役割や配置は明文化されなかったが、給食運営に栄養士を必要とした学校やPTAにより雇用が徐々に増加した。

　第2期には都市人口増に伴う学校の規模増大・増設、過疎地域にあっても保護者たちの強い要望に応えるかたちで、共同調理場が全国に普及した。共同調理場の栄養士には給与費の補助があり、これをきっかけに学校給食への栄養士配置が進んだ。その一方、共同調理場は、大量調理、複数の学校への配送を前提とするため、栄養士業務には大量の給食を短時間でいかに仕上げるかが求められた。そうしたなか1974年には学校給食法に学校栄養職員が位置づけられ、学校栄養士もいよいよ制度のもとにおかれることとなった。雇

185

用が安定したものの、職務は制約され、栄養士の専門性と実際の役割が乖離しはじめた時期といえる。

　第3期は、調理員の非正規雇用がすすみ、さらには調理業務の外部委託制度が導入された時期であった。調理員の働き方が制約されたこと、調理技術の伝達がされにくくなったことなどに対応するため、学校栄養士は作業管理を中心に多くの時間を給食管理に費やすこととなった。一方、学校教育の一環として健康教育に力が注がれるようになり、学校栄養士が食に関する指導を行う体制が整いはじめた。そうした状況のなかでO-157食中毒事件が起こり、献立内容から衛生管理まで大幅な見直しを迫られ、栄養士業務は再び給食管理に重点が置かれた。

　第4期の2005年には、学校栄養士を教育職に位置づける画期的な栄養教諭制度が創設された。栄養教諭の職務には学校栄養職員と同じく給食管理があり、そこに食に関する指導（栄養教育）と学校運営の業務が加わり、学校栄養職員にも食に関する指導が求められ、学校栄養士全体の労働密度は高まった。同時期に食品偽装、放射能汚染といった食品の安全問題が深刻化を増し、安全性の高い食料を調達するために学校栄養士の労力が費やされた。

　戦後の学校給食は法律の制定にともない、全国に拡大し、どんな地域でも一定レベルで運営できる体制が整った。やや遅れて栄養士の位置づけや雇用条件、職務が整備されていった。しかし制度のもとにあって各学校・地域の特色を生かした給食の実施は難しく、栄養士労働も児童生徒に適した給食のためというよりは、その時々の政策、方針に応じて変化してきた経緯がある。

　第2章では、栄養教諭の配置が進んでいる北海道を対象に、学校栄養士の労働実態を明らかにすることを課題とした。

　栄養教諭制度創設に伴い、学校栄養士の需要が高まり、雇用条件も整ってきたようにみえるが、実際の労働時間が長く、業務内容も多岐にわたっていた。その要因は、従来の給食管理業務に、これまで以上の食に関する指導と学校運営に関する業務の増加であった。さらに給食施設が栄養教諭の配属校と離れている場合では、移動にも時間がとられていた。また正規雇用の栄養

186

終章　学校給食における栄養士職の労働に関する課題と展望

教諭だけでなく、期限付きの栄養教諭や市町村による非正規雇用の栄養士も少なくなく、公的な学校給食にあっても栄養士の雇用には不安的な要素があった。正規雇用の栄養教諭は、給与面などの保証はあっても、その分業務量が多く、施設間の移動には危険が伴い、教員としての質的向上が求められ、給食運営の責任も加わり身体的、精神的に厳しい労働環境に置かれていた。

　近年の学校給食は、食中毒のみならず多様な危機にさらされており、適切なリスク対応が求められている。そこで第3章は、北海道の学校給食を対象にリスク管理対策の現状を整理するとともに、昨今に起きた大型食中毒、食物アレルギーによる死亡事故、給食費の不正経理の原因分析からリスク管理における栄養士の役割を明らかにすることを課題とした。

　北海道の学校給食では、衛生管理に関しては北海道教育委員会および市町村教育委員会が作成したマニュアルがあり、給食施設ではいずれかのマニュアルを使用していた。食物アレルギー対策マニュアルは市町村教育委員会が作成しているところが多い反面、マニュアルの有無と給食対応は必ずしも一致していなかった。給食会計は市町村教育委員会職員が担当しているところが多かった。

　学校給食事故の原因は、食中毒では衛生管理のルール違反、食物アレルギー事故と不正経理は確認不足であった。給食の安全性を高める方法は、もっとも基本的な作業、確認を的確に行うことであり、同時にそれらをしやすい環境整備が必要であることが示唆された。学校栄養士は給食運営の実質的な責任者として自らを律するとともに、各工程のリスクを予測して、給食関係者に理解、協力を求めながら、環境改善を行わなければならない。万が一事故が起こった場合には、給食関係者が迅速かつ正確に事故対応できるように学校栄養士、給食施設長、調理員、学校関係者、地域の医療機関、保健所に働きかけ、まとめていくのは市町村教育委員会の役割であり、緊要な課題である。

　第4章では、1980年代より地場産物活用の取り組みをはじめた置戸町学校給食センターの事例をとおして、学校栄養士の職務と力量形成の関連性を考

187

察した。置戸町学校給食センターの地場産物活用は、長年栄養士として勤務した佐々木氏が中心となってすすめられてきた。その活用方法は、生産時期、量、状態への対応はいうまでもなく、短期間に大量に収穫されるトマトは、ピューレに加工保存して年間を通して活用した。O-157食中毒事件以降、多くの学校給食では敬遠する給食施設内での保存食づくりを継続してきたのも、佐々木氏が栄養士としてそれまで培ってきた能力と、児童生徒においしい給食を提供したいという思いであり、それを可能とした調理員たちの調理能力によるものであった。

　佐々木氏の栄養士職として特出しているところは、食料調達にとどまらず、給食メニューやレシピをつねに改良しながら、安全でよりよい給食にする努力を続けてきたことである。こうした積み重ねが給食内容に反映され、児童生徒をはじめ保護者や町民全体の学校給食への信頼につながったと考える。佐々木氏の取り組みから、学校栄養士においては献立作成能力、調理加工および衛生管理に関する知識、技術と実践力の重要性が示唆された。

　学校栄養士の労働環境、労働条件は学校給食法などの制定、改定にともない、全体的には働きやすくなり、職務が給食業務のみならず食教育への広がり、職種としての充実感も得られるようになった。それは食物アレルギー児への給食対応や地場産物の活用でもみたように、法や制度にさきがけて、個々の学校栄養士が児童生徒の栄養、成長を配慮し、学校給食でできることを熟慮した上で、率先して取り組んできた成果でもあった。ところが制度が整備されて仕事がしやすくなった面もあれば、制約のために給食施設独自の取り組みが躊躇され、画一的な給食になった面もあった。

第2節　学校栄養士の労働に関する課題と展望

　学校給食における栄養士労働の課題は、業務内容、量ともに次々と増え続けていることである。給食業務をとってみても、地場産物の活用、食物アレルギー対応が加わり、さらには安全な食材料の入手にも時間を費やしている。

終章　学校給食における栄養士職の労働に関する課題と展望

栄養教諭の場合は給食業務に加えて、食に関する指導の計画や授業もあり、教員ではない学校栄養職員にも栄養教諭と同等の働きが期待されている。学校現場では他教員も多忙を極めているため、学校栄養士は業務量が多くて忙しい、仕事が大変で心身がもたないとは言いにくい状況でもある。しかしとくに共同調理場配属の栄養教諭は、学校と給食施設を1日に何度も往復しており、移動にともなう危険や時間のロスがあることは、通常業務の多くを校内で行うことができる他教員の労働環境とは異なり、学校栄養士の負担は大きい。

　栄養教諭制度は、学校教育における食教育の推進に益するであろうし、学校栄養士の待遇改善につながった面もある。しかしながら、制度導入時に職務内容を精査せず、従来の給食業務はそのままにして、安直に食に関する指導（栄養教育）業務を加え、単一献立大量調理時代の配置数としたことで、栄養教諭の業務量は膨大になり、学校栄養士全体が疲労状態にある。それでもなお「やりがいはあるのでがんばる」という学校栄養士たちがバーンアウトしないように、配置や業務内容の見直しが急務である。

　学校栄養士の労働はどうあればよいのだろうか。栄養士職の役割は、人々が健康に生活するための食生活支援である。学校給食においては第一に、児童生徒の健康や食生活をふまえた安全でおいしい給食の提供である。したがって学校栄養士の労働は、こうした給食が提供できる職務内容と業務量であること、さらには栄養士自身の能力向上のための自主的な活動時間の保障が重要であると考える。この点をふまえ、現在の学校栄養士における労働の課題をあげる。

　第1の課題は、学校栄養士の業務量と労働時間・密度に関することである。食に関する指導の強化や給食の安全対策、さらには学校教職員や調理員の雇用縮小などの影響により、学校栄養士の業務内容は量・質ともに年々増大している。学校栄養士は職責を果たすべく精励しているが、すでに飽和状態にある。こうした状況にあって、今後さらに食に関する指導も推進していくのであれば、学校栄養士の増員が必須である。同じ市町村内にあっても学校は

189

それぞれの教育方針があり、運営方法も異なる。現状のように、一人の学校栄養士が複数校を担当する体制には無理がある。

　学校栄養士の配置が整備されるまで、膨大な業務を抱えたままでよいわけがない。今まで何とか耐えてきたが、すでに学校栄養士は心身ともに困憊している。その影響は調理員らにも及び給食業務の調理作業や衛生管理に支障をきたす。安全な給食運営のためにも学校栄養士の役割を再考し、業務内容を整理し、学校栄養士が能力を発揮しやすい労働環境の整備が急務である。

　第2の課題は、学校給食にかかわる市区町村教育委員会、給食施設、学校の対応である。

　学校栄養士の配置数を増やすにしても、多くの学校給食施設では一人配置の状況が続くと想定される。栄養士が一人しかいない給食施設で、異動や退職にともなって栄養士の交代がある場合、現状では十分な業務内容の引き継ぎができているとは言い難い。とくにベテランの栄養士から経験の少ない栄養士への交代では、十分な支援体制を整える必要があると考える。そうすることによって、これまで積み上げられてきた栄養士業務をスムーズに次の世代に引き継ぐことができるようになる。

　そこで早急に取り組みが必要な事項として、調理員の待遇改善を上げる。学校栄養士の計画した献立を食事に作り上げる調理員であり、安全でおいしい給食の提供は調理員なしには実現しないからである。調理員の労働は肉体的に過酷である上に、大量調理には技能を要する。調理員の技能が熟練するにも一定の経験が必要だが、短期間の更新や細切れのパートタイムといった不安定な雇用では、働き続けるのが難しい。給食の質を保つためには調理員の雇用の安定と熟練の技能を伝達していける体制が必要である。

　例えば置戸町学校給食センターでは、調理員の待遇は非正規雇用ではあるが、他の給食施設に比べて人数の確保がされていた。調理員数の余裕が給食内容に反映することを示したが、調理員側からみれば一人ひとりの労働密度を抑えられる。また調理作業は重労働の上、衛生的配慮など細やかな作業の連続であり、「忙しくて休憩時間も取れないと集中力が低下」するため、「5

終章　学校給食における栄養士職の労働に関する課題と展望

分でもいいので休憩して体と気持ちを整えてから再度仕事にとりかかる」（足助 2014：135-136）、といったような作業工程の工夫も考えなければならない。ささやかな取り組みや配慮が調理員にとっては働きやすさにつながり、給食運営が安定する。

　第3は、学校栄養士自身に関する課題である。学校給食の制度化のもとで学校栄養士の位置づけや雇用はある程度安定してきた。その一方で、職務は増大し、実施については学校給食特有の規則、基準に制約される内容が多くなった。加えて栄養教諭には教員の役割が求められ、なんとしても食に関する指導（授業）を行わなければならない、といった重圧があると聞く。学校栄養士の労働力に限りがあるなかで、すべての要請に対応するのは困難なほど、現状の業務量は膨大である。もしすべての要請に対応できるというならば、それは表面を取り繕った画一的な内容になるか、学校栄養士の健康や生活を犠牲にして労働力を捻出することになる。

　学校栄養士が担う給食運営や食に関する指導には多様な要請があり、また栄養士自身の理想もある。が、もっとも優先しなければならないのは、給食や食教育の対象である児童生徒に必要な事項である。限られた条件のなかで、優先事項から的確に取り組む実行力が学校栄養士の能力には不可欠と考える。

　それに関連して、学校栄養士の労働に関する評価のしかたや内容の検討が必要である。地場産物使用や授業回数が多ければ栄養的教育的効果が向上するわけではない。児童生徒の健康・栄養状態に対応し、なおかつ将来自立した食生活を営む力を育む学校給食、食に関する指導にしていくためにも、まずは現状の栄養士の職務内容、業務量など労働に対する適正な評価が急務である。これは栄養教諭制度の検証にも有効と考える。評価から適切な労働条件が導き出され、また栄養士自身の質的向上への新たな示唆が得られると期待する。

191

引用・参考文献

［ 1 ］ 青木栄一・神林寿幸（2013）「2006年度文部科学省「教員勤務実態調査」以後における教員の労働時間の変容」『東北大学大学院教育学研究科研究年報』第62集第 1 号

［ 2 ］ 青島祐子（1997）『ジェンダー・バランスへの挑戦―女性が資格を生かすには―』学文社

［ 3 ］ 秋山智久（2007）『社会福祉専門職の研究』ミネルヴァ書房

［ 4 ］ 足助茂樹（2014）「地域食材を取り入れた塩尻市の学校給食」長野県教職員組合栄養教職員部『子供たちを食の主人公に　地産地消の食文化で生きる力を育む』青木書店

［ 5 ］ 足立己幸（2005）「「栄養教諭」とはなにか　なにが期待されているか」女子栄養大学栄養教諭研究会『栄養教諭とはなにか　「食に関する指導」の実践』女子栄養大学出版部

［ 6 ］ 足立己幸・NHK（1983）「おはよう広場」『なぜひとりで食べるの―食生活が子どもを変える―』日本放送出版協会

［ 7 ］ 阿部稚里・大森正英編集代表（2012）『健康・栄養学用語辞典』中央法規

［ 8 ］ 天野寛子（2001）「家事労働―家事・育児・介護」宮崎礼子・伊藤セツ『家庭管理論（新版）』有斐閣新書

［ 9 ］ 天野正子（1982）『転換期の女性と職業―共生社会への展望―』学文社

［10］ 雨宮正子（1992）『学校給食』新日本新書

［11］ 雨宮正子他編著（1997）『学校給食を考える　O157事件はなぜおきるのか』青木書店

［12］ 有沢広巳監修（1977）『昭和経済史』日本経済新聞社

［13］ アレルギー疾患に関する調査研究委員会（2007）「アレルギー疾患に関する調査研究報告書」

［14］ 飯澤理一郎・河合知子・久保田のぞみ（1999）「学校給食と食材料調達―「学校給食における食材料調達に関する調査」報告書―」「学校給食と食材料調達」に関する研究会

［15］ 飯澤理一郎・河合知子・久保田のぞみ（2001）「学校給食における食材料調達―「自校方式」の学校給食を対象として―」「学校給食と食材料調達」に関する研究会

［16］ 飯塚さち子・平本福子（2013）「学校栄養士の職務制度に関する歴史研究」『宮城学院女子大学生活環境科学研究所研究報告』45

［17］ 五十嵐美絵・吉田亨（2011）「市町村栄養士の事業マネジメントに関する自

己効力感とその要因」『栄養学雑誌』第69巻3号

[18] 五十嵐めぐみ・清水瑠美子・酒井映子・佐藤祐造（2011）「医療機関における栄養管理の取り組みに関する一考察」『愛知学院大学心身科学部紀要』7

[19] 池畠千恵子・古屋美知・森岡美帆（2015）「新人栄養士の業務遂行の思いに関する質的研究」『日本健康育学会誌』第23巻2号

[20] 石田裕美（2013）「給食経営管理の理論」石田裕美・冨田教代編『給食経営管理論』医歯薬出版

[21] 市川陽子（2013）「生産管理」石田裕美・冨田教代編『給食経営管理論』医歯薬出版

[22] 井野隆一（1975）『日本の食糧』新日本新書

[23] 植村肇（1962）「占領下随想」学校給食十五周年記念会『学校給食十五年史』杉田屋印刷

[24] 臼井一茂・柳川美惠子・黒岩勇太・太田昌子（2012）「学校給食への県産水産物の利用―特に鯵ハンバーグについて―」『神奈川県水産技術センター研究報告』5

[25] 内田早苗（1962）「学校給食再開前後の思い出」学校給食十五周年記念会『学校給食十五年史』杉田屋印刷

[26] 江差町議会（2013）「平成25年第4回定例会会議録（第1号）」

[27] 江差町ほか2町学校給食組合不正経理事故第三者委員会（2014）「江差町ほか2町学校給食組合不正経理事故第三者委員会　報告書」

[28] 海老澤元宏他（2014）「食物アレルギーの診断の手引き　2014」

[29] NPO法人日本管理栄養士・栄養士の夢編（2011）『管理栄養士・栄養士の教育―専門性の向上を目指して―』建帛社

[30] 荏原順子（2014）『介護職養成教育における専門性の形成　教育カリキュラムの分析を通して』大空社

[31] 大礒敏雄（1982）『混迷の中の飽食』医歯薬出版

[32] 大江正章（2008）『地域の力―食・農・まちづくり』岩波新書

[33] 大川美好（1994）「食物アレルギーに取り組んで」『学校給食』5

[34] 大沢やちよ（1962）「歩きはじめの給食」学校給食十五周年記念会『学校給食十五年史』杉田屋印刷

[35] 太田和枝・照井眞紀子・三好恵子編（2008）『給食におけるシステム展開と設備』建帛社

[36] 大中佳子・森政淳子・石田裕美（2014）「給食施設における献立作成業務実態調査―作業の所要時間と標準化にむけて―」『鎌倉女子大学紀要』21

[37] 大間知啓輔（1986）『学校給食―その実態と改革』ありえす書房

[38] 大宮めぐみ（2012）「栄養士・管理栄養士資格保有者の資質向上と知識欲求」『農林業問題研究』48.2

引用・参考文献

[39]　大宮めぐみ（2015）『病院給食と地産地消』大学教育出版
[40]　置戸町学校給食センター（2009）「給食だより」10
[41]　置戸町学校給食センター（2010）「給食だより」10
[42]　置戸町史編纂委員会（1987）『置戸町史　下巻（戦後編）』置戸町役場
[43]　尾高恵美（2006）『学校給食への地場産野菜供給に関する調査』農林中金総合研究所
[44]　小野美樹子（2012）「通常給食再開に向けて」宮城県教職員組合『東日本大震災　教職員が語る子ども・いのち・未来―あの日、学校はどう判断し、行動したか』明石書店
[45]　カール・マルクス（2009）『資本論』新日本出版社
[46]　海後宗臣編（1975）『教育改革　戦後日本の教育改革　第一巻』東京大学出版会
[47]　片岡美喜（2005）「地場産農産物を活用した学校給食の取組と効果に関する一考察」『農林業問題研究』41.2
[48]　片峰和子・喜島健夫監修（1972）『改訂学習指導要領による指導・管理運営　学校給食全書』全国学校給食協会
[49]　片山千賀子（2007）「学校給食活動における地域づくりの可能性」『北海道大学大学院教育学研究科紀要』101
[50]　『学校給食』（2012）全国学校給食協会、2012年4月
[51]　学校給食研究会編（1989）『学校給食がいのちをはぐくむ』自治体研究社
[52]　学校給食十五周年記念会編（1962）『学校給食十五年史』杉田屋印刷
[53]　学校給食における食物アレルギー対応に関する調査研究協力者会議（2014）「今後の学校給食における食物アレルギー対応について　最終報告」
[54]　学校給食における地場産物活用促進検討会（2011）「学校給食への地場産物活用を進めるために」北海道教育庁学校教育局健康・体育課、北海道農政部食の安全推進局食品政策課
[55]　学校健康教育法令研究会監修（2009）『第7次改訂版　学校給食必携』ぎょうせい
[56]　桂きよみ・岡崎光子編著（2010）『三訂　給食経営管理論』光生館
[57]　金井志げ子（1990）「地域と連携する学校給食」長野県教職員組合栄養職員部編著・新村洋史監修『子どもがかがやく学校給食』めばえ社
[58]　金森久雄・荒憲治郎・森口親司編（2013）『経済辞典（第5版）』有斐閣
[59]　金子敬子（2013）「震災時の対応と学校給食の復旧までのあゆみ」公益社団法人　岩手県栄養士会『そのとき被災地は―栄養士が支えた命の食―』公益社団法人　岩手県栄養士会
[60]　金子俊・高木和男（1971）「産業給食における栄養士の業務に関する調査について」『立正女子大学紀要』5

［61］　金田雅代編著（2013）『三訂　栄養教諭論―理論と実際―（第2版）』建帛社
［62］　刈屋保子（2013）「人と人のつながりが成し遂げる復興～ひとりの力を、大きな力に～」公益社団法人　岩手県栄養士会『そのとき被災地は―栄養士が支えた命の食―』公益社団法人　岩手県栄養士会
［63］　河相一成（1986）『食卓から見た日本の食糧』新日本新書
［64］　河合知子（2006）「栄養教諭創設のねらいは何か」河合知子・佐藤信・久保田のぞみ『問われる食育と栄養士』筑波書房
［65］　川越有見子（2007）「栄養教諭制度の創設過程に関する考察―審議経過を中心に―」『東北大学大学院教育学研究科研究年報』第56巻1号
［66］　川越有見子（2008a）「栄養教諭制度に関する国会審議の分析と考察」『東北大学大学院教育学研究科研究年報』第56巻2号
［67］　川越有見子（2008b）「栄養教諭の職務実態に関する考察―福井県、京都市、札幌市、南国市の実態調査を通して―」『東北大学大学院教育学研究科研究年報』第57巻1号
［68］　川越有見子（2015）『栄養教諭養成におけるカリキュラム開発研究』風間書房
［69］　川島利雄・渡辺基（1997）『食物・栄養科学シリーズ18　食料経済』培風館
［70］　河部節代（1994）「食物アレルギーと学校給食」『学校給食』5
［71］　川義郎（2010）「学校給食費の現状と今後の課題」『法律事務研究』25
［72］　管理栄養士国家試験教科研究会編（2008）『管理栄養士受験講座　給食経営管理論』第一出版
［73］　漢人明子（2016）「小金井市の放射能測定室はなぜ続いているか」東京学芸大学教育実践研究支援センター編『資料集　市民と自治体による放射能測定と学校給食』明石書店
［74］　岸田恵津・原田恵美・増田康男（2009）「兵庫県における栄養教諭の職務の現状と課題―任用1年後の栄養教諭を対象とした調査より―」『兵庫教育大学研究紀要』第34巻
［75］　「給食と食物アレルギーを考える（上）」『西日本新聞』2013年10月9日
［76］　岸本翠月・竹林利彦編（1974）『芦別市史』中西印刷
［77］　北田ヒデ子（1976）「医療給食労働」芝田進午『医療労働の倫理』青木書店
［78］　北村史編纂委員会編（1985）『北村史　下巻』ぎょうせい
［79］　木戸康博他編（2014）『栄養学実践用語集』医歯薬出版
［80］　清田恭平・竹元晶子・岡島沙織・森野静香・楢井訓・佐久間淳子・吉光真人・阿久津和彦・梶村計志（2015）「大阪府7市の小学校給食における食物アレルギー対応に関する調査」『食品衛生学雑誌』第56巻4号
［81］　久保田賢・河合洋見（2015）「食中毒事件発生施設の事後調査による発生防止策の総合的検討」『日本衛生学会雑誌』70

引用・参考文献

[82] 久保田のぞみ（2006）「学校栄養職員に求められる能力とは」河合知子・佐藤信・久保田のぞみ『問われる食育と栄養士』筑波書房
[83] 久保田のぞみ（2010）「栄養士の就業実態・意識調査からみる養成施設の課題」『名寄市立大学道北地域研究所　地域と住民』
[84] 黒光貴峰・新馬場有希・徳重礼美（2011）「鹿児島県における家庭科教育の実施状況：中学校家庭科教員の実態」『鹿児島大学教育学部研究紀要　教育科学編』
[85] 小池和男（1991）『仕事の経済学』東洋経済新報
[86] 甲賀正亥（1963）『給食管理教本』光生館
[87] 国立教育研究所編（1974）『日本近代教育百年史　第六巻　学校教育4』国立教育研究所
[88] 小倉英郎（1997）「食物アレルギーの診断」『臨床栄養』6
[89] 小崎光子（1980）『学校給食センターへの告発』三一書房
[90] 小島しのぶ（1993）『学校給食変遷史』大学教育出版
[91] 小林陽子・岸田佳那子（2010）「栄養教諭の職務に関する実態調査─家庭科教諭と栄養教諭の連携に関する一考察（その1）─」『群馬大学教育学部紀要　芸術・技術・体育・生活科学編』45
[92] 小松茂編著（1993）『学校給食　管理教育のただなかで』長征社
[93] 小松龍史・外山健二編著（2006）『管理栄養士講座　給食経営管理論』建帛社
[94] 佐伯芳子（1986）『栄養学者　佐伯矩伝』玄同社
[95] 齋藤陽子・齋藤久光（2010）「学校給食からみた十勝型地産地消の特徴と課題」仙北谷康『十勝型地産地消と地域密着型フードシステムの展開に関する研究』
[96] 西念幸江（2015）「新調理システム」安原安代・柳沢幸恵『改訂新版　調理学─健康・栄養・調理』アイ・ケイ　コーポレーション
[97] 佐賀県教育委員会（2012）「学校給食の手引」
[98] 佐々木十美（2005）「オケクラフトのお椀に盛る汁物献立の多様化」『学校の食事』2
[99] 佐々木十美（2006）「20年続けてきた地元食材の学校給食〜食器も地元木材〜」『学校の食事』6
[100] 佐々木十美（2007）「味覚を育てる学校給食」『学校給食』5
[101] 佐々木十美（2013）『日本一の給食』学研パブリッシング
[102] 札幌市教育委員会（2015）「教職員の勤務実態調査結果（平成27年2月実施）」2015年9月
[103] 佐藤愛香（2008）「フードサービス─給食サービスを中心に」『からだの科学』増刊号

[104] 佐藤信（2006）『学校給食におけるBSE問題と地元産食材料使用に関する実証的研究（平成15〜17年度科学研究費補助金（基盤研究（C）（2））研究成果報告書）』2006年3月

[105] 澤田正春（1992）「木と暮らしとまちづくり」札幌学院大学人文学部編『北海道の村おこし町おこし』札幌学院大学人文学会

[106] 芝田進午（1980）「学校教職員の現状と課題」『教育をになう人びと』青木書店

[107] 島村知歩・杉原麻起・藤本さつき・松原挙美（2003）「給食施設勤務栄養士の日常業務実態調査」『奈良佐保短期大学研究紀要』10

[108] 社団法人日本栄養士会（1980）『栄養士会創立35周年記念誌　栄養士のあゆみ』社団法人日本栄養士会

[109] 社団法人日本栄養士会（2004）『栄養士制度発展のあゆみ―栄養士会50年のあゆみ』第一出版

[110] 社団法人日本栄養士会（2009）『社団法人設立50周年記念誌』社団法人日本栄養士会

[111] 社団法人日本食品衛生協会(2009)『食品衛生の基本!!　調理施設の衛生管理』社団法人日本衛生協会

[112] 清水洋二訳／竹前栄治・中村隆英監修（2000）『GHQ日本占領史　第35巻価格・配給の安定―食糧部門の計画』日本図書センター

[113] 鈴木朋子・山東謹弥・井尻吉信（2016）「管理栄養士養成教育課程のあり方の検討：医療専門職の養成の視点から」『大阪樟蔭女子大学研究紀要』6

[114] 鈴木久乃（2000）「給食施設におけるHACCPの重要性とその課題」『日本食品微生物学会雑誌』第17巻2号

[115] 鈴木道子（2008）「日本における栄養士・管理栄養士制度と養成システムの変遷」『東北大学大学院教育学研究科研究年報』第57巻1号

[116] 鈴木道子（2009a）「栄養士・管理栄養士養成機関の多様性とその変遷」『東北大学大学院教育学研究科研究年報』第58巻1号

[117] 鈴木道子（2009b）「管理栄養士―養成システムの二重構造」橋本鉱市編著『専門職養成の日本的構造』玉川大学出版部

[118] 鈴木道子（2010）「管理栄養士・栄養士養成施設の教育課程編成基準及び教員要件の変遷とその背景」『東北大学大学院教育学研究科研究年報』第58巻2号

[119] 鈴木道子（2015）「管理栄養士―実質的業務独占・職域確保に向けた職能団体の主張」橋本鉱市編著『専門職の報酬と職域』玉川大学出版部

[120] 全国保育協会（1998）『全国の保育所実態調査報告書』社会福祉法人　全国社会福祉協議会　全国保育協議会

[121] 全国保育協会（2012）『全国の保育所実態調査報告書』社会福祉法人　全国

社会福祉協議会　全国保育協議会

[122] 高木直・赤塚朋子・志村結美・中西雪夫（2013）「中学校家庭科教員全国実態調査研究報告」『日本家庭科教育学会誌』2013年11月

[123] 高嶋光雪（1981）『日本侵攻　アメリカ小麦戦略』家の光協会

[124] 竹下登志成（2000）『学校給食が子どもと地域を育てる』自治体研究社

[125] 田所哲太郎（1950）「学校給食の整備とその研究」『北海道學藝大學機關誌』第2巻2号

[126] 田中信（2005a）「全国学校栄養士協議会の歩みと「栄養教諭」への期待」川戸喜美枝『栄養教諭は何をすべきか　豊かな心と丈夫なからだを育てる食の教育』ぎょうせい

[127] 田中信（2005b）「栄養教諭制度の実現まで　50年の歩み（1）」『栄養教諭』創刊号

[128] 田中信（2006a）「栄養教諭制度の実現まで　50年の歩み（2）」『栄養教諭』2

[129] 田中信（2006b）「栄養教諭制度の実現まで　50年の歩み（3）」『栄養教諭』3

[130] 田中信（2006c）「栄養教諭制度の実現まで　50年の歩み（4）」『栄養教諭』4

[131] 田中弘美・中安章（2013）「学校給食における地場農産物（野菜）の地域性と今後の課題：金沢市と松山市の比較」『北陸学院大学・北陸学院大学短期大学部研究紀要』6

[132] 太郎良裕子・岡本朋子・西原裕美・佐々木ひさ子・佐藤幸枝（2008）「委託給食施設における施設管理栄養士および委託給食会社栄養士の業務分析―老人福祉施設および老人保健施設の給食業務を通して―」『ノートルダム清心女子大学紀要』第32巻1号

[133] 千田忠（2001）『地域創造と生涯学習計画化―美深町と置戸町―』北樹出版

[134] 調布市教育委員会（2013）「調布市教育委員会　食物アレルギー事故再発防止に向けた取組方針」2013年11月

[135] 調布市教育委員会（2014a）「調布市立学校　食物アレルギー対応マニュアル（平成26年4月）」

[136] 調布市教育委員会（2014b）「調布市立学校食物アレルギー対応マニュアル（平成26年4月）様式・資料集」

[137] 調布市食物アレルギー事故再発防止検討委員会（2013）「調布市食物アレルギー事故再発防止検討結果報告書」2013年7月

[138] 調布市立学校児童死亡事故検証委員会（2013）「調布市立学校児童死亡事故検証結果報告書」

[139] 津田美穂子（1991）「女子の賃金問題」竹中恵美子編『新・女子労働論』有斐閣

[140] 土屋祐司・佐原篤・神保達也・中野哲志・加藤和子・小粥敏弘・小杉国宏（2015）「パンを原因としたノロウイルス集団食中毒事例」『日本食品微生物

学会雑誌』第3巻2号

[141] 土持法一解説・訳・竹前栄治・中村隆英監修（1996）『GHQ日本占領史　第20巻　教育』日本図書センター

[142] 東京大学（2007）『教員勤務実態調査（小・中学校）報告書（平成18年度文部科学省委託調査研究報告書）』東京大学

[143] 独立行政法人日本スポーツ振興センター（2007）『平成18年度　学校給食衛生管理推進指導者派遣・巡回指導報告書』

[144] 独立行政法人日本スポーツ振興センター（2008）『平成19年度　学校給食衛生管理推進指導者派遣・巡回指導報告書』

[145] 独立行政法人日本スポーツ振興センター（2009）『平成20年度　学校給食衛生管理推進指導者派遣・巡回指導報告書』

[146] 独立行政法人日本スポーツ振興センター（2010）『平成21年度　学校給食衛生管理推進指導者派遣・巡回指導報告書』

[147] 独立行政法人日本スポーツ振興センター（2011）『平成22年度　学校給食衛生管理推進指導者派遣・巡回指導報告書』

[148] 独立行政法人日本スポーツ振興センター（2012）『平成23年度　学校給食における食の安全に関する実態調査報告書』

[149] 独立行政法人日本スポーツ振興センター（2013）『平成24年度　学校給食における食の安全に関する実態調査報告書』

[150] 独立行政法人日本スポーツ振興センター（2014）『学校給食衛生管理基準の解説―学校給食における食中毒防止の手引―』

[151] 鳥羽美智子（1990）「長野県教職員組合栄養職員部の歴史―「教育としての給食をめざして」―」新村洋史監修・長野県教職員組合栄養職員部編著『子どもがかがやく学校給食―栄養職員　おしゃもじ片手に夢を追いかけて―』芽ばえ社

[152] 内藤重之（2010a）「わが国における学校給食制度の概要と食材調達」内藤重之・佐藤信編著『学校給食における地産地消と食育効果』筑波書房

[153] 内藤重之（2010b）「都道府県学校給食会における地場産物供給の実態」内藤重之・佐藤信編著『学校給食における地産地消と食育効果』筑波書房

[154] 長崎県教育委員会（2011）「学校給食の手引き」

[155] 長野県教職員組合栄養教職員部（2014）『子供たちを食の主人公に　地産地消の食文化で生きる力を育む』青木書店

[156] 中西準子（2010）『食のリスク学』日本評論社

[157] 中西準子（2014）『原発事故と放射線のリスク学』日本評論社

[158] 中西里映子・伊藤浩明（2014）「学校給食における食物アレルギー対応の現状　患者の立場から」『食物アレルギー研究会会誌』10

[159] 中村修・秋永優子（2001）「学校給食の地場産自給率に関する調査―長崎県

引用・参考文献

における調査から―」『長崎大学総合環境研究』3

[160] 中村修・秋永優子・田中理恵・辻林英高・川口進（2003）「学校給食の地場
産自給率に関する研究」『長崎大学総合環境研究』6.1

[161] 中村丁次（2006）「21世紀の給食経営管理」小松龍史・外山健二編著『給食
経営管理論』建帛社

[162] 新村洋史編著（1995）『食と人間形成　教育としての学校給食』青木書店

[163] 新村洋史と子どものための学校給食をめざす会（2004）『子どものための学
校給食をめざして』青山社

[164] 日本学校給食会（1964）『学校給食要覧　昭和38年度版』日本学校給食会

[165] 日本学校給食会（1965）『学校給食要覧　昭和39年度版』日本学校給食会

[166] 日本学校給食会（1966）『学校給食要覧　昭和40年度版』日本学校給食会

[167] 日本給食経営管理学会（2015）『給食経営管理用語辞典』第一出版

[168] 日本小児アレルギー学会（2011）『食物アレルギー診療ガイドライン2012』協
和企画

[169] 日本消費者連盟編著（1986）『学校給食はこれでよいか』三一新書

[170] 日本体育・学校健康センター学校給食部編（1999）『学校給食要覧平成10年
版』第一法規出版

[171] 日本体育・学校健康センター学校給食部編（2002）『学校給食要覧平成13年
版』日本体育・学校健康センター

[172] 日本体育・学校健康センター学校給食部学校給食普及課編（2001）『学校給
食〔関係資料集〕』日本体育・学校健康センター

[173] 根岸久子（1980）「学校給食の現状と問題点」『農林金融』33.4

[174] 根岸久子（1993）「栄養士たちのみた学校給食」荷見武敬/根岸久子『学校給
食を考える』日本経済評論社

[175] 萩原弘道（1985）『栄養と食養の系譜　主食論争から健康食品まで』サンロー
ド

[176] 橋口和子・藤井義信・田代宏編（1980）『たのしい学校給食』労働教育セン
ター

[177]「浜松市教育委員会会議次第」2014年3月

[178] 橋本鉱市（2009）「本書の分析枠組みと概要」橋本鉱市他『専門職養成の日
本的構造』玉川大学出版部

[179] 畑村洋太郎（2007）『失敗学』ナツメ社

[180] 畑村洋太郎（2012）『みる　わかる　伝える』講談社文庫

[181] 林紀代美（2005）「学校給食での地元水産物の利用に関する考察」『金澤大学
教育学部紀要　教育科学編』54

[182] 林直道（1981）『経済学入門』青木書店

[183] 林直道（1996）『現代の日本経済　第5版』青木書店

[184] 林直道（2007）『強奪の資本主義　戦後日本資本主義の軌跡』新日本出版社

[185] 林典子・長谷川実穂・池本美智子・原正美（2012）「おもな原因食物除去の考え方」『食物アレルギーの栄養指導』医歯薬出版

[186] 平原春好編（2002）『日本現代教育基本文献叢書　教育基本法制コンメンタール33　学校給食の現状とその課題』日本図書センター

[187] 廣森直子（2012）「「専門職」女性のキャリア形成と専門性—司書と栄養士を事例として—」『青森県立保健大学雑誌』13

[188] 廣森直子（2014）「「専門職」資格制度の変化と職場における経験と学習—栄養士・管理栄養士を事例に—」『青森県立保健大学雑誌』15

[189] 福島県教育庁健康教育課（2017）「平成28年度　学校給食における地場産物の活用状況調査結果」

[190] 福岡市教育センター経営研究室（1997）「学校の危機管理を機能化するリスク・マネジメントの在り方—学校の実態把握と組織的な取組の事例研究を通して—」藤原邦達監修『O-157堺の教訓を生かす　学校給食　食中毒対策への提案』食べ物通信社

[191] 藤井恵子（2013）「献立管理」石田裕美・冨田教代編『給食経営管理論』医歯薬出版

[192] 藤井喜継（2015）「自然災害・食品事故と事業継続計画（BCP）」松田友義『食品の安全と安心　講座Ⅱ—安全を守る対策と仕組み—』幸書房

[193] 藤枝重治・大澤陽子・高橋昇（2015）「小児OASと花粉症との関係」森田栄伸『厚生労働科学研究費補助金（難治性疾患等克服研究事業（難治性疾患等実用化研究事業（免疫アレルギー疾患等実用化研究事業　免疫アレルギー疾患実用化研究分野）））生命予後にかかわる重篤な食物アレルギーの実態調査・新規治療法の開発および治療指針の策定　平成26年度　総括・分担研究報告書』

[194] 藤沢良知（1999）『日本の栄養士教育・栄養改善活動—過去・現在、そして未来に向けて—』第一出版

[195] 藤原邦達監修（1997）『O-157堺の教訓を生かす　学校給食　食中毒対策への提案』食べ物通信社

[196] 古田敏彦・大田邦生・寺田善直（2014）「浜松市内におけるノロウイル集団食中毒事例」『IASR』7

[197] 朴井睦・橋本真梨代・伊達ちぐさ（2015）「栄養学雑誌掲載論文の内容の変遷—論文キーワードによる分析」『栄養学雑誌』73.2

[198] 細野恵美（2016）『一流アスリートの食事』三五館

[199] 細山田洋子・小菅麻衣良・豊満美峰子（2015）「新聞記事にみる学校給食における栄養士の取り組み〜学校給食法改正前後の記事件数の検討〜」『日本栄養士会雑誌』3

引用・参考文献

[200] 北海道教育庁学校教育局健康・体育課（2011a）『第3次改訂版　学校給食衛生管理マニュアル』

[201] 北海道教育庁学校教育局健康・体育課（2011b）「北海道の学校給食（平成22年度）」

[202] 北海道教育庁学校教育局健康・体育課（2012）「北海道の学校給食（平成23年度）」

[203] 北海道自治政策研修センター（2004）『〝食料生産地〟北海道における「食育」の推進―「食育」コミュニティの創造をめざして―』北海道自治政策研修センター政策研究室

[204] 北海道新聞　2011年11月5日夕刊

[205] 北海道新聞社編・佐々木十美監修（2010）『おうちで給食ごはん』北海道新聞社

[206] 北海道人事委員会（2015）「給与勧告の仕組みと本年の勧告等のポイント〔平成27年版〕」

[207] 北海道保健福祉部健康安全局（2011）「北海道岩見沢市内で発生した学校給食による食中毒について（中間報告）」

[208] 堀井雅道（2010）「学校に求められる「安全管理」の専門性」『教育』9

[209] 本図愛実（2007）「学校運営における「食」の意味と課題―学校給食システムと食育の関連から―」『宮城教育大学紀要』42

[210] 丸山和昭（2015）「義務教育学校教員―労働運動による専門職待遇の実現を目指して」橋本鉱市編著『専門職の報酬と職域』玉川大学出版部

[211] 丸山千寿子他編（2005）『健康・栄養科学シリーズ　栄養教育論』南江堂

[212] 三須田善暢（2009）「小規模産直給食の展開過程―岩手県一関市大東町を事例として」『総合政策』10.2

[213] 峰岸夕紀子・志度晃一（2010）「北海道S市とその近郊における、病院・社会福祉施設に勤務する栄養士・管理栄養士の勤務継続意思とその関連要因」『栄養学雑誌』68.2

[214] 宮城県教育委員会・公益財団法人宮城県学校給食会（2014）「食に関する指導・学校給食の手引」

[215] 村井宏生・岡崎新太郎・林仁幸子・河北亜希子・安冨素子・大島勇成（2015）「学校給食関連職員の食物アレルギーとアナフィラキシーに対する認識とその問題点」『小児科診療』68.2

[216] 向井眞生・向井裕見子・高雄尚子・小野田正利（2015）「〔座談会〕学校給食と食物アレルギー」『季刊　教育法』9

[217] 村上陽子（2009）『学校給食における食材調達と水産物活用』農林統計出版

[218] 茂木専枝（1980）「学校給食」社団法人日本栄養士会『栄養士会創立35周年記念誌　栄養士のあゆみ』社団法人日本栄養士会

[219] 本島寛（1962）「学校給食再発足の思い出」学校給食十五周年記念会『学校給食十五年史』杉田屋印刷

[220] 森内裕生・矢野真有・山内菜摘・渡邊公平・石丸明日香・城村洸介・山口信夫（2014）「地産地消型学校給食流通におけるリレイヤー（中継者）の役割」『愛媛経済論集』33.2・3

[221] 森田栄伸研究代表「特殊型食物アレルギーの診療の手引き2015」（厚生労働科学研究費補助金）

[222] 文部科学省（2000）『食に関する指導参考資料』東山書房

[223] 文部科学省（2008）『食に関する指導の手引』東山書房

[224] 文部科学省（2009）『特別支援学校学習指導要領解説　総則等編（幼稚部・小学部・中等部）』教育出版

[225] 文部科学省（2010a）『食に関する指導の手引―第一次改訂版』東山書房

[226] 文部科学省（2010b）「調理場における洗浄・消毒マニュアルPartⅡ」

[227] 文部科学省（2013）「学校給食実施基準の一部改訂について（通知）」

[228] 文部科学省（2015）「学校現場における業務改善のためのガイドライン」

[229] 文部省（1954）『學制八十年史』大蔵省印刷局

[230] 文部省（1972）『学制百年史』帝国地方行政学会

[231] 文部省（1992）『学制百二十年史』ぎょうせい

[232] 文部省（1994）『学校給食指導の手引』慶應通信

[233] 文部省（2002）「学校給食の現状とその課題」平原春好編『教育基本法制コメンタール第Ⅳ期』日本図書センター

[234] 文部省調査局統計課（1956）『学校給食調査報告書　昭和30年度』文部省

[235] 文部省・日本学校給食会（1981）『学校給食の発展』第一法規出版

[236] 山内ゆかり（2013）「新里給食センターでの対応」公益社団法人　岩手県栄養士会『そのとき被災地は―栄養士が支えた命の食―』公益社団法人　岩手県栄養士会

[237] 山形県教育委員会（1959）『学校給食70年のあゆみ』

[238] 山際睦子・今野聖士・橋本直史・坂爪浩史（2015）「大都市学校給食における域内産青果物調達の展開論理：札幌市を事例として」『北海道大学農經論叢』70

[239] 山田浩子（2014）『学校給食への地場食材供給―地域の畑と学校給食を結ぶ―』農林統計出版

[240] 山本勲・黒田祥子（2014）『労働時間の経済分析』日本経済新聞出版社

[241] 山本哲夫・朝倉光司・白崎英明・氷見徹夫（2013）「シラカバ花粉関連食物を含む果物、野菜、ナッツ類の摂取と過敏症に関するアンケート調査」『日本耳鼻咽喉科学会会報』116.7

[242] 山本未穂（2009）「学校給食法の改正と栄養教諭」『家庭科・家政教育研究』4

引用・参考文献

［243］山下留理子・荒木田美香子（2014）「特定保健指導における職種別保健指導技術の比較─保健師と管理栄養士の経験、自信、修得意思の相違─」『日本健康教育学会誌』22.1

［244］吉田寿雄（1965）「学校給食の実情と問題点─完全給食の実施をめざして」『時の法令』555

［245］吉田真理子（1980）「学校給食職員の現状と課題─子どもに生きる力を育てる学校給食・給食教育のにない手に─」芝田進午編『教育をになう人びと』青木書店

［246］臨調・行革審OB会監修（1987）『臨調　行革審─行政改革2000日の記録』財団法人行政管理研究センター

［247］脇谷祐子・坂爪浩史（2015）「学校給食における加工・冷凍食品納入業者の存立構造：北海道を事例として」『北海道大学農經論叢』66

205

資料

学校栄養士の仕事に関する調査

学校給食に従事されている栄養士資格をお持ちの方にご回答をお願いいたします。質問項目は両面にございます。

ご多用の時期に恐れ入りますが、何卒ご協力くださいますよう、よろしくお願い申し上げます。

<u>2015 年 3 月 20 日（金）</u>までにご投函いただければ幸いです。

Ⅰ　あなたの年齢、性別、学校給食および他職域での栄養士職経験、他職種での就職経験、現在所属している給食施設の教育
　局について、それぞれあてはまるもの 1 つに○をつけてください。

1．年齢 : a. 20 歳代　　　b. 30 歳代　　　c. 40 歳代　　　d. 50 歳代以上

2．性別 : a. 女性　　　b. 男性

3．栄養士免許を取得した教育機関 :　a. 専門学校　　b. 短期大学　　c. 4 年制大学　　　d. 栄養士試験

4．最高学歴（最終学歴ではなく、ご自身の最高位の学歴でおこたえください）

　　a．専門学校　　　b．短期大学　　　c．大学

　　d．大学院修士または博士前期課程 : 専攻した研究科または取得学位＿＿＿＿＿＿＿＿学

　　e．大学院博士課程 : 専攻した研究科または取得学位　＿＿＿＿＿＿＿＿学

5．学校給食の経験年数

　　a．1 年目　　　　b．2〜5 年目　　　c．6〜10 年目　　　d．11〜20 年目

　　e．21〜30 年目　　　f．30 年以上

6．学校給食以外の栄養士職経験 : a. ない　　　b. 5 年未満　　　c. 10 年未満　　　d. 10 年以上

7．栄養士職以外での就職経験 : a. ない　　　　b. ある　約＿＿＿＿＿年

8．現在所属している給食施設所在の教育局

　　a．石狩　　　b．空知　　　c．後志　　　d．胆振　　　e．日高　　　f．渡島　　　g．檜山

　　h．上川　　　i．留萌　　　j．宗谷　　　k．オホーツク　　　l．十勝　　　m．釧路　　　n．根室

9．栄養士免許以外の取得免許・資格（あてはまるものすべてを選択してください）

　　a．管理栄養士　　　b．調理師　　　c．栄養教諭　　　d．家庭科教員

　　e．その他〔　　〕

Ⅱ　あなたの雇用および所属組織について、あてはまるもの 1 つに○をつけてください。

10．雇用資格 : a. 栄養教諭　　　b. 学校栄養職員　　　c. 栄養士　　　d. 管理栄養士

　　　　　　　　e. その他〔　　　　　　　　　　　　　　　　　　　　　　　　　　　　　　　　　〕

11．雇用形態 : a. 正規職員　　　b. 期限付き職員　　　c. パートタイマー

　　　　　　　　d. その他〔　　　　　　　　　　　　　　　　　　　　　　　　　　　　　　　　　〕

12．在籍校 : a. 小学校　　　b. 中学校　　　c. 特別支援学校（寄宿舎あり・なし）

　　　　　　　d. 決まっていない　e. その他〔　　　　　　　　　　　　　　　　〕

13．給食施設 :（1）栄養士人数 : ご自身を含めて＿＿＿＿＿＿＿＿人

　（2）施設の種類 : a. 単独調理場　　　b. 親子方式　　　c. 共同調理場　　　d. その他〔　　　　　　　　〕

　（3）平均的な 1 日の全給食数 :　約＿＿＿＿＿＿＿＿食

　（4）担当学校数 : a. 在籍校のみ　　　b. 在籍校を含めて＿＿＿＿＿＿校

207

Ⅲ あなたの勤務状況についてお尋ねします。

14. 勤務時間を教えてください。

		記入例	
就業規則上の勤務時間		出勤：8時15分 退勤：17時	出勤： 退勤：
給食実施日の 平均的な状況	勤務時間	出勤：7時30分 退勤：18時	出勤： 退勤：
	残業時間	1～2時間	
	持ち帰りの 仕事時間	残業しない場合 に1時間程度	
夏冬休みなど 給食がない日の 平均的な状況	勤務時間	出勤：8時5分 退勤：17時10分	出勤： 退勤：
	残業時間	しない	
	持ち帰りの 仕事時間	しない	

15. 給食がある日の1日のおもな仕事内容とその仕事をされる場所を教えてください。

	記入例： 3月6日	月　日のおもな仕事内容（場所）
午前	・職員会議（学校） ・調理打ち合わせ（給食センター） ・献立作成、味見（給食センター）	
給食 時間	・教室巡回（学校） ・昼食（学校、職員室）	
午後	・打ち合わせ（教育委員会） ・給食委員会（学校） ・休憩 ・物品確認（給食センター） ・指導媒体作成（学校）、残業	

＊給食施設と配属校が離れた場所にある方にお尋ねします。（2）と（3）はあてはまるもの1つに○をつけてください

（1）給食施設と配属校の移動時間：片道でおよそ　　　　　分

（2）移動方法：a．徒歩（夏場の自転車を含む）　　　b．自家用車　　　c．公共交通機関　　　d．公用車
　　　　　　　e．その他〔　　　　　　　　　　　　　　　　　　　　　　　　　　　　　〕

（3）勤務体制：a．ほぼ毎日給食施設と配属校のどちらにも行くが移動は1回程度
　　　　　　　b．ほぼ毎日給食施設と配属校を何度か往復する　　　c．曜日によってどちらかで一方で仕事をする
　　　　　　　d．週ごとにどちらか一方で仕事をする　　　e．その他〔　　　　　　　　　　　　　　〕

資　料

16. 学校栄養士のおもな仕事について、あなたにあてはまるものすべてに○を記入してください。

例えば「給食時間の指導」は「時間的に厳しい仕事」ではあるけれど「やりがいを感じる仕事」という場合には両方の欄に○を記入してください。		現在の状況					今後とくに力を入れたい仕事
		時間的に余裕がある仕事	時間的に厳しい仕事	やりがいを感じる仕事	苦痛を伴う仕事	ほとんど関わらない仕事	
給食管理	a 献立作成						
	b 食材料などの発注、問い合わせ						
	c 作業工程表・作業導線図の作成						
	d 物資検収、在庫調査						
	e 調理員と打ち合わせ						
	f 調理指導						
	g 検食						
	h 施設・設備の管理						
	i 帳簿・書類の記入、作成						
	j アレルギー食などの個別対応						
	k その他給食管理に関する業務						
食に関する指導	l 給食時間の指導						
	m 指導案、教材の作成						
	n 教科、総合的な学習の時間の指導						
	o 給食だよりの作成						
	p 児童生徒の個別指導						
	q 保護者の個人相談						
	r 食に関する指導の年間計画						
	s 学級担任、養護教諭との打ち合わせ						
	t その他食に関する指導の業務						
学校運営	u 会議・打ち合わせ						
	v その他校務						
校外業務	w 業務上の研修						
	y 献立会議など						

17. 配属校、共同調理場、教育委員会などにおける分掌や委員会などの役割を教えてください。

【配属校】記入例：給食委員会，生徒指導部	【共同調理場】
	【その他】

Ⅳ　学校給食についてお尋ねします。

18. 調理員の雇用状況について、あてはまるもの1つに○をつけてください。

　　a．正職員のみ　　　b．正職員と臨時職員　　　c．臨時職員のみ　　　d．調理業務は委託である

　　e．その他〔　　　　　　　　　　　　　　　　　　　　　　　　　　　　　　　　　〕

19. 調理員との打ち合わせ（調理指導等を含む）頻度で、あてはまるもの1つに○をつけてください。

　　a．毎日2回以上　　b．毎日1回　　c．週に2,3回程度　　d．週に1回程度　　e．その他〔　　　〕

209

20. 調理員との仕事上の意思疎通について、あてはまるもの1つに○をつけてください。

    a．十分にできていると思う   b．まあまあできていると思う   c．あまりできていると思わない

    d．よくわからない   e．その他〔　　　　　　　　　　　　　　　　　　　　　　　　　　　〕

21. 学校給食担当事務員について、あてはまるもの1つに○をつけてください。

    a．給食専属の事務員がいる   b．他の業務と兼務の事務員がいる   c．事務員はいない

    d．その他〔　　　　　　　　　　　　　　　　　　　　　　　　　　　　　　　　〕

22. 学校給食の栄養管理（栄養量）について、あてはまるもの1つに○をつけてください。

    a．文部科学省の学校給食実施基準に準じている   b．市町村教育委員会が示す基準にしたがっている

    c．自校および受配校の児童生徒の身体・食生活状況などから栄養量を算出している

    d．その他〔　　　　　　　　　　　　　　　　　　　　　　　　　　　〕

23. 衛生管理に使用しているマニュアル（手引）について、あてはまるものすべてに○をつけてください。

    a．給食施設独自のマニュアル   b．市町村教育委員会が作成したマニュアル

    c．北海道教育委員会の「第3次改訂版学校給食衛生管理マニュアル」   d．その他〔　　　　　　　〕

24. 学校給食運営管理に使用しているマニュアル（手引）についてあてはまるものすべてに○をつけてください。

	給食施設作成のもの	市町村教育委員会作成のもの	市町村内給食施設用のもの	その他のもの	とくにない
安全・危機管理					
会計処理関係					
物資管理					

25. 現在の食物アレルギー対応で、あてはまるもの1つに○をつけてください。

    a．詳細な献立対応   b．弁当対応   c．除去食   d．代替食対応   e．食物アレルギー児はいない

    f．その他〔　　　　　　　　　　　　　　　　　　　　　　　　　　　　　　〕

26. 食物アレルギーの除去食や代替食の実施（現在していなくても実施することになった場合を含めて）にあたって気がかり

    なことがありましたら、あてはまるものすべてに○をつけてください。

    a．保護者との連絡   b．献立作成   c．食材料の購入や手配   d．調理時の取り扱い（コンタミ）

    e．運搬時の取り扱い   f．配食やおかわりなど教室内での取り扱い   g．喫食する児童・生徒の状況   h．ア

    レルギー児以外の児童生徒の反応   i．誤食など事故があった時の対応   j．教職員の対応

    k．給食費への影響   l．受け入れの線引き   m．その他〔　　　　　　　　　　　　　　　　　〕

27. 児童生徒の健康診断結果など健康状態の把握について、あてはまるものすべてに○をつけてください。

	比較的自由に確認できる	校長など管理者の許可が必要	養護教諭の許可が必要	教育委員会の許可が必要	確認できない
ご自身の配属校					
給食の受配校					

28. ご自身の仕事内容や働き方、また学校給食などについてお考えのことをご自由にお書きください。

ご協力ありがとうございました。

資　料

学校給食の運営に関する調査

学校給食に関する業務をご担当の方にご回答をお願いいたします。質問項目は両面にございます。
ご多用の時期に恐れ入りますが、何卒ご協力くださいますよう、よろしくお願い申し上げます。
<u>2016 年 3 月 29 日（火）までに同封の返信用封筒にてご投函</u>いただければ幸いです。

市町村名 ＿＿＿＿＿＿＿＿＿＿＿＿＿＿＿

1．貴下の学校給食についておたずねします
　1）学校給食施設の形態とその施設数をお答えください。
　　　　a．単独調理場 ＿＿＿＿＿＿か所　　　b．親子方式 ＿＿＿＿＿＿か所
　　　　c．共同調理場 ＿＿＿＿＿＿か所　　　d．その他〔　　　　　　　　　　　　　　　　〕

　2）学校給食施設での事務業務の主担当者はどなたですか。あてはまるもの 1 つに○をつけてください。
　　　　a．各施設に配属している学校給食専任の事務員　　　b．各施設に他業務と兼任の事務職員
　　　　c．栄養教諭や学校栄養職員など栄養士職　　　　　d．給食施設によってことなる
　　　　e．よくわからない　　　　f．その他〔　　　　　　　　　　　　　　　　　　〕

　3）学校給食運営委員会のほかに設置している委員会がありましたら、あてはまるものすべてに○をつけてく
　　　ださい。
　　　　a．衛生管理委員会　　　b．献立作成委員会　　　　c．物資購入委員会
　　　　d．とくにない　　　　　e．その他　〔　　　　　　　　　　　　　　　　〕

　4）複数の学校給食施設を設置されている場合、献立作成はどのようにされていますか。あてはまるもの 1 つに○をつけ
　　　てください。
　　　　a．給食施設ごとに独自に作成している　　　b．献立作成委員会で作成した統一のものを使用している
　　　　c．区域ごとに作成した統一のものを使用している　　　d．よくわからない
　　　　e．その他〔　　　　　　　　　　　　　　　　　　　　　　　〕

　5）教育委員会による学校給食施設の実施点検は、1 年間に何回行っていますか。　　　年＿＿＿＿＿回程度

　6）教育委員会による学校での給食時間の見学はされていますか。あてはまるもの 1 つに○をつけてください。
　　　　a．見学している　　年＿＿＿＿＿校程度　　　b．見学したことはない
　　　　c．よくわからない　　　　d．その他〔　　　　　　　　　　　　　　　〕

2．学校給食の衛生・安全管理についておたずねします。
　1）衛生管理マニュアルについて、あてはまるもの 1 つに○をつけてください。
　　　　a．教育委員会が作成したマニュアルを使用するように指示している
　　　　b．北海道教育委員会の「第 3 次改訂版学校給食衛生管理マニュアル」を使用するよう指示している
　　　　c．学校給食施設ごとにマニュアルを作成するよう指示している
　　　　d．よくわからない
　　　　e．その他〔　　　　　　　　　　　　　　　　　　　　　　〕

211

2）衛生管理マニュアルとは別に、食中毒や食物アレルギー、窒息、異物混入などの予防や事故対応に関するマニュアルで教育委員会が作成したものはありますか。

A．ない
↓こちらにお進みください

B．ある
↓こちらにお進みください

(1) マニュアルを作成していない理由はなんですか。あてはまるものすべてに〇をつけてください。

a．マニュアルは文部科学省や北海道教育委員会が作成したものを使用しているため

b．マニュアルは給食施設ごとに必要に応じて作成しているため

c．学校栄養士などの関係者や給食施設、保健所などの関係機関と綿密に連絡を取り合っているため

d．その他

[ ]

(1) 作成しているマニュアルについて、あてはまるものすべてに〇をつけてください。

a．食中毒　　b．食物アレルギー　　c．窒息

d．その他〔　　　　　　　　　　　　　　　〕

(2) マニュアルを使った予行演習を行っていますか。あてはまるもの1つに〇をつけてください。

a．すべての給食施設で実施している

b．給食施設にまかせている

c．実施したことはない

d．その他

[ ]

3）調理員を対象にした研修会は1年に何度実施されていますか。　　　　　　　　　　回程度

4）現在実施している食物アレルギー対応について、あてはまるものすべてに〇をつけてください。

a．詳細な献立対応　　b．弁当対応　　c．除去食　　d．代替対応

e．各給食施設の対応が異なるため詳細は栄養教諭・学校栄養職員にまかせている

f．食物アレルギー児はいない　　　　g．よくわからない

h．その他〔　　　　　　　　　　　　　　　　　　　　　　　　　　　　　　　　　　〕

5）食物アレルギーの除去食や代替食の実施（現在していなくても実施することになった場合を含めて）にあたって気がかりなことがありましたら、あてはまるものすべてに〇をつけてください。

a．保護者との連絡　　　　b．献立作成　　　　c．食材料の購入や手配

d．調理時の取り扱い（コンタミ）　　　　e．運搬時の取り扱い

f．配食やおかわりなど教室内での取り扱い　　g．喫食する児童・生徒の状況

h．アレルギー児以外の児童生徒の反応　　　　i．誤食など事故があった時の対応

j．教職員の対応　　　　k．給食費への影響　　　l．受け入れの線引き

m．その他〔　　　　　　　　　　　　　〕

6）災害時の給食提供に関するマニュアルはありますか。あてはまるもの1つに〇をつけてください。

a．備蓄品で対応する　　　　b．欠食にする

7）備蓄をしていますか。あてはまるもの1つに〇をつけてください。

a．ある：　給食　　　　　回分　　　　b．ない　　　　c．給食施設によって異なる

d．よくわからない　　　e．その他〔　　　　　　　　　　　　　　　　　　　　　〕

資 料

8）親子方式、共同調理場を設置している市町村教育委員会の方におたずねします。
　（1）受配校への配送や配膳室の衛生管理、給食の保管状況などを実地点検について、あてはまるもの1つに○をつけてください。
　　　　ａ．定期的に実施している　年＿＿＿＿＿回程度　　ｂ．不定期だが実施している　年＿＿＿＿＿回程度
　　　　ｃ．実施していない　　　　　ｄ．よくわからない
　　　　ｅ．その他〔　　　　　　　　　　　　　　　　　　　　　　　　　　　　　　　　　　　〕

　（2）配膳従事員の健康管理は行っていますか。あてはまるものすべてに○をつけてください。
　　　　ａ．給食施設の調理員と同じ内容と回数を行っている　　　ｂ．健康診断を年に1回行っている
　　　　ｃ．なにもしていない　　　　ｄ．よくわからない　　　　ｅ．配膳従事員はいない
　　　　ｆ．その他〔　　　　　　　　　　　　　　　　　　　　　　　　　　　　　　　　　　　〕

3．学校給食費の取扱い、食材料の購入についておたずねします。
　1）会計方法であてはまるもの1つの記号に○をつけてください。
　　　　ａ．公会計　　　　ｂ．私会計　　　　ｃ．給食施設によってことなる
　　　　ｄ．その他〔　　　　　　　　　　　　　　　　　　　　　　　　　　　　　　　　　　　〕

　2）毎日購入する食材料の発注作業に携わっている職種で、あてはまるものすべてに○をつけてください。
　　　　ａ．栄養教諭、学校栄養職員などの栄養士職　　　ｂ．給食施設配属の事務職員
　　　　ｃ．教育委員会配属の事務職員　　　　　　　　　ｄ．給食施設によって異なる
　　　　ｅ．よくわからない　　　　ｆ．その他〔　　　　　　　　　　　　　　　　　　　　　〕

　3）支払業務に携わっている職種で、あてはまるものすべてに○をつけてください。
　　　　ａ．栄養教諭、学校栄養職員などの栄養士職　　　ｂ．給食施設配属の事務職員
　　　　ｃ．教育委員会配属の事務職員　　　　　　　　　ｄ．給食施設によって異なる
　　　　ｅ．よくわからない　　　　ｆ．その他〔　　　　　　　　　　　　　　　　　　　　　〕

　4）学校給食費の取扱い、経理に関するマニュアルはありますか。
　　　　ａ．教育委員会作成のマニュアルがある　　　ｂ．市町村の会計に関するマニュアルを使用している
　　　　ｃ．各給食施設に独自のマニュアルがある　　ｄ．給食施設によって異なる
　　　　ｅ．よくわからない　　　　ｆ．その他〔　　　　　　　　　　　　　　　　　　　　　〕

　5）学校給食の物資管理に関するマニュアルはありますか。
　　　　ａ．教育委員会作成のマニュアルがある　　　ｂ．市町村の会計に関するマニュアルを使用している
　　　　ｃ．各給食施設に独自のマニュアルがある　　ｄ．給食施設によって異なる
　　　　ｅ．よくわからない　　　　ｆ．その他〔　　　　　　　　　　　　　　　　　　　　　〕

　6）学校給食の食材料購入に求めていることは何ですか。優先順位の高いものを3つまで選んで○をつけてください。
　　　　ａ．国内産であること　　　　ｂ．安全性が高いこと　　　　ｃ．数や規格がそろうこと
　　　　ｄ．市町村内の業者から購入すること　　　ｅ．安価なこと　　　　ｆ．鮮度がよいこと
　　　　ｇ．その他〔　　　　　　　　　　　　　　　　　　　〕

213

7）地場産物（市町村内および近隣が生産している食品）の調達・購入について、あてはまるものすべてに〇をつけてください。

    a．農務課や農業委員会と連携している   b．農協と連携している

    c．生産者やその団体と連携している   d．栄養教諭・学校栄養職員にまかせている

    e．よくわからない   f．その他〔　　　　　　　　　　　　　　　　　　　　　　　〕

4．学校給食に従事している栄養士職についてお尋ねします。

1）道派遣の栄養教諭・学校栄養職員との打ち合わせについて、あてはまるもの1つに〇をつけてください。

    a．ほぼ毎日   b．週に2，3回程度   c．週に1回程度

    d．月2，3回程度   e．月1回程度   f．学期ごとに1回程度

    g．その他〔　　　　　　　　　　　　　　　　　　　　　　　　　　　　　〕

2）道派遣の栄養教諭・学校栄養職員のほかに、教育委員会で独自に管理栄養士・栄養士を雇用していますか。

    A．雇用していない

    B．雇用している　　　　　　　　名

      ↓Bの場合、こちらにお進みください

> (1) 教育委員会が独自で雇用している管理栄養士・栄養士の配属先はどこですか。あてはまるものすべてに〇をつけてください。
>
>   a．学校給食施設   b．教育委員会   c．その他〔　　　　　　　　　　　　　　　　　〕
>
> (2) 教育委員会が独自で雇用している管理栄養士・栄養士の主な仕事はなんですか。あてはまるものすべてに〇をつけてください。
>
>   a．献立作成   b．食材料の発注   c．支払業務   d．物品管理   e．衛生管理
>
>   f．調理指導   g．食数管理   h．作業工程・作業導線図の作成   i．よくわからない
>
>   i．その他〔　　　　　　　　　　　　　　　　　　　　　　　　　　〕

3）栄養教諭が配置されている教育委員会にお尋ねします。学校栄養職員から栄養教諭になったことで学校給食の運営に変化はありましたか。あてはまるもの1つに〇をつけてください。

    a．よくなったと思う   b．学校栄養職員のときの方がよかった   c．変化はない

      ↓　　　　　　　　　　　　　↓

> 具体的な内容をお書きください。
>
>

5．各学校からの給食に対する要求、苦情への対応はどのようにされていますか。あてはまるもの1つに〇をつけてください。

    a．おもに教育委員会が中心になって行う

    b．おもに栄養教諭または学校栄養職員が中心になって行う

    c．内容によって教育委員会と栄養教諭・学校栄養職員が分担する

    d．教育委員会と栄養教諭・学校栄養職員が協力して行う

    e．その他〔　　　　　　　　　　　　　　　　　　　　　　　〕

調査はこれで終了です。ご協力ありがとうございました。

あとがき

　本書は、2016年12月に筆者が北海学園大学大学院経済学研究科に提出した博士学位請求論文『学校給食における栄養士職の労働実態と性格変化に関する研究』に加筆と修正を加えたものである。

　短大で栄養士資格を取得して卒業後、70床あまりの病院で5年、その後の保健センターで3年、栄養士として勤めた。病院ではベテラン調理師の方たちから地域特性を含めて、給食提供の大変さとやりがいを教わった。保健センターでは保健師、歯科衛生士たちとの仕事をとおして、他職種と連携する難しさと楽しさを体験し、業務内容が重なり合う専門職間のなかで栄養士職がするべきことは何かを考える機会ともなった。御多分に漏れずどちらもひとり職場だったが、労働条件・環境は恵まれていた。短大教員になって学生の就職状況で驚いたのは、基本給が10年前とほとんど変わっていなかったことと、給食受託会社への就職が多くなっていたことだった。けっしてよいとはいえない労働条件・環境のなかでも、いつの卒業生たちもどうやったら患者、入所者、子どもたちに給食をおいしく食べてもらえるかを考え、調理員を大切にしながらとにかく懸命に働いている。そうした卒業生たちが少しでも働きやすい環境にならないものか、という思いをずっと抱えていた。

　指導教官の北海学園大学大学院経済学研究科教授の佐藤信先生に、栄養士のそうした状況を専門職の労働問題として研究するご示唆をいただき、栄養士労働という研究テーマができた。佐藤先生には終始、貴重なご助言と遅々として進まない論文作成を辛抱強く見守っていただいた。ここに深謝申し上げる。副査の労をおとりくださった同研究科教授　奥田仁先生、並びに、同研究科教授　小坂直人先生の両先生には、示唆に富んだ有益なご指導と研究に取り組む姿勢をご教示いただいた。ここに深謝申し上げる。

　本書の第2章と第3章は、北海道の学校栄養士の方々ならびに市町村教育委員会の方々に調査協力をいただいた。多忙な時期に調査依頼したにもかか

わらず、貴重な時間を費やしてご回答いただいたことに心より感謝申し上げる。第4章では、名寄女子短期大学の先輩でもある佐々木十美先生をはじめ、置戸町学校給食センター職員、置戸町教育委員会の皆様に調査協力並びに貴重な資料を提供していただいた。心より厚く感謝申し上げる。佐々木先生から長年のご経験を伺った時間はとても楽しく、その一部をまとめられましたことは望外の喜びである。

本書では学校給食における栄養士労働を対象としたが、学校栄養士のすべての労働を取り上げられたわけではない。給食や食に関する指導の対象である児童生徒の変化も含めた分析も必要であり、今後の課題としたい。また学校栄養士も含め、栄養士職は女性が多い専門職であり、ライフイベントや家族の都合によって就業を中断、断念せざるを得ない栄養士も少なくない。今後は職域を広げ、女性労働の視点も加えた栄養士労働研究に取り組んでいきたい。

なお本書第2・3章で行った調査は、筆者が勤務する名寄市立大学の特別枠支援（平成26・27年度）を受けた。また第4章の一部は、平成24年度名寄市立大学道北地域研究所課題「学校給食における地場産物の活用と栄養士業務に関する研究」の成果によるものである。

栄養士労働という研究テーマを得られたのは、栄養士養成に携わることができたからである。恩師でもある芝田和子先生、前田憲先生、植木郁子先生、河合知子先生には、教育に対する考え方や学生対応をご教示いただいた。とくに河合先生には研究のイロハから手取り足取りご教授いただいた。なによりも先生方には退職されてからも温かく見守ってくださった。ここに深謝申し上げる。

調査に協力してくださった皆様、論文執筆を支えてくださった皆様に心より感謝申し上げる。本書の刊行を引き受け、編集の労を取ってくださった筑波書房の鶴見治彦氏に御礼申し上げたい。

　2018年2月

　　　　　　　　　　　　　　　久保田　のぞみ

著者紹介

久保田　のぞみ（くぼた　のぞみ）

名寄市立大学保健福祉学部栄養学科・准教授
1965年北海道生まれ。名寄女子短期大学卒業後、病院・市町村栄養士、市立
名寄短期大学講師、名寄市立大学講師を経て、2012年より現職。管理栄養士。
博士（経済学）

主著
『問われる食育と栄養士　学校給食から考える』（共著、筑波書房、2006年）

学校栄養士の労働
―性格変化と実態―

2018年3月15日　第1版第1刷発行

　　　　　著　者　久保田 のぞみ
　　　　　発行者　鶴見 治彦
　　　　　発行所　筑波書房
　　　　　　　　　東京都新宿区神楽坂2－19 銀鈴会館
　　　　　　　　　〒162－0825
　　　　　　　　　電話03（3267）8599
　　　　　　　　　郵便振替00150－3－39715
　　　　　　　　　http://www.tsukuba-shobo.co.jp
　　　　定価はカバーに表示してあります

印刷／製本　中央精版印刷株式会社
©2018 Nozomi Kubota Printed in Japan
ISBN978-4-8119-0531-0 C3036